Jennifer Miller

INVIDIA

FIGHTING ENVY

DEADLY SINS SERIES - VOL. 1

Traduzione di Francesca Salin

www.hopeedizioni.it
info@hopeedizioni.it

Published by arrangement with Hershman Rights Management

ISBN: 9788831980135
Prima edizione: gennaio 2019

Traduttrice: Francesca Salin
Editor: Sara Fusco

Copertina a cura di: Angelice Graphics
Immagini su licenza Bigstockphoto.com
Fotografo: ITALO |Cod. immagine: 108198773
Fotografo: pabloi631 |Cod. immagine: 542304

Impaginazione a cura di: Antonella Monterisi
www.amservizieditoria.com

A mio marito,
per avermi dato una così buona idea,
e per avermi mostrato cosa vuol dire
avere un amore tale per cui
vale la pena lottare.

Prologo

"Non sarai mai nulla di speciale. Mi hai sentita, Rowan? Non vali niente, sei una nullità."

Parole che ho sentito così tante volte da aver perso il conto. Come ho potuto pensare che oggi sarebbe stato diverso?

Sarà anche il mio sedicesimo compleanno, ma la terribile verità è che a mia madre non importa.

Non è speciale, o almeno non lo è per lei. È solo un giorno come un altro.

Quando torno da scuola è sorprendentemente sobria. Per un momento sono sollevata e eccitata, perché penso che potrebbe essere una buona serata, e che forse potrebbe andare tutto come spero. Anche il fatto che si ricordi che oggi è il mio compleanno lo prendo come un buon segno.

Quando mi ha suggerito di andare a cena fuori insieme, nonostante mio fratello gemello Tyson non fosse ancora rientrato, ho subito accettato. Accetterei qualsiasi cosa pur di farla restare di buon umore. Ho imparato che qualsiasi esitazione, dubbio o domanda, può farle cambiare atteggiamento in un lampo, e oggi non voglio che questo accada.

Sentendomi felice che mi abbia lasciato scegliere dove mangiare, sono fiduciosa che questa sarà una bella serata. Forse questo compleanno sarà diverso. Forse porterà me e mio fratello a ritirare finalmente le nostre patenti di guida, così da non dover più prendere l'autobus.

Per un istante mi sento in colpa perché lui non è qui, questo dopotutto è anche il suo compleanno, ma decido di assecondarla in tutto ciò che vuole.

Appena arrivata, ordino il mio panino al bacon, lattuga e pomodoro con patatine fritte e comincio a mangiarlo felice, conversando del più e del meno, raccontandole com'è andata la mia giornata.

«Sai, a pranzo ho visto Tyson e mi è sembrato che anche lui stesse passando una bella giornata. I suoi amici gli hanno persino cantato "Tanti Auguri". Ha reagito con indifferenza, dando qualche pacca ad alcuni di loro, ma io so la verità, era contento», dico ridendo.

Il primo campanello di allarme scatta dentro di me quando ordina una birra.

La trangugia velocemente e ne ordina subito una seconda, mentre i primi brividi di apprensione scivolano lungo il mio collo. Mi sforzo di ignorare la sgradevole sensazione e il fatto che stia bevendo, continuando a parlare.

«Poi ti ricordi di Mia, giusto? Insomma, mi ha dato un regalo confezionato con una bella carta blu e le scritte buon compleanno ovunque. Volevo aprirlo piano per non rovinare la carta, ma ha riso di me e ha detto di fare veloce! Dentro c'era un libro che desideravo tanto leggere. Si tratta di quello dove alla ragazza piace un ragazzo, per poi scoprire che lui e la sua famiglia non sono quello che sembrano: sono vampiri. Mia mi ha detto che il protagonista brilla alla luce del sole, mamma. Non ti sembra figo? Ti ricordi che ti avevo parlato di questo libro, vero?».

Continuo a chiacchierare cercando disperatamente un modo per attirare la sua attenzione. Mi guarda un paio di volte e annuisce assente, ma la perdo del tutto quando una famiglia si siede nell'area di fronte al nostro tavolo. Con la coda dell'occhio vedo una madre, un padre e due bambini che mangiano insieme. Guardando meglio mi sembra che il ragazzo abbia la mia età e la sorella sia di poco più giovane. I genitori sono seduti a un lato del tavolo e i figli a quello opposto.

Mia mamma li guarda con maggiore intensità, e sul suo volto appaiono chiaramente invidia mista a curiosità, desiderio e rabbia.

«Erica invece mi ha regalato questo bracciale».

Alzo il polso e il piccolo ciondolo a forma di mezzo cuore, attaccato a un semplice bracciale d'argento, riesce a brillare anche se nel ristorante c'è poca luce.

«Non è bello? Lei ha l'altra parte del cuore sul suo. Vedi che io ne ho solo metà? Ha riso dicendomi che alla nostra età forse era un regalo immaturo, ma non sono d'accordo. Lo adoro».

Non mi risponde, troppo impegnata a far cenno alla cameriera per farsi portare un'altra birra. Un brutto presentimento mi attanaglia lo stomaco e il cuore comincia a battere più velocemente.

Sento le lacrime salirmi agli occhi. Sbatto le palpebre e guardo il soffitto nella speranza di trattenerle.

Mia madre non ha mai smesso di fissare la famiglia, così mi giro e guardo anch'io, per capire che cosa ci veda di così interessante in loro. Li guardo apertamente, anche se so che è da maleducati, perché voglio davvero comprendere cos'hanno di speciale da attirare tanto la sua attenzione.

L'uomo è seduto vicino alla donna e le loro mani sono intrecciate sopra il tavolo. Stanno ridendo per qualcosa che ha detto il figlio, e si guardano negli occhi comunicandosi con lo sguardo il loro divertimento. Quando l'uomo si accorge che li sto guardando mi imbarazzo, ma lui risponde con un sorriso gentile.

Mentre sorrido anche io, vengo velocemente riportata alla realtà quando mia mamma sibila il mio nome.

«Rowan».

Mi volto verso i suoi occhi spalancati, impaurita per essere stata sorpresa a guardare la famiglia. Il mio stomaco si torce al tono doloroso e familiare della sua voce. Il suo umore è ufficialmente cambiato, e la notte sarà tutto fuorché piacevole. Mia madre inizia risentire degli effetti dell'alcol che ha bevuto finora, e so già che è ben lontana dall'aver finito di bere.

Tirando rabbiosamente fuori i soldi dal portafoglio, li sbatte sul tavolo, non curante del fatto che io abbia ancora del cibo nel piatto o che nessuno ci abbia portato il conto.

«Andiamo. Adesso!».

Sapendo che è meglio non discutere, abbandono il mio posto senza parlare, avviandomi all'uscita insieme a lei.

Non resisto e guardo un'ultima volta la famiglia alle mie spalle, e il bisogno di farne parte riempie il mio cuore e la mia anima.

Stringendomi il braccio tanto forte da ritrovarmi sicuramente un bel livido domani mattina, mia madre mi trascina letteralmente alla macchina. Sapendo che è meglio non piangere dal dolore, mi mordo il labbro e cammino il più velocemente possibile. Quando inciampo, le sue unghie mi feriscono il braccio facendomi sanguinare.

«Maledizione, Rowan. Sei una fottuta maldestra. Muoviti!».

Finalmente in macchina, comincia a parlare un minuto dopo la chiusura delle porte.

«Hai dato una bella occhiata alla famiglia? Alla famiglia che vorresti avere e non a quella che Dio ti ha dato?», sibila.

«Mamma, stavo sol...», tento di giustificarmi.

«Zitta, stupida. Pensi sia cieca? Ho visto come li guardavi desiderando essere con loro e non con me. Non osare giudicarmi, piccola puttana! Non è colpa mia se tuo padre ci ha abbandonato. Lui non vi voleva. Questa è la maledizione della mia famiglia. Sapevo sarebbe successo, lo sapevo... eppure speravo..., ma ovviamente mi sbagliavo. Mia madre mi aveva avvisata, ma non ho ascoltato».

Rimango in silenzio. Ho ascoltato questa storia talmente tante volte da aver perso il conto. Mi ritrovo a desiderare che Tyson sia qui con me. Per qualche ragione, quando c'è anche mio fratello nostra madre con me non è così cattiva. Lui fa del suo meglio per proteggermi, anche se non serve a molto quando si tratta di nostra madre.

«Me lo diceva sempre che lei, e sua madre prima di lei, erano state abbandonate. Perché gli uomini lasciano sempre le donne della nostra famiglia. Non siamo meritevoli d'amore, non siamo meritevoli di una relazione stabile, siamo maledette. Gli uomini vanno e vengono, ma non restano mai. Credimi, ci ho provato. Ho pensato che vostro padre fosse quello giusto, e lo sarebbe stato se non avessi rovinato tutto restando incinta. Appena lo ha scoperto, se ne è andato. Avrei dovuto sbarazzarmi di voi, ma non ne ho avuto l'opportunità. Se n'è andato lo stesso giorno in cui gliel'ho detto e a quel punto che importava? Almeno avrei avuto due figli che avrebbero dovuto amarmi. Che sarebbero dovuti rimanere».

L'unico momento in cui parla di mio padre è durante questi attimi di rabbia. Rivela ogni volta qualche dettaglio in più. Non conosco il suo nome, so solo che erano a scuola insieme, che giocava a pallacanestro ed era molto intelligente. Mia mamma rimase incinta subito dopo la fine delle superiori e, mentre lui andò all'università, lei non lo fece. Abbiamo vissuto con nostra nonna per un po' e poi ci siamo trovati a traslocare spesso. Di solito ci trasferivamo dall'uomo che in quel momento usciva con mia madre, fino a che non la abbandonava o lei se ne andava per paura della maledizione. Siamo sempre stati dalla nonna, tra un uomo e l'altro. Quando nonna è morta di cancro, mia mamma si è trasferita nella sua casa stabilmente. Adesso, nonostante gli uomini continuino ad andare e venire, almeno non dobbiamo trasferirci.

«Sai quell'uomo che ti guardava? Poteva anche sembrare devoto alla sua famiglia, ma in realtà ti guardava con la lussuria negli occhi. Stai certa che, se fosse stato solo, ci avrebbe provato con te».

Le sue parole mi disgustano, e so che non sono vere, ma ancora una volta so che è meglio non discutere. Non le interessa mai quello che penso.

«Ricordatelo, Rowan. Gli uomini sono dei coglioni e non meritano le tue attenzioni e il tuo amore, perché tanto non staranno mai con te a lungo. Sei una Martin. Non meriti di essere amata più di tutte le Martin che sono venute prima di te».

Ci fermiamo a una stazione di servizio, e io aspetto nella macchina mentre lei scende per andare a comprare altre casse di birra. Spero sempre che sia solo alcol e non droga, ma ormai dovrei saperlo, invece che continuare a illudermi.

Diventa più cattiva quando mischia droga e alcol. Con l'alcol rimane in qualche modo cosciente, ma quando aggiunge la droga le sue parole sono ancora più feroci e può diventare fisicamente violenta, tanto da non rendersi nemmeno conto di chi ci sia vicino a lei. Dice ogni cosa che le passa per la mente, lancia oggetti, invita uomini a casa e, senza preoccuparsi della mia presenza, fa con loro le cose più inappropriate. Una volta un uomo cercò di farmi del male. Mi bloccò tra il suo corpo e il muro, finché Tyson non rientrò a casa e lo affrontò con un coltello in mano. L'uomo rise di lui, ma mi lasciò andare. Io e Tyson lasciammo la casa per diverse ore e tornammo solo quando sia mia madre che l'uomo erano entrambi svenuti sul pavimento. Io e mio fratello, quando siamo in casa, passiamo parecchie ore dietro a porte chiuse a chiave. Mentre altre volte andiamo in biblioteca, uno dei miei posti preferiti. Adoro perdermi tra le pagine e, a volte, sogno di essere uno dei personaggi del libro e di vivere lontano da qui.

Tyson mi ha promesso che andremo via appena avremo compiuto diciotto anni. Spero sia vero. Il pensiero di andare da un'altra parte, di andare in un posto nuovo dove poter ricominciare, è piacevole. Ricominciare con mio fratello in un luogo dove non c'è droga, né alcol, né tantomeno nostra madre. Forse è sbagliato perché è pur sempre colei che ci ha generato, ma voglio comunque andare lontano da lei, non voglio più soffrire così.

Immediatamente mi sento in colpa per questo pensiero, così quando torna in macchina cerco di sorriderle.

«Che cazzo sorridi? Stai sognando ancora quello che non avrai mai? Quando torniamo a casa voglio che parcheggi il culo nella tua stanza. Stessa cosa tuo fratello, se sua signoria ha deciso di onorarci con la sua presenza. Dove diavolo è?».

«Non ne sono sicura», mento. «Mi ha detto che doveva andare a prendere qualcosa a casa di Jeffrey dopo l'allenamento di pallacanestro».

La verità è che Tyson ha trovato lavoro al lavaggio macchine dopo la scuola. Qualche volta lavoro anche io, alla biblioteca. Mi pagano e metto via i soldi nell'attesa del giorno in cui potremo finalmente ricominciare a vivere. Stiamo entrambi risparmiando così, quando andremo via, avremo abbastanza soldi per affittare un appartamento per un paio di mesi, in modo da darci tempo di trovare nuovi lavori per mantenerci. O, almeno, questo è il nostro piano.

Se nostra madre lo sapesse ci ruberebbe i soldi e li userebbe per la droga e l'alcol, quindi mento per lui ogni volta che è abbastanza lucida da notare la sua assenza.

«Giusto, giusto, nemmeno lui vuole starti intorno. Nemmeno nel giorno del tuo compleanno. Forse odia il fatto che tu sia sua sorella gemella e che debba condividere i festeggiamenti con te».

Ride, e tanto basta a far scappare una lacrima dai miei occhi. La stavo trattenendo con tutta la forza possibile, ma la maledetta è scivolata sul mio viso. Sono così arrabbiata con me stessa! So bene che non devo mostrarle mai le mie emozioni.

«Oh, va bene, piccolina. Piangi quanto vuoi, tanto non importa. Ti do una notizia: a nessuno importa».

Si sbaglia. A Tyson importerebbe.

Quando entriamo nel vialetto di casa, esco velocemente dalla macchina e corro dentro senza mai fermarmi, finché non sono al sicuro nella mia camera. Chiudo a chiave la porta, chiudo fuori dalla stanza le risate crudeli di mia madre e le parole cattive che mi urla addosso.

Mi muovo verso il letto, mi abbasso e da sotto tiro fuori il libro che mi ha regalato Tyson questa mattina. Un libro di viaggi. Dentro ci sono centinaia di luoghi degli Stati Uniti. Il libro parla di ognuno di questi.

Chiudo gli occhi e sfoglio le pagine a caso, fermandomi a quella della città di Columbus, in Ohio, e comincio a leggere. Non mi dispiacerebbe trasferirmi a Columbus. La verità è che non mi dispiacerebbe trasferirmi affatto, se questo significasse non essere più qui.

Prendo da sotto il letto anche il mio vecchio lettore CD. Nascondo qui tutte le cose che non voglio che mia madre trovi, perché è troppo pigra per guardarci.

Metto le cuffie, con il volume al massimo, e ricomincio a leggere e a sognare un posto nuovo, usando la musica e le immagini per sognare un mondo diverso.

"Nessuno ti amerà mai. Non sei abbastanza. Non avrai mai nulla di tuo. Quando Dio distribuiva i cervelli tu eri indubbiamente nella fila sbagliata."

Chiudo forte gli occhi e un'altra lacrima scende sul mio viso. So bene che, mi piaccia o no, queste parole da cui vorrei fuggire sono stampate irrimediabilmente nel mio cuore e nella mia anima.

Capitolo 1

Rowan

«Dai piccola, ho davvero voglia», dice nel mio orecchio.

«Non sono dell'umore, Jason», borbotto in risposta.

«Prometto che ti farò stare bene, piccola. Ne ho davvero bisogno», piagnucola.

Sospiro e mi massaggio il ventre prominente.

Sono una settimana oltre il limite, e non mi sono mai sentita così poco a mio agio. Invece di massaggiarmi la schiena o i piedi per portarmi un po' di conforto, lui è più concentrato sui suoi bisogni.

Poi ricordo che ho sentito dire che un orgasmo può aiutare a indurre il parto. Quando lo dico a Jason, sorride con quel suo fare da manipolatore, sapendo che avrà quello che vuole.

Pochi minuti più tardi è in ginocchio, dentro di me, che spinge e ansima. Non gli interessa farmi venire, vuole solo arrivare velocemente all'orgasmo. Fisso il soffitto, aspettando che sia finita.

«Oh, sì, piccola. Vengo. Oh, sì», geme forte.

Conclude e si lascia andare a fianco a me, cercando di recuperare il fiato, ignaro del fatto che mi ha solo usata.

Mi giro dandogli la schiena e chiudo gli occhi, pregando di addormentarmi in fretta. Sospiro, abbastanza sicura che per poter indurre il parto avrei dovuto avere anche io un orgasmo, ma posso contare sulle dita di una mano quante volte sono venuta con quest'uomo e, quando è successo, è stato solo perché mi sono aiutata da sola.

Sospiro di nuovo, cercando di fare del mio meglio per lasciare andare i pensieri e rilassarmi.

Non so quanto tempo dopo, qualcosa mi sveglia.

Il bambino scalcia forte mentre cambia posizione, e io mi rendo conto di avere urgenza di andare in bagno. Barcollo fin là, tuttavia, prima di essere completamente seduta, sento una strana sensazione. Aggrotto le sopracciglia, mi alzo e controllo, ma non vedo nulla. Allora mi risiedo ed è in quel momento che sento un liquido che mi scorre tra le gambe, e non è di certo pipì.

Porca miseria! Mi si sono rotte le acque!

Aspetto che finisca e, dopo essermi asciugata come posso, mi tiro su i pantaloni e torno velocemente nella stanza. Vado verso l'armadio, mi cambio i vestiti e afferro la borsa del parto che avevo preparato. Mi avvicino al letto e scuoto l'uomo che giace addormentato, ignaro di tutto.

«Jason! Jason!».

Mugugna e si gira dall'altro lato, così decido di scuoterlo più forte. «Svegliati! Si sono rotte le acque, è ora».

Lui si gira verso di me, si stiracchia e squittisce. «Cosa?».

«Mi si sono rotte le acque», ripeto impaziente.

Finalmente mi guarda con tutti e due gli occhi ben aperti. «Cosa? Ma sei sicura?».

Qualsiasi altra volta avrei riso a una domanda così stupida. Parola chiave? *Avrei*.

Ora voglio solo che mi porti in ospedale.

«Sì, sicurissima», sibilo a denti stretti.

Mi guarda incredulo e continua: «Quanto sei sicura?».

Sento l'improvvisa urgenza di prenderlo a sberle.

«Sul serio, Jason? Ho ancora dell'acqua che mi scorre tra le gambe e, sicuro come l'oro, non è pipì. Ora alzati, così possiamo andare in ospedale».

«Ma le donne incinte non hanno problemi di incontinenza?». Lo guardo malissimo, finché non si alza. «Okay, un secondo», biascica.

Invece è molto più di un secondo. Si strofina gli occhi, si siede sul letto e si scioglie i muscoli del collo, inclinandolo a destra e a sinistra, come se avesse tutto il tempo del mondo.

Sì, è la mia prima gravidanza e probabilmente il travaglio durerà ore, ma a me non interessa! Cerco disperatamente di trattenermi e non urlargli contro, perché otterrei l'effetto contrario. Quindi, conto mentalmente cercando di essere paziente. A volte lo faccio quando sono nervosa. Contare mi aiuta a rilassarmi, non so perché.

Sapevo fin dall'inizio che Jason non era entusiasta della mia gravidanza. La prima volta che gli dissi di essere in attesa, la sua unica risposta fu una sonora risata, perché pensava stessi scherzando. Poi arrivò il suo stupore quando gli mostrai la prova inconfutabile che ero incinta, e la sua risposta fu: "Liberatene."

Rifiutai e mi aspettavo che mi lasciasse. Sì, ero spaventata, perché ovviamente non lo avevo pianificato e non avevo mai considerato Jason come candidato a padre dei miei figli. Non era una situazione idilliaca nemmeno per me, tuttavia era successo, e "liberarmene" non era un'opzione.

Lo guardo mentre si infila in bagno, e comincio a battere i piedi con impazienza. Quando sento aprirsi l'acqua della doccia, quasi non riesco a crederci. Sbircio nel bagno e vedo che controlla la temperatura dell'acqua.

«Cosa diavolo stai facendo?», chiedo arrabbiata.

Mi guarda come se la risposta fosse ovvia. «Mi faccio solo una doccia veloce».

«Mi stai prendendo per il culo, Jason?», sibilo.

«Mi serve per svegliarmi un po'. Siamo nel bel mezzo della notte e devo guidare. Solo cinque maledettissimi minuti, okay?».

Le lacrime mi salgono agli occhi, ma faccio del mio meglio per trattenerle. Sono spaventata, sono stanca, sento di nuovo il liquido che mi scorre tra le gambe e vorrei solo andare in ospedale dove ci sono persone che saprebbero prendersi cura di me, dottori e infermieri che conoscono il loro lavoro. Ho letto molti libri sul parto e ho partecipato a tutti i corsi che ho potuto frequentare, come quelli per l'allattamento e cura del bambino, ma immaginare il momento ed esserci nel bel mezzo sono due cose ben diverse.

Non riesco a contenere la paura e il nervosismo che ho dentro, non importa quanto mi sforzi.

Seduta sul bordo del letto, sento il mio bambino muoversi, così appoggio una mano sul ventre come per creare un collegamento tra me e la creatura che ho dentro. Così facendo, riesco a calmarmi almeno un po'.

Non so ancora se sia maschio o femmina, volevo fosse una sorpresa, e Jason non ha mai mostrato curiosità sul sesso del bambino. Non me lo ha mai chiesto apertamente, né ha espresso il desiderio di saperlo. Molte sorprese nella mia vita sono state un inferno, ma questa non lo sarà, comunque vada e la godrò, quindi provo un senso di eccitazione e di aspettativa.

Incontrare la creatura che mi ha già rubato il cuore è qualcosa che sto immaginando da mesi. Mi somiglierà? Avrà i miei capelli scuri e i miei occhi nocciola? O avrà i capelli biondi di Jason e i suoi occhi blu? Ma l'immagine che ho di lui, o lei, è sempre sfocata, i lineamenti non definiti. Sono ansiosa di svelare il mistero, qualunque esso sia.

Basta che sia sano, il resto non conta.

Ho sopportato tutti i comportamenti di merda di Jason perché so che quando incontrerà nostro figlio, o nostra figlia, cambierà tutto. Come potrebbe essere diversamente? Come potrebbe guardare negli occhi la personcina che ha contribuito a creare e non provare qualcosa?

Molte volte, durante la gravidanza, mi sono sentita sola. Sono andata da sola agli appuntamenti col ginecologo, ho sperimentato da sola i primi movimenti del bambino. Ogni lezione in preparazione al parto, ogni giro di shopping per i vestitini o i pannolini, ogni fiera per scovare l'arredamento di seconda mano per la cameretta del bambino, è stato fatto in solitudine. Ci sono state molte volte in cui ho sperato che Jason mi abbracciasse, mi accarezzasse la pancia, mi baciasse e mi dicesse quanto amava me e il bambino. Ho sperato che si presentasse anche solo a un appuntamento e facesse al dottore una sola domanda con l'eccitazione negli occhi e l'ansia nella voce. Ho sperato invano. La solitudine a volte è stata soffocante, stavo male fisicamente per la sua assenza. Tuttavia, ho tenuto duro.

Sento Jason uscire dalla doccia e asciugarsi. Entra in camera nudo per prendere i vestiti dall'armadio. Una volta vederlo senza vestiti mi faceva eccitare subito, sentivo il desiderio nello stomaco e i brividi fino alla punta dei piedi, ma da qualche parte lungo la via questa sensazione si è persa.

Ho letto che per alcune donne in gravidanza è normale avere un aumento della libido per via degli ormoni sballati. Non è stato il mio caso, almeno non con Jason. Tuttavia, una volta al supermercato mi sono dovuta nascondere dietro alle banane per evitare di saltare addosso a un ragazzo. Non che le banane fossero esattamente una grande distrazione, considerando che nella mia mente c'era solo sesso! Mi sono sentita ridicola quando un'ondata di piacere mi aveva pervaso il corpo fino ai capezzoli e al bassoventre. Ero rimasta a guardare ogni sua mossa, provando un misto di sollievo e delusione quando se ne era andato.

Scuoto la testa cercando di scacciare il pensiero, ammettendo che qualcosa tra me e Jason è andata perduto, e spero che questo bambino ci riporti insieme, e vicini, come lo eravamo prima.

Finalmente riemerge dall'armadio e comincia ad allacciarsi le scarpe. Mi guarda e aggrotta le sopracciglia. «Sei pronta?».

«Ma stai scherzando?», sbraito.

Sospira e io alzo gli occhi al cielo, annuendo, e lo seguo in macchina.

Sono contenta di essere rimasta da lui stanotte, era da tanto che non succedeva. Stupidamente avevo pensato che mi avrebbe chiesto di trasferirmi da lui prima della nascita del bambino, o che mi avrebbe perlomeno dato una copia delle chiavi, ma non l'ha mai suggerito e nemmeno io l'ho mai chiesto.

Una parte di me è restia al pensiero di lasciare il mio appartamento. Forse è qualcosa che ha a che fare con il mantenere la propria indipendenza, prima che tutto cambi di nuovo. Forse è perché non sono ancora pronta ad abbandonare il posto che condivido con Tyson, anche se ora non è a casa. Non ne sono sicura. So solo che non ho mai insistito per trasferirmi da Jason, ma adesso che stiamo per avere questo bambino, non posso che essere nervosa al pensiero di cosa succederà una volta uscita da lì.

Andrò a vivere da Jason o lui verrà da me? Rimarrà con me? Non abbiamo mai realmente parlato di ciò.

So come prendermi cura di questo bambino? Sarò una brava mamma?

Io e Jason saremo quella famiglia che non ho mai avuto? Come può una donna che non ha mai realmente avuto una madre, o una famiglia, riuscire a essere entrambe le cose per qualcun altro?

Ho paura. Tanta paura. Non voglio fallire. È troppo importante, per me.

Durante alcuni momenti della gravidanza, ho davvero desiderato avere vicina mia madre, ma dopo ho riso di gusto al sol pensiero. Forse un figlio non smette mai di desiderarlo, non lo so. So solo che io e Tyson siamo andati via cinque anni fa, e non ci siamo mai guardati indietro. Non è mai stata un pensiero costante, finché non sono rimasta incinta. Da allora, immagini di lei, ricordi delle sue parole, hanno di nuovo invaso la mia mente.

Quando finalmente arriviamo in ospedale, Jason accosta sul ciglio del marciapiede davanti all'entrata del pronto soccorso e resta seduto senza nemmeno guardarmi.

Lo fisso confusa e gli indico la strada sulla destra. «Il centro maternità è dal lato opposto, alla fine di questa strada».

Si schiarisce la gola.

«Lo so, ma il parcheggio è qui», così dicendo mi indica il parcheggio coperto. «Vai dentro, io parcheggio».

Sospiro e mormoro: «Okay». Discutere non farà alcuna differenza.

Mi slaccio la cintura e lo guardo, pensando per un momento di dargli un bacio sulla guancia. Tuttavia, quando vedo la sua mandibola serrata e le nocche bianche da quanto stringe impaziente il volante, cambio idea.

A supportare la mia decisione, arriva quella che sembra a tutti gli effetti una contrazione. Una volta in piedi, nonostante il tremolio alle gambe, guardo Jason.

«Ci vediamo dentro?», gli chiedo titubante.

Lui non mi guarda, annuisce e parte non appena chiudo la portiera.

Trascinandomi verso l'entrata del pronto soccorso, sono consapevole di star barcollando. L'acqua mi scorre ancora in mezzo alle gambe e rende il tutto ancora meno confortevole. Sono contenta di aver avuto almeno la decenza di indossare pantaloni neri. Con un po' di fortuna, non dovrò attendere molto prima di essere ricoverata.

Entro e realizzo che la sala d'attesa è piena di gente. Molte persone sono sedute nei posti messi a disposizione e ci sono alcune infermiere dietro al banco accettazione. Intorno a me ci sono mormorii bassi e sussurri. Decido di trovarmi un posto a sedere, mentre aspetto che Jason parcheggi la macchina.

Mi siedo e cerco, nonostante la rigidità della seduta, di mettermi comoda e rilassarmi. Dovrebbero pensare a renderle più comode, considerando che chi si siede di solito è infortunato o malato.

Chiudo gli occhi, penso a un luogo felice e faccio respiri lunghi, come mi hanno insegnato al corso preparto.

Finalmente più calma, apro gli occhi e mi guardo intorno per monitorare la situazione. Nessun osso rotto o sangue visibile, grazie a Dio. Mentre cerco di essere paziente, sento la pancia indurirsi all'arrivo di una forte contrazione. È breve, non dura molto, ma la frequenza sta decisamente aumentando.

Va tutto bene, mi dico. Jason sarà qui a momenti, così potremmo andare al reparto maternità.

«Tommy! Ti ho detto di tenere premuto il fazzoletto sulla ferita. Adesso c'è sangue ovunque, su di te e sulla sedia! Mi ascolti?».

Deglutendo alle parole severe della madre, mi chiedo come sarò io quando una cosa del genere capiterà al mio bambino. Mi rivolgerò a lui o lei con lo stesso tono? E poi non sono molto brava a sopportare la vista del sangue, compreso il mio. Una volta, dopo una caduta, avevo un ginocchio sbucciato e non potevo nemmeno guardarlo senza avvertire un forte senso di nausea. Tyson mi portò a casa e mi disinfettò la ferita. A quel ricordo, un piccolo sorriso nasce sulle mie labbra.

Mio fratello si è sempre preso cura di me. Di sicuro sarà un buon padre, un giorno. E so che sarà anche il migliore zio che si possa volere.

E io? Mi domando se Dio non stia ridendo di me, in questo momento. Forse aveva bisogno di un po' di sano intrattenimento, forse gli angeli stavano diventando noiosi, tutto quel cantare e suonare.

Ridacchio per gli strani pensieri che mi passano per la testa.

«Signor Hansen?». Un'infermiera chiama il cognome di un uomo sui trentacinque anni che avanza barcollando dolorante, tenendosi il braccio stretto al petto.

Un'altra contrazione arriva e, per un momento, mi toglie il fiato. Quando finisce, mi arrabbio con me stessa per non aver guardato l'orologio e calcolato la distanza dalla precedente. Dovrei farlo ogni volta, per capire la frequenza e la durata.

Le persone intorno a me vengono chiamate una a una, mentre io inizio a preoccuparmi per Jason.

Perché ci sta mettendo tanto?

Prendo il telefono dalla borsa e controllo se ci sono chiamate o messaggi, ma sullo schermo non appare nulla. Provo a chiamare io, ma il suo telefono squilla a vuoto. Quando scatta la segreteria telefonica, gli lascio un messaggio: «Jason, dove sei? Le contrazioni sono frequenti, per favore, sbrigati».

Appena metto giù, arriva una nuova contrazione. Questa volta guardo l'orologio e controllo la durata. Per tranquillizzarmi, cerco di pensare alle cose che mi mettono di buon umore: il cinguettio degli uccellini fuori dalla mia camera da letto la mattina, il sole sul viso o il profumo della pioggia, ma, soprattutto, penso che tra poche ore stringerò finalmente il mio bambino tra le braccia.

Riguardo l'orologio quando la contrazione finisce. È durata più di un minuto.

Riprendo il cellulare per chiamare Jason. Lo chiamo più volte, ma ogni chiamata è deviata alla segreteria telefonica. Mi alzo e vado a vedere fuori dalle porte scorrevoli dell'ospedale, ed osservo il garage coperto. Non è esploso, è ancora lì. Nessun incidente. Nessun problema.

L'uomo che ho visto entrare prima col braccio rotto, ora sta uscendo e mi fa un cenno di saluto, mentre io rientro in pronto soccorso e mi risiedo al mio posto.

Le contrazioni ora hanno una cadenza di cinque minuti l'una dall'altra. Cerco di distrarmi guardandomi intorno, e mi accorgo che le persone sono differenti. Tutti quelli che ho visto quando sono arrivata sono già andati via.

La lancetta grande dell'orologio continua a muoversi e io sono ancora seduta qui... da sola.

Provo a chiamare ancora una volta.

«Ciao, sono Jason. Sai cosa fare», dice la sua voce registrata.

Abbasso il braccio lentamente e metto il cellulare nella borsa.

Non ci vuole così tanto tempo per parcheggiare la macchina.

Non tornerà.

"Nessun uomo resta."

Non vuole me e nemmeno questo bambino.

"Nessuno ti amerà mai."

Ci ha abbandonati.

"Non sei abbastanza."

Le parole di mia madre rimbombano nella mia testa.

Capitolo 2

Jax

«Porca puttana!», esclamo.

Metto la mano sulla parte superiore dell'occhio e immediatamente la ritiro, vedendo il sangue coprire le mie dita e continuare a scorrere copioso su tutto il viso.

Incenerisco con un'occhiata chi mi ha procurato la ferita.

«Amico, mi dispiace!». Zane arretra un po' sotto il mio sguardo accusatore e corre verso la panchina per prendermi un asciugamano. Quando ritorna me lo preme sull'occhio.

«Che cazzo! Non toccarmi!», dico scostandomi.

«Dobbiamo fermare il sangue», ribatte, continuando a premere l'asciugamano sulla ferita che lui stesso mi ha provocato.

«Che cavolo! Dovevamo solo fare un combattimento amichevole e mi hai quasi tranciato la testa con quel colpo».

«Lo so! Scusa, è stato un incidente». Poi urla: «Portate un altro asciugamano!».

«Prenditelo da solo, stronzetto!», gli risponde Levi.

«Abbiamo un infortunio qui», grida di nuovo Zane.

Mi trattengo a stento dall'alzare gli occhi al cielo. Maledetti idioti.

Pochi minuti dopo vedo Levi arrivare con un altro asciugamano. Mi squadra per bene e scoppia a ridere.

«Che cazzo ti è successo?».

Vorrei togliergli dalla faccia quell'espressione di divertimento con un bel pugno.

«Zane, ha fatto centro con un bel destro. Ahia!», grido quando anche lui si mette a premere sulla ferita.

«Scusa, ma devo pulire il sangue», dice continuando a strofinare. «È bello profondo e non smette di sanguinare, questo bastardo. Ti serviranno dei punti».

«Cosa? No. Basta un cerotto e fine della storia», e fine della discussione.

«Un cerotto non sarebbe abbastanza. È troppo profondo e troppo largo», insiste Zane.

«Ah, cavoli, Zane. Hai rovinato il visino perfetto di Jax. Solo per questo ti meriteresti un calcio in culo».

Anche Ryder si è avvicinato, insieme a Cole e Dylan, e non può trattenersi dal fare le sue solite battutine sarcastiche.

«Ma che cavolo! Cos'è, un evento di gruppo? Perché se è così, vendo i biglietti a dieci dollari», borbotto.

I ragazzi scoppiano a ridere e guardano pietosi la mia faccia, e questo mi fa irritare.

«Va bene, fuori dai coglioni, tutti quanti. Vado a vedere cos'ho in faccia».

Supero Cole e Dylan, e faccio vedere loro il dito medio quando li scopro a sghignazzare.

Stronzi. Gran begli amici che mi ritrovo.

Mi guardo allo specchio e tiro via l'asciugamano. Il sangue comincia a sgorgare di nuovo. Bestemmio rendendomi conto che hanno ragione. Ho decisamente bisogno di punti.

Maledizione! Be', almeno siamo in chiusura, quindi non devo fare altro che sbatterli tutti fuori senza preoccuparmi di dover chiedere a qualcuno di chiudere la palestra al posto mio.

«Allora, qual è il verdetto?».

Girandomi verso Ryder, mi ritrovo davanti il suo viso preoccupato.

«Zane aveva ragione, servono punti», sentenzio.

«Non preoccuparti, Stone. Le ragazze trovano le cicatrici sexy».

Lo insulto a bassa voce e lui sogghigna.

«Stavo andando via, ma posso accompagnarti io in pronto soccorso, poi tornare qui e portarti la tua macchina successivamente».

«No», rispondo. «È tutto okay, non è lontano e posso guidare».

«Come farai a guidare e a tenere l'asciugamano sulla ferita allo stesso tempo?», domanda pragmatico.

«In qualche modo farò», sbotto.

Supero Ryder e urlo a quelli che sono ancora dentro: «Okay ragazzi, allenamento finito. Portate i vostri culi fuori di qua così posso andare in ospedale».

Tutti raccolgono velocemente le loro cose e si avviano verso la porta, scontrandosi l'uno contro l'altro come degli idioti, incolpando Zane per aver dovuto finire presto l'allenamento.

«Jax, lascia che ti accompagni in ospedale. Mi sento una merda per averti fatto male», insiste Zane.

«No, è tardi. E poi chissà quanto tempo dovrò aspettare in pronto soccorso. Starò bene».

«Sicuro?», mi risponde rassegnato.

«Sì».

«Come vuoi, amico».

Ryder mi prende le chiavi dalle mani e, appena Cole spegne le luci, chiude la porta.

«Non dovresti fargliela passare così liscia. Dovrebbe essere la tua puttana in palestra per almeno una settimana».

«Approvo l'idea», fa eco Levi.

«Potrei davvero essere d'accordo con voi», replico.

Probabilmente non lo sfrutterò per così tanto tempo,

ma non credo ci sia nulla di sbagliato nel prolungare la sofferenza di Zane ancora per un po'.

Quando raggiungo il mio fuoristrada, apro la portiera di dietro e getto la borsa per l'allenamento, facendo attenzione a tenere l'asciugamano premuto sulla ferita per tutto il tempo. Con la testa faccio un cenno di saluto ai ragazzi, accorgendomi che adesso mi fa un po' male, e parto.

Quando mi accorgo di quanto è affollato il pronto soccorso, bestemmio tra me e me. Dovrò stare qui un'eternità. Tuttavia mi rassegno e lascio il mio nome all'infermiera al banco accettazione, spiegando le ovvie ragioni della mia presenza, e attendendo pazientemente di essere chiamato.

Fortunatamente, alla fine, non mi servono che pochi punti. Il dottore è d'accordo nel dire che un cerotto non avrebbe ottenuto lo stesso risultato, quindi meglio che sia venuto, nonostante la rottura di palle.

Mentre esco, controllo il cellulare e vedo un messaggio di Zane. Non posso fare a meno di gongolare sapendo che si sente in colpa per ciò che è successo. Come è giusto che sia.

Una sessione di addestramento vuol dire trattenere la forza dei pugni, non attaccare come se fosse un vero incontro. Gli rispondo dicendogli che mi hanno messo tre volte il numero di punti che effettivamente ho in testa, e che mi tenevano sotto controllo per una possibile commozione cerebrale, perché se lo merita.

Sorrido e lascio scivolare il telefono in tasca, ma appena giro l'angolo vedo una donna in avanzato stato di gravidanza alzarsi dal suo posto. Quando si piega su se stessa con un lamento di dolore, corro da lei.

«Ehi, ehi!». La afferro per un gomito e la aiuto a rimettersi in una posizione più dritta. Continua a respirare affannosamente, lo sguardo a terra, e la sua mano ora stritola la mia.

Dopo pochi minuti si calma, fa un respiro profondo e finalmente alza la testa.

Il suo sguardo mi sorprende e mi toglie il respiro. È bellissima. Grandi occhi verdi, o forse nocciola, non saprei dirlo con la luce artificiale. Ha lunghi capelli scuri e una spruzzata di lentiggini le coprono il naso, mentre lunghe ciglia incorniciano i suoi occhi facendoli sembrare ancora più grandi. Le sue labbra sono piene e carnose e, attualmente, sono socchiuse nel tentativo di respirare, e questo attira la mia attenzione sul suo petto. Riporto lo sguardo sul suo viso appena in tempo per vedere che si sta leccando le labbra. I miei occhi seguono il movimento il mio cazzo si indurisce tendendo i pantaloni.

Con orrore realizzo che provo desiderio per una donna incinta.

Che diavolo stai facendo, Stone? Cosa c'è di sbagliato, in te?

La guardo bene e, per un momento, il suo viso mi sembra familiare.

«Stai bene? Hai bisogno di aiuto?», le chiedo.

Non aspetto la sua risposta, lascio la sua mano e vado al banco accettazione del Pronto Soccorso e noto che un infermiere ci sta fissando come un idiota.

«Tu! C'è una donna in travaglio, qui. Possiamo avere un po' di aiuto?», sbraito.

Si mette subito in azione e dopo pochi secondi torna spingendo una sedia rotelle.

«Signora, cosa sta facendo qui? È in travaglio, dobbiamo portarla subito nel reparto maternità», la rimprovera, parlandole con un tono che trasuda aggressività.

Provo subito un immediato senso di possesso e uno strano istinto di protezione che mi fa quasi reagire. Lui deve aver percepito la violenza contenuta nel mio sguardo, perché modifica immediatamente il tono di voce.

«Da quanto tempo è in travaglio?», le chiede gentile.

Lei alza la testa e guarda l'orologio sulla parete.

«Ecco, le mie acque si sono rotte più o meno tre ore fa, credo», sussurra.

I miei occhi si spalancano, così come quelli dell'infermiere.

«Tre ore fa? È stata seduta qui tutto questo tempo?», le domanda incredulo.

Lei annuisce.

«Perché non ha detto niente?», chiede ancora.

Lei apre la bocca per rispondere, i suoi occhi incontrano i miei e poi si abbassano verso il pavimento e, alla fine, si limita a una semplice scrollata di spalle.

Io e l'infermiere la aiutiamo a sedersi sulla sedia a rotelle, e mi sento stranamente ansioso al pensiero di lasciarla andare, ma consapevole che prima o poi dovrò farlo. Lui inizia immediatamente a spingerla attraverso le doppie porte scorrevoli, e lungo un corridoio, con me alle calcagna.

Sono sul punto di augurarle buona fortuna e dirle addio, quando lei mi afferra la mano e la stringe con forza.

«Oh cazzo!», urlo.

Ha una forza mostruosa.

Alla mia esclamazione l'infermiere mi guarda con rimprovero, ma sono troppo concentrato sul respiro della ragazza, per curarmene.

L'infermiere comincia a spingere più veloce e lei non lascia andare la mia mano, quindi faccio del mio meglio per stare al passo. Quando arriviamo in un'area dell'ospedale, che stupidamente si chiama "Luogo Famiglia", la conduce in una stanza.

«Adesso faccio chiamare qualcuno per controllarla. Saranno qui in un momento, anche per prendere le sue generalità».

Lei continua a respirare profondamente, come se la cosa la calmasse.

«Nel frattempo può portarsi avanti e cambiarsi con questa vestaglia, e poi per favore si metta a letto».

Quando esce dalla stanza, io rimango in piedi e vorrei augurarle un'altra volta buona fortuna, ma poi mi sento come ancorato al pavimento. Lei appoggia la sua borsa a terra e comincia a togliersi la maglietta

Deglutisco e mi giro per darle la privacy che si merita, anche se non sembra particolarmente a disagio.

«Puoi girarti, ora», mi dice. Quando lo faccio sono contento di vedere che è tutta coperta. Potrà anche essere una donna incinta e in travaglio, ma io non sono ancora morto. Il suo seno è pieno e grande, e spuntava da sotto la maglietta nel momento in cui l'ha sfilata dalla testa.

Quando prova a salire sul letto, immediatamente vado verso di lei per offrirle l'aiuto di cui ha bisogno. Quei coglioni avrebbero dovuto aiutarla. Come può una donna incinta fare una cosa così da sola?

Mi guarda sorpresa e mormora *grazie*.

E prima che io possa dire un'altra parola, qualcuno entra dentro con una cartellina e comincia a farle ogni tipo di domande.

«Salve. Sono l'infermiera Diaz e ho bisogno che tu risponda a un paio di domande. Prima di tutto, sei registrata con i documenti che il tuo dottore ti ha consegnato in precedenza?»

«Sì».

«Sì? Perfetto. Questo dovrebbe rendere tutto più facile. Qual è il tuo nome, tesoro?».

«Rowan Martin», risponde.

Nel sentire quel nome, dalle labbra mi scappa istintivamente un verso di sorpresa, che attira l'attenzione di Rowan e dell'infermiera.

Incrocio le braccia e rimango in silenzio per tutto il resto delle domande.

Quando l'infermiera lascia la stanza, dicendole che sarebbe venuto qualcun altro per controllare i suoi progressi, e confermare che le acque si siano effettivamente rotte, restiamo di nuovo soli.

Ora posso spiegarle la ragione della mia sorpresa.

Io la conosco, o meglio, so chi è.

«Tu sei la sorella di Tyson Martin», e non è una domanda.

È il suo turno di essere sorpresa.

«Sì, sono io. Lui è mio fratello gemello».

Lo sapevo, avevo intravisto la somiglianza. Ho incontrato Ty mesi fa, quando ha iniziato a frequentare la palestra. Siamo diventati amici e si stava allenando per diventare un lottatore. Non si è più fatto vedere e ci siamo tutti chiesti che fine avesse fatto. Abbiamo provato a chiamarlo, ma senza fortuna.

Il viso di Rowan si contorce per il dolore e capisco che ha un'altra contrazione. Senza nessuna esitazione cammino verso di lei e le prendo la mano, chiedendomi, nel contempo, che cosa cavolo ci faccio ancora qui.

Dovrei andare via, ma non so perché non riesco a farlo.

Lei stringe la mia mano immediatamente, facendomi sentire felice per avergliela offerta, e comincia a respirare affannosamente per il dolore.

«Sembra accadere sempre più di frequente. Non dovrebbe forse dire qualcosa?», domando, guardando preoccupato la nuova infermiera che è appena entrata.

Prima che possa rispondermi, un dottore entra nella stanza dietro di lei.

«Salve, sono il dottor Sutton, e sono di turno questa sera. Adesso dovrò controllarti per essere sicuro che le tue acque si siano effettivamente rotte e per vedere quanto sei dilatata. Posso procedere?».

Rowan annuisce e io faccio per ritrarre la mano, ma lei me la stringe più forte. Quando cominciano a sollevare le lenzuola che coprono le sue gambe, educatamente distolgo lo sguardo.

Lo sento chiederle di abbassarsi un po' per metterle a posto le lenzuola.

Non so cosa il dottore stia facendo lì sotto, e non penso nemmeno di volerlo sapere.

Guardando il viso di Rowan, il suo naso spruzzato di lentiggini e la sua espressione di dolore, non posso fare a meno di chiedermi perché sia qui da sola.

Dove si trova la sua famiglia? Dov'è suo fratello?

Che cavolo, dov'è il padre del bambino? Dovrebbe esserci lui nella stanza con lei, non un perfetto sconosciuto. Dovrebbe arrivare e sbattermi fuori a calci perché mi sono permesso di vedere la sua ragazza in questo stato così vulnerabile.

«Le tue acque si sono definitivamente rotte e sei già dilatata di otto centimetri. A questo ritmo, tra poco comincerai a spingere. Questo bambino sembra quasi che non voglia aspettare! Devo conoscere il tuo piano per la nascita».

Lei guarda il dottore confusa.

«Piano per la nascita?».

Il medico le sorride con dolcezza e sono contento di ciò. Penso che gli darei un pugno se non fosse gentile con lei.

«Devi decidere adesso se vuoi un epidurale o meno. Quanto dolore provi? Hai bisogno di aiuto o pensi di poterlo sopportare?».

«Il dolore è sopportabile. Non voglio un'epidurale, voglio essere lucida quando dovrò affrontare il parto», risponde lei.

«Bene, era solo per informarti. Più avanti non saremo più in grado di farla. Volevo solo essere sicuro che capissi le conseguenze della tua decisione».

Vedo che lei annuisce, convinta.

«Adesso possiamo trasferirti nella stanza in cui partorirai. Ti faremo una flebo di fisiologica e ti collegheremo a un monitor per controllare il battito del bambino. Ritorno non appena sarai dilatata di almeno dieci centimetri. Hai fatto qualche corso preparto?».

«Sì», conferma lei.

«Perfetto. Allora sai già cosa fare quando ti chiederò di respirare meglio che puoi. Quando sarai dilatata di dieci centimetri, le tue contrazioni saranno più veloci e più forti».

Bel modo di incoraggiarla, coglione.

Tengo il pensiero per me, ma non posso trattenermi da rivolgergli uno sguardo di puro odio.

L'infermiera lo nota, e potrei giurare che sorride al mio tentativo di protezione nei confronti di Rowan.

«Tornerò presto», sentenzia il dottore, le dà una pacca sulle gambe ed esce dalla stanza.

Tornando a guardarla, realizzo che è difficile sopportare il pensiero che lei provi dolore. Ogni volta che il suo viso si contrae, e la sua mano stringe la mia, stringo i denti desiderando di poter provare il dolore al posto suo. Quando la contrazione passa, mi guarda.

«Quindi conosci mio fratello Tyson?».

Sorrido, pensando al ragazzo che le somiglia e che, allo stesso tempo, è così diverso dalla ragazza che mi sta guardando ora.

«Sì, per un po' ha frequentato la mia palestra e iniziato un addestramento di MMA».

«MMA? Che cos'è?», chiede.

Il suo respiro è affannoso e le parole vengono fuori come proiettili tra i sospiri. Credo che farla parlare l'aiuti, quindi stringo la sua mano e continuo il discorso.

«MMA sta per arti marziali miste. Io sono un lottatore professionista e gestisco una palestra per questo tipo di sport. Ty è venuto molte volte e ha cominciato anche lui ad allenarsi. Quando l'ho incontrato mi ha detto che voleva entrare a far parte del giro dei combattimenti, che ne aveva bisogno».

Quando le sue sopracciglia si aggrottano, scrollo le spalle.

«È veramente bravo. Sono stato molto contento di avergli fatto da sponsor. La mia palestra sponsorizza diversi lottatori e abbiamo anche qualcuno che ci aiuta a organizzare gli incontri. Contavamo di poter fare la stessa cosa per lui».

«Non ne avevo idea. Non me ne ha mai parlato», mormora.

«Ma dov'è? Sta bene? Non l'ho più visto. Abbiamo provato a chiamarlo e a lasciargli dei messaggi, ma non ci ha mai risposto, né a me né a uno degli altri ragazzi. Eppure non ci ha mai detto di voler mollare. È sempre stato molto serio al riguardo, quindi non mi aspettavo che non si presentasse più».

Prima che possa rispondere, due tipi arrivano per portarla in una nuova stanza dove potrà partorire, e io mi ritrovo a camminare accanto a lei e a sedermi vicino al suo letto, senza farmi più domande.

Questa è la cosa più folle che mi sia mai successa. Entro in ospedale per un paio di punti e adesso mi ritrovo ad assistere alla nascita di un bambino? Com'è potuto succedere?

Sono all'erta mentre le infermiere la collegano ai fili e a al monitor.

Lei mi cerca d'istinto quando arriva un'altra contrazione, e io automaticamente le do la mano. Quando passa, mi guarda con quei grandi occhi.

«Mi dispiace averti coinvolto, mi dispiace che tu sia costretto a stringermi la mano. Solo... non mi sento me stessa… io...». Smette di parlare, alza il mento e si schiarisce la gola, come se tentasse di controllare le sue emozioni.

«Come posso aiutarti, Rowan? Posso chiamare Tyson? Tua madre? Tuo padre? Il tuo fidanzato o marito? Sei sposata? Dammi i loro numeri e farò di tutto per fargli sapere cosa sta succedendo. O forse lo sanno già e sono per strada per venire qui. Forse dovrei andare fuori per dirgli dove sei e che stai bene?».

«No», sussurra. «Non c'è nessuno».

«Cosa vuol dire? Fammi almeno chiamare Tyson. Parlava sempre di te, tutto il tempo. So che vorrebbe veramente essere qui».

Un'altra ondata di dolore la assale, e comunque sembra esitante a parlare con le infermiere che vanno e vengono e che, chiaramente, possono ascoltare la nostra conversazione, quindi non insisto. Quando il dolore passa, finalmente risponde.

«Lui non c'è».

«Cosa vuol dire non c'è? Non capisco. Si è trasferito?», chiedo.

«No, diciamo solo temporaneamente», sospira e poi dice: «È in prigione».

«Cosa?». La guardo incredulo. «Prigione? Cosa diavolo è successo?».

«Lui...». Il respiro le viene a mancare e comincia a fare sospiri più brevi, lavorando sul dolore e stritolandomi la mano.

Potrebbe avermi rotto qualcosa e stringo i denti facendo del mio meglio per non far trapelare niente, ma cavoli, se fa male. Questa piccola donna ha una stretta potente.

«Oddio, sento che sto per spingere!», dice all'improvviso.

«Fammi dare un'occhiata, tesoro», dice l'infermiera che nel cartellino ha scritto "Johnson".

Alza le lenzuola che coprono le gambe di Rowan per controllare. Io ancora una volta distolgo in fretta lo sguardo e mi concentro sul suo viso, mentre lei fissa intensamente l'infermiera.

«Sei di dieci centimetri. Fammi andare a chiamare il dottore», sentenzia.

Rowan annuisce e una lacrima le scende sulla guancia.

Quella lacrima smuove qualcosa dentro di me.

«Ehi, va tutto bene, non piangere. Non capisco molto di tutto questo, ma per me stai andando alla grande».

Con gli occhi pieni di lacrime, i capelli sudati e attaccati ai lati del viso, le guance e le labbra rosse, mi rivolge un sorriso timido e quel qualcosa dentro di me si rompe definitivamente.

Mi ha catturato con uno sguardo. Anche nel bel mezzo del dolore e della paura che sta provando, dimostra una bellezza e una forza che la fanno risplendere. Mi sento onorato di condividere questo momento con lei. Non so quale sia in realtà la sua storia, che cosa l'abbia portata ad essere qui ad affrontare da sola il parto, e non mi serve saperlo.

La guardo e so tutto quello di cui ho bisogno, è scritto nei suoi occhi.

«So che non mi conosci, ma posso chiederti un piacere?»

«Puoi chiedermi qualsiasi cosa», rispondo.

«Per favore, non lasciarmi, non ho nessun altro e non voglio restare da sola».

Le sue parole sono sussurrate, come se provasse vergogna a confessarmi i suoi timori o avesse paura della mia risposta.

Un prepotente sentimento di possesso e un forte bisogno di proteggerla, si impossessano di me ancora una volta, facendomi stringere i denti e contrarre le dita dei piedi nelle scarpe. L'emozione che provo mi impedisce di risponderle per almeno un minuto. Sono uno di quei ragazzi convinti che l'amore a prima vista sia una stupidata da femmine, ma cavoli, questa ragazza mi sta facendo ricredere.

Quindi, invece di avere dubbi, faccio quello che ho sempre fatto, e mi butto. Nello stesso modo in cui affronto mio padre, entro nella gabbia per combattere, o gestisco la palestra. Non c'è differenza. È così che faccio quando c'è qualcosa che voglio.

E ora voglio lei. Non importa quanto folle o assurdo possa sembrare.

«Non ti lascerò. Lo prometto», dico con voce ferma.

E io mantengo sempre le mie promesse.

Capitolo 3

Rowan

Mentre controllo il respiro, durante un'altra contrazione, vorrei trovare Jason e staccargli la testa. Sono incazzata con lui non solo per avermi abbandonata, ma anche per avermi messa in questa situazione. So che bisogna essere in due per fare certe cose, ma in questo momento non mi interessa, perché il dolore è troppo forte per ragionare.

Provo un misto di tristezza, rabbia e disperazione. La mia mente è nel caos più totale, mi sento fragile e la cosa mi fa incazzare. Io non sono così, ho affrontato ben più di questo, e da sola, quindi perché mai ora dovrebbe essere diverso?

Eppure lo è. Perché sapevo cosa aspettarmi, ma non pensavo di doverlo affrontare da sola.

La stretta alla mia mano, però, mi ricorda che non lo sono. Prima di guardare di nuovo il mio uomo misterioso, mi concentro sul dolore.

Respira... inspira... espira... dentro... fuori. Posso farcela. *Posso farcela. Posso farcela*. Sono forte, che cazzo!

Voglio scoprire il suo nome, e mi rincuora il fatto che conosca Tyson. Mi sento in imbarazzo di averlo praticamente implorato di restare e un po' in colpa perché gli sto stritolando la mano senza ritegno.

Lui sembra terrorizzato, ma determinato. Bestemmia un sacco e digrigna spesso i denti per mantenere il controllo, mentre con l'altra mano si tocca nervosamente i capelli. Non è che gli abbia reso le cose facili. Chi direbbe di no a una ragazza nelle mie condizioni?

Il dottore entra nella stanza con un grande sorriso e batte le mani eccitato.

«Bene! Facciamo nascere questo bambino! Sei pronta?», dice come se fosse a un picnic.

Sto praticamente per far uscire qualcosa delle dimensioni di un'anguria dalla mia vagina e lui sorride e applaude?

Ma è serio? Vorrei dirgli di sparire e penso che questo è quello che succede quando non si sceglie un ginecologo privato e ci si affida alla sanità pubblica. Mi avevano assicurato che c'erano degli ottimi medici, ma cos'altro potevano dirmi?

Oh be', è tardi per pensarci ora e poi sono troppo impegnata a non innervosirmi mentre il dottore schiaccia un bottone per far alzare lo schienale del letto in una posizione più verticale.

Eppure mi ritrovo a sorridere quando vedo che il mio uomo misterioso fa lo stesso, finché un'altra contrazione non mi distrae.

Oh Dio! Non avrò mai più un altro bambino, lo giuro. È una sensazione orribile e il dolore è lancinante. Che cosa diavolo mi è passato per la testa quando ho rifiutato l'epidurale? Non è che chi soffre di più vince qualcosa. Chiaramente, avevo perso la ragione.

Il mio addome si contrae e sento un pressione spaventosa.

«Oh. Ecco che ne arriva una. Devo spingere. Ora!», grido, ma non ho il tempo per sentirmi in imbarazzo.

«D'accordo, Rowan, ascoltami. Conterò fino a cinque e tu spingerai nello stesso momento in cui io dirò cinque. Spingerai più forte che puoi. Adesso respira e poi spingi di nuovo al mio cinque, okay?», ordina il medico.

Annuisco e afferro i braccioli del letto con tutta la forza che ho. Un'infermiera mi tiene una gamba ferma e fa segno al mio uomo del mistero di fare lo stesso con l'altra.

Ecco, ora mi sento proprio imbarazzata. Se non avessi già le guance rosse per il parto, sarebbero ancora più rosse dopo aver visto l'espressione di orrore sul suo viso.

Tutto questo sbiadisce quando comincio a spingere.

«Uno... due... tre... quattro... cinque». Mi inarco sul letto, ansimando per la fatica, il sudore che mi cola su collo e schiena.

Ho un momento di panico quando sento qualcosa di freddo sulla fronte, ma è solo un tovagliolo bagnato.

«Grazie», dico al mio uomo del mistero che è concentrato nel darmi un po' di sollievo.

Annuisce e cerca di incoraggiarmi anche se sembra pallidino.

«Puoi farcela. Stai andando alla grande», mormora.

Prima che possa rispondere, è tempo che spinga ancora. Quando passa, è il turno del dottore di incoraggiarmi.

«Stai andando eccezionalmente bene, Rowan. Vedo già la testa del bambino. Sai già se è maschio o femmina?».

«No, volevo fosse una sorpresa», esalo esausta.

«Be', lui o lei ha una testolina piena di capelli scuri, come i tuoi. Ora da brava, uno... due... tre... quattro... cinque... spingi!».

Arriccio le dita dei piedi alla nuova ondata di dolore, mentre faccio quello che mi chiede.

Mi fermo a respirare. Sento l'impulso di spingere di nuovo, ma devo aspettare il segnale.

«Uno... due... tre... quattro... cinque... spingi! Bel lavoro, Rowan. Ancora una, forse due spinte, e la testa sarà completamente fuori. Stai andando benissimo per essere la prima volta!».

Benissimo? Mi sento come se mi stessero squarciando dall'interno.

«Lo voglio fuori!», urlo.

L'uomo misterioso mi accarezza la gamba e mi guarda.

«Tieni duro. Sei forte. Puoi farcela».

Lo guardo e sorprendentemente vorrei ridere. C'è un misto di sorpresa e terrore sul suo viso che lo rendono quasi comico. Povero ragazzo, dovrò cucinargli qualcosa, dopo questa esperienza. Chissà cosa gli piace. Cookies? Brownies?

«Oh cavoli, devo spingere di nuovo!».

«Uno... due... tre... quattro... cinque...», conta l'infermiera. Io prendo un bel respiro e spingo. Mentre le infermiere contano, sento il dottore dire al mio uomo misterioso che può dare un'occhiata, se vuole. Lui rifiuta e non posso certo biasimarlo.

«La testa è fuori, Rowan. Il resto viene da sé», dice il medico.

Mi trattengo a stento dal ridergli in faccia.

«Trattieniti finché non ti dico di spingere gentilmente, okay?».

Annuisco, facendo del mio meglio per prendere fiato, mentre penso a innumerevoli modi di far fuori il dottore per aver anche solo suggerito che tutto questo sia facile.

Uomini! Che si fottano!

Il sudore mi scende sulla fronte, i capelli sono sudati e attaccati al viso, sono aperta ed esposta al mondo, eppure tutto quello che importa è che ho quasi finito. Tra poco incontrerò il mio bambino. Posso farcela. Vedo il traguardo ed è una sensazione di gloria.

«Bene, Rowan, questa è l'ultima. Dammi una spinta leggera».

Faccio come dice e sono eccitata quando vengo ricompensata dal pianto più dolce che abbia mai sentito.

«È una bambina!».

Comincio a piangere quando me la appoggiano sul petto e la circondo con le braccia come meglio posso, considerando che è ancora attaccata a me.

«Ciao, piccolina mia», le dico tra lacrime e respiri.

I suoi piccoli occhi si aprono e si fissano nei miei, e in quel preciso istante non appartengo che a lei. Non capivo quando gli altri parlavano di come il mio mondo sarebbe cambiato per sempre e di come il mio cuore si sarebbe riempito fino a scoppiare. Le loro parole mi facevano sorridere educatamente e annuire, ma non capivo. Ora invece capisco perfettamente cosa volessero dirmi, lo capisco con tutta l'anima.

L'amore che sento è fortissimo, così come l'istinto primordiale di proteggerla per sempre. Il suo sguardo innocente ha ricucito i pezzi rotti della mia anima. La mia bambina.

«Dobbiamo portartela via solo un secondo per pulirla, tesoro», dice un'infermiera, dopo che il dottore ha tagliato il cordone ombelicale.

Mi viene da singhiozzare quando non sento più il suo calore sul mio petto. Poi mi ritrovo a gridare per il dolore quando un'altra infermiera comincia a premere sulla mia pancia.

«Mi dispiace, cara, ma devo farlo. So che non è piacevole, ma è necessario affinché l'utero non trattenga dei coaguli e si contragga», spiega sorridendomi dolcemente. «Sono sicura che sei stanca, quindi cerca di riposare mentre anche la bambina dorme. Sai già che nome darle?».

«Lily. Lily Rayn», sussurro.

«È un nome bellissimo».

Prende un pennarello e scrive sulla cartellina il nome di Lily e i dettagli sul parto. Finisce di pulirmi e, quando anche la bambina è pronta, me la mette tra le braccia, dicendomi che ritornerà per spostarci di stanza.

Annuisco assente, perché tutta la mia attenzione è rivolta al fagottino che ho tra le braccia.

Quando finalmente riesco a distogliere lo sguardo da lei, mi accorgo di essere sola. Non ho idea di dove sia il mio uomo del mistero, se sia andato via una volta per tutte o se ritornerà. Spero che torni, perché ho bisogno di ringraziarlo per esserci stato.

Riportando la mia attenzione su Lily, mi perdo nel suo dolce viso. Sorrido quando vedo che ha le mie stesse labbra piene e i miei capelli scuri. I suoi occhi sono blu, ma so che potrebbero cambiare.

Mille emozioni si agitano dentro di me mentre la guardo, e non posso ancora credere quanto sia grande l'amore che provo per lei.

«Prometto di amarti nel modo in cui meriti di essere amata», le sussurro. «Tu sei tutto per me. Sarai amata e non sarai mai sola, bimba mia. Te lo prometto».

Le lacrime scendono sul mio viso e mi stupisco di quanto ci si possa sentire completi e persi nello stesso momento.

Vorrei che Tyson fosse qui e potesse vederla. È dura stargli lontano, siamo sempre stati assieme, e lui mi fa sentire protetta. Il tempo da quando è in prigione sembra non scorrere mai. Le chiamate occasionali che riesce a farmi non mi bastano, ma sono costose e non può permettersi di farle spesso. Sorrido al pensiero di quanto fiero sarebbe di me in questo momento.

La mancanza si trasforma in paura. Speravo che, una volta nata Lily, al mio fianco ci sarebbe stato anche Jason. Come farò da sola? Niente Tyson. Niente Jason. Solo io.

Quello che provo è un dolore quasi fisico, perché voglio di più, voglio qualcuno nella mia vita. Jason non ha abbandonato solo me, ma anche sua figlia. Che razza di padre fa una cosa del genere?

I miei occhi si fanno pesanti e, anche se vorrei continuare a guardare all'infinito la mia bambina, quando vengo finalmente spostata in una stanza da sola la adagio nella culla, consapevole di aver bisogno anch'io di riposo.

Girata su un fianco, cerco di ignorare il dolore che ho al bassoventre. Sentendomi esausta fisicamente e mentalmente, chiudo gli occhi e le lacrime cominciano a scendere copiose, bagnandomi il viso per poi perdersi nei capelli.

"Non sei abbastanza. Nessuno ti amerà. Sarai sempre sola."

Non importa quante miglia separino me e mia madre. Le sue parole sono e resteranno per sempre un veleno che scorre nelle mie vene. Mi hanno ferita, marchiata nell'animo e non importa quanto provi a ignorarle, non posso sfuggire.

Poi apro gli occhi e vedo la creatura che dorme vicino a me, e so che mia madre si sbaglia. Non sono sola.

Adesso devo solo convincermi che sia così.

Capitolo 4

Jax

Scivolando fuori dalla sala parto, mi dirigo verso la sala d'aspetto. Prendo posto vicino a un uomo che va avanti e indietro e un altro che sta sempre al telefono, e cerco di massaggiarmi il collo rigido per la tensione. Sono esausto per essere stato sveglio tutta la notte, e allo stesso tempo ho addosso una scarica di adrenalina per quello a cui ho assistito.

Non riesco a smettere di pensare al parto.

Uno deve essere proprio una grande testa di cazzo per non commuoversi davanti a una donna che dona la vita. Sono semplicemente stupefatto dalla forza che Rowan ha avuto per sopportare fisicamente una cosa del genere.

Vederla distesa con la sua bimba tra le braccia mi ha fatto venire le lacrime agli occhi. Non mi vergogno ad ammetterlo. È stata una cosa da togliere il fiato.

Darle del tempo da sola con la sua bambina mi è sembrata la cosa giusta da fare. Mi sentivo un intruso a guardarle mentre tra loro si formava il legame sacro che c'è tra madre e figlio, ma anche un privilegiato per aver avuto l'occasione di assistervi. Mi sono dovuto fare violenza per uscire dalla stanza e lasciarle la privacy che meritava.

"Non c'è nessuno."

Le sue parole mi risuonano nelle orecchie e stringo i pugni. Vorrei suonarle di santa ragione al bastardo che l'ha abbandonata. Nei suoi occhi potevo vedere paura, rabbia e disperazione. Chiunque sia lo stronzo meriterebbe di essere castrato.

C'è qualcosa di speciale in lei che ha messo sottosopra il mio cuore, la mia mente e il mio corpo. Percepisco lo strano bisogno di restarle accanto.

Come potrei lasciarla da sola? Sembrava così fragile quando mi ha detto di non poter contare su nessuno. E ha detto che Ty è in prigione.

Cosa è successo? L'ultima volta che l'ho visto aveva un problema alla macchina e mi sono offerto di accompagnarlo a casa. Mi ricordo di aver visto Rowan da lontano mentre Ty la raggiungeva sulla soglia di casa. Ero rimasto in piedi a guardarli, ammaliato dal sorriso che Rowan gli aveva rivolto prima che lui la prendesse tra le braccia, per poi entrare in casa con lei. Era chiaro che si volessero un gran bene.

Tyson parlava sempre di Rowan. Era tutto un "Rowan ha detto", "Rowan ha fatto", "Devo dirlo a Rowan". Chiaramente lui ama sua sorella e considera un lavoro proteggerla. Devo sapere cosa gli è successo.

Mi trovo anche a pensare che fine possa aver fatto il padre della bambina. Dove si trova? Perché non fa parte del quadretto?

Non posso fare a meno di credere che ci sia una ragione se l'ho incontrata. Non credo nella fortuna o nel destino, quindi so che è successo perché lei aveva bisogno di me. Qualcuno deve prendersi cura di lei e io sono intenzionato a essere quella persona.

Guardo il telefono e vedo che ho un altro messaggio di scuse di Zane e uno di Cole che mi chiede come sto. Controllo l'orologio e mi accorgo che non manca molto prima dell'apertura della palestra. Il tempo vola, quando assisti a un parto che ha il potere di lasciarti allo stesso tempo meravigliato e terrorizzato. Quando Rowan urlava dal dolore, non mi sono mai sentito più inutile, e non mi è affatto piaciuta la sensazione.

Non volendo chiamare mio padre per chiedergli una mano con la palestra, decido di chiamare Cole.

«Pronto?». Il suono rauco della sua voce mi dice che devo averlo svegliato.

«Ehi, Cole. Scusa se ti ho svegliato, ma ho bisogno del tuo aiuto».

«Che succede?».

«Storia lunga. Comunque sono bloccato in ospedale e ho bisogno che qualcuno apra la palestra, oggi. Puoi farlo tu al posto mio?».

«Certo che sì, ma pensavo avessi solo bisogno di un paio di punti».

«E li ho messi. Ma ho incontrato qualcuno e non posso lasciare l'ospedale. È una storia troppo lunga da raccontare, adesso. E per favore non avvisare mio padre».

«Capito, non preoccuparti», mi rassicura.

«Grazie dell'aiuto, amico. Non so quanto tempo dovrò stare qui».

«Sai che ti aiuto volentieri, inoltre in questo periodo non devo lavorare e pensavo comunque di passare più tempo in palestra. Immagino che lo sapessi, visto che mi hai assegnato nuovi esercizi, giusto?».

«Esatto. E in teoria oggi non dovrebbero esserci consegne. Grazie ancora».

«Nessun problema, a dopo», dice chiudendo la conversazione.

Riaggancio e mi passo le dita tra i capelli e sugli occhi, cercando di sistemarmi meglio sulla sedia, così da poter riposare un pochino mentre lascio a Rowan un po' di tempo per sé.

Quando chiudo gli occhi, vedo il volto arrabbiato di mio padre. Posso immaginare le cattiverie che direbbe se scoprisse che non sono andato in palestra. Si fotta. Non merita di sapere niente della mia vita. Può parlare quanto vuole, i miei ragazzi sanno la verità.

Scuoto la testa e sono sollevato quando visualizzo nella mente gli occhi nocciola di Rowan e il suo dolce sorriso mentre guarda la sua bambina.

Mi sveglio di soprassalto, dimenticandomi per un momento dove sono, finché non mi guardo intorno e vedo la sala d'aspetto.

Rowan, merda. Per quanto ho dormito?

Guardo il mio telefono e apparentemente mi sono riposato solo un paio d'ore.

Dopo essere andato in bagno, vado verso la stanza di Rowan solo per scoprire che non è più lì, e c'è un'altra donna al suo posto. Che figura! Lo staff dell'ospedale avrebbe sicuramente pensato che mi piace assistere le partorienti, o peggio, che sia qualche malato fissato con l'anatomia femminile!

Mi faccio dare il numero della sua stanza da un'infermiera e decido di comprarle qualcosa prima di andare a trovarla. Fermo davanti al negozio, mi sento un po' insicuro su cosa regalarle. Non so nemmeno quali fiori le piacciano.

«Salve». Una voce interrompe i miei pensieri. «Posso aiutarla?».

Mi volto e mi ritrovo faccia a faccia con questa vecchietta vestita con una maglia giallo brillante, gli occhi gentili nascosti da grandi occhiali, che sorride davanti alla mia confusione.

«In realtà vorrei comprare qualcosa a una donna che ha appena avuto una bambina, ma non so nemmeno quali siano i suoi fiori preferiti», confesso ricambiando il sorriso.

«Posso aiutarti in questo, caro».

Dieci minuti dopo sono fuori dal negozio con un mazzo di fiori bianchi e rosa, un agnellino di peluche e un palloncino con scritto "È una bambina!". Ora mi sento pronto per vedere Rowan.

Quando arrivo, sbircio dentro la sua stanza. Lei è seduta a mangiucchiare qualcosa da quello che sembra un vassoio della colazione.

«Ciao», dico piano per non spaventarla.

I suoi occhi si spalancano per la sorpresa, e la sorpresa si trasforma in un sorriso quando vede i doni che le ho portato.

«Ciao a te. Non pensavo ti avrei rivisto».

Piego la testa di lato e le chiedo curioso. «Perché?».

«Pensavo fossi fuggito e non ti avrei di certo biasimato dopo quello che ti ho costretto a fare», dice ridendo.

Mi piace il suono della sua risata.

«Non mi hai costretto, anzi, sono contento di esserci stato per te». Mi avvicino al tavolo e metto i fiori in un vaso. Poi le porgo il peluche. «Per te e la piccola».

«Lily», dice.

«Lily», ripeto piano, sbirciando il suo visino nella culla di plastica dove riposa vicino al letto della madre.

Indossa un cappellino di lana rosa ed è completamente avvolta in un lenzuolino bianco. Si succhia il labbro mentre dorme, e il mio cuore non può far altro che stringersi alla vista di tanta dolcezza. Dio, sembro in preda agli ormoni femminili.

«È così piccola. Così dolce», sussurro per paura di disturbarla.

Rowan sorride radiosa. «Lo penso anch'io».

Adoro il suo sorriso e il modo in cui i suoi occhi brillano, e il mio cuore si stringe ancora di più di fronte a una sensazione alla quale non riesco a dare un nome.

Mi schiarisco la gola un paio di volte e appoggio esitante il peluche in un angolo del letto, accanto a dove Lily dorme, per poi sedermi sulla sedia vicino a quello di Rowan.

Rimango basito quando la sento ridere di nuovo. La guardo curioso, il che sembra solo farla divertire ancora di più. In risposta mi lascio andare a un risolino forzato anch'io, ma non capisco che cosa stia succedendo.

«Cosa c'è di così divertente? Oh merda! Sono i fiori o il peluche? La vecchietta del negozio mi aveva assicurato che ti sarebbero piaciuti. È colpa sua».

Apparentemente questo mio commento sembra farla ridere ancora di più.

Mi alzo e comincio a tirare via i regali. Che cazzo, io non so niente di queste cose.

«No», dice e io mi blocco. «Non toccarli».

Cerca di calmarsi, mettendosi una mano sul petto come se questo la aiutasse, e le passo un fazzoletto per asciugarsi gli occhi umidi.

«Perdonami». Si asciuga gli occhi e cerca di spiegarmi. «Penso che la mia risata sia sfuggita al controllo perché sono stanca. E perché è divertente!».

«Cosa?».

«Tu».

«Io?».

«Sì. Conosci Tyson e mi hai tenuta per mano durante tutto il parto. In più sei stato a stretto contatto con la mia vagina in un modo in cui forse non sei abituato a stare, a giudicare dalle espressioni sul tuo viso».

Sorrido al suo commento azzeccato, ma continuo comunque a non capire dove vuole arrivare.

«Quello che dici è vero. E quindi?».

«Quindi, la ragione per cui rido è che non conosco nemmeno il tuo nome!».

Immediatamente rido con lei. Dopo tutto ciò che abbiamo condiviso, e dopo tutto quello che ho visto, non sa nemmeno come mi chiamo. Effetivamente, mi rendo conto di non averglielo mai detto.

«Considerato tutto quello che abbiamo condiviso, credo dovrei saperlo. Non pensi?».

Annuisco d'accordo con lei e il suo sorriso si fa più grande, attirando il mio sguardo sulle sue labbra.

Il che fa contorcere il mio stomaco e indurire qualcos'altro.

«Quindi, meraviglioso uomo del mistero venuto in mio soccorso quando avevo bisogno di qualcuno...».

«Pensi che io sia sexy?». Non posso fare a meno di stuzzicarla. Voglio prolungare il suo sorriso ancora un po'. Dovrebbe sorridere sempre, perché quando lo fa è meravigliosa, da togliere il fiato. Il parto le dona, perché non ho mai visto nessuna più bella di lei.

«Ho detto meraviglioso», puntualizza.

«Sì, l'hai detto, ma intendevi sexy», dichiaro con ben poca umiltà. Non sono stupido, mi guardo allo specchio tutti i giorni. Questo non vuol dire che non sia bello quando me lo dicono.

«Sai che lo sei», risponde come se mi avesse letto nel pensiero.

Decido di avere pietà di lei.

«Il mio nome è Jackson Stone. Per gli amici Jax».

«Direi che dopo quello che abbiamo passato insieme ieri notte siamo decisamente amici, vero, Jax?».

Il suono del mio nome sulle sue labbra mi fa sorridere, e so che le donne amano molto le fossette che si formano sul mio viso quando sorrido apertamente. Ma quello che occupa i miei pensieri in questo momento è lo strano desiderio di sentirglielo ripetere in ogni modo possibile. Dovrebbe bisbigliarlo, mormorarlo sopraffatta dal bisogno, sussurrarlo da quanta voglia ha di avermi, gridarlo persa nella lussuria. Fanculo, voglio sentirglielo urlare!

I suoi occhi si ingrandiscono mentre mi guarda. Mi chiedo se vede il fuoco nei miei.

Non voglio spaventarla, quindi mi risiedo, incrocio le gambe e cerco di apparire il più rilassato possibile, quando sono ben lontano da esserlo.

«Direi che siamo amici».

Annuisce e sostiene il mio sguardo per un momento che pare interminabile. Mi perdo nei suoi occhi a volte verdi, a volte nocciola. I suoi capelli neri sono meravigliosi e, nonostante le rughe di stanchezza sul viso, brilla di luce propria.

Niente make-up, solo lentiggini sparse sul naso. Vorrei contargliele una a una, vedere se ne ha anche in altre parti del corpo, baciarla partendo dal naso fino ad arrivare alle labbra.

Scuoto la testa sperando di liberarmi da questi pensieri. Ha appena partorito, maledizione! Tuttavia, non riesco a spiegarmi perché mi accende in questo modo.

Cerco di distrarmi facendole una domanda a cui penso da un po'.

«Hai detto che Ty è in prigione. Cosa è successo? Se posso chiedere. Non serve che rispondi, se non vuoi».

«No, va tutto bene. È solo questione di documenti». Si distrae momentaneamente quando Lily comincia a fare piccoli versi. Rowan la guarda preoccupata, ma quando si rende conto che sta bene, riporta i suoi grandi occhi su di me.

«Ty è finito in mezzo a una rissa in un bar e sfortunatamente ha picchiato la persona sbagliata», dice scuotendo la testa, evidentemente irritata con suo fratello.

«Comunque sia, è finito in prigione perché il figlio del senatore che ha pestato lo ha denunciato. Dal momento che non era la prima volta che veniva arrestato per questo motivo, deve fare sei mesi di carcere e sei di lavori socialmente utili una volta fuori. È stato avvisato che, se dovesse succedere di nuovo dopo il suo rilascio, la pena sarebbe decisamente più lunga».

«Non ne avevo idea, Rowan, mi dispiace. Come ti ho detto, siamo diventati amici da quando ha cominciato a frequentare la mia palestra per gli allenamenti di MMA».

«La palestra è tua?».

«Sì, l'ho ereditata». E con questo ho detto già abbastanza. «Comunque sia, Ty è davvero molto bravo. Mi sorprende che non te lo abbia mai detto».

«A dire il vero sa che non vado matta per i combattimenti, ma solo perché le sue risse sono sempre fatte al di fuori di una palestra e perché di solito viene pestato. Avrei accettato ben volentieri dei combattimenti sportivi dove è costretto a controllare il suo temperamento, piuttosto che quelli sregolati e casuali che lo hanno portato all'arresto».

«Te l'ho detto, per lui avevamo un programma di incontri, ma un giorno ha semplicemente smesso di venire».

«Ormai sono tre mesi che è in prigione».

«Parli spesso con lui?».

«A dire il vero non molto. Andavo a visitarlo fino a un paio di settimane fa, ma poi non ce l'ho più fatta a causa del pancione. Lui chiama quando può, ma sa che le chiamate a carico del destinatario costano, quindi non le fa spesso».

«Quindi non sa nemmeno che hai avuto Lily». Non so perché, ma questo pensiero mi tormenta.

«Non credo», afferma.

«Posso esserti di aiuto? Sarei felice di vederlo e dargli la buona notizia al posto tuo».

Mi guarda come se stesse valutando la mia sincerità. Poi qualcosa che sembra apprensione le attraversa il volto, e posso quasi vedere i muri che sta ergendo tra noi.

«Perché?», chiede.

«Perché cosa?».

«Perché lo fai?».

«Perché ti faciliterebbe la vita. In più non mi dispiacerebbe rivederlo, ora che so dove si trova».

«Se vuoi vederlo sono sicura che sarà felice, ma ti prego di non andare per me. Prima o poi chiamerà».

Questo lo vedremo. Per ora comunque decido di cambiare discorso. «Quanto dovrai stare in ospedale? Una settimana? Due?».

Questa mia domanda la fa ridere. «No, dovrei essere in grado di andare a casa domani».

«Domani?», grido sotto shock, per poi bloccarmi e realizzare il mio errore. Lancio un'occhiata a Lily che dorme e abbasso la voce. «Che diavolo, perché così presto?».

Lei scuote le spalle. «Può sembrare presto, ma è piuttosto comune. Di solito sono quarantotto ore per un parto naturale e senza complicazioni».

«Naturale?».

«Sì, Vagina contro Cesareo».

«Cesareo?».

«Cesareo è quando ti tagliano lungo la pancia per tirarti fuori il bambino».

«Ma quello che hai fatto tu lo considerano normale? Sono malati». Lei ride di nuovo. «Sul serio, Rowan, è ridicolo. Dopo tutto quello che hai fatto? Dovresti lamentarti con qualcuno».

Ricomincia a ridere finché non capisce che sono serio e solleva una mano come a volermi fermare.

«No, Jax, va tutto bene. Sono solo un po' acciaccata e stanca, ma sto bene. Voglio andare a casa. Fidati se ti dico che quello che è successo è del tutto normale».

Mi risiedo sulla sedia, ma non posso fare a meno di preoccuparmi. Dai, com'è possibile, dopo quello che ho visto, che sia guarita in sole ventiquattro ore? Mi sembra pericoloso mandarla a casa prima che sia pronta.

«Non mi muovo da qui finché non ti dimettono. Hai bisogno di un passaggio a casa? Oppure hai guidato tu fin qui nelle condizioni in cui eri?». Mi sento male al sol pensiero.

Lei abbassa lo sguardo evidentemente imbarazzata.

«Un passaggio mi farebbe comodo, a dire il vero. Sicuro che non ti disturbo? Non è che devi tornare in palestra?».

«Non preoccuparti per me».

Come diavolo è arrivata qui se ora ha bisogno di un passaggio a casa? C'è qualcosa che non quadra.

Improvvisamente si incupisce. «Cosa succede? Stai male? Devo chiamare l'infermiera?». Scatto immediatamente in piedi.

«No, sto bene, solo... mi è venuta in mente una cosa».

«Cosa?».

«Posso chiederti un piacere?», mi domanda timida.

«Ma certo che puoi», rispondo incoraggiante. In questo momento sembra come un cane bastonato, il che mi mette a disagio.

Cosa diavolo le hanno fatto? Stringo i pugni sentendo il bisogno di picchiare chiunque sia la causa dell'espressione triste sul suo viso.

«Ecco... l'ospedale non ti lascia uscire se il bambino non ha un adeguato sedile in macchina. Il mio...». Si schiarisce la voce e distoglie lo sguardo. Prende un paio di respiri profondi e continua. «Diciamo che il mio seggiolino non è più disponibile. Se ti dessi i soldi, potresti prendermene uno? C'è un bel negozio di articoli per bambini di seconda mano a pochi isolati da qui, avrà sicuramente qualcosa».

«Assolutamente sì, e non ho bisogno di soldi», puntualizzo.

Immediatamente si indispettisce e ribatte.

«Non mi comprerai un seggiolino. Se mi passi la borsa ho dei soldi nel portafoglio», afferma.

«Puoi sempre pagarmi dopo, giusto?».

Molto dopo, o nell'era del mai, per esempio.

«Va bene», risponde sollevata. «Grazie mille».

«Te l'ho detto che ero felice di aiutarti in qualche modo, e dicevo sul serio».

Mi guarda di nuovo pensierosa. Leggo una domanda nei suoi occhi, ma aspetto che le dia voce.

«Perché?».

Sono confuso. Ancora?

«Perché cosa?».

«Perché non vedi l'ora di aiutarmi?».

Sembra a disagio, spaventata, e questa cosa mi irrita.

Davvero nessuno è mai stato gentile con lei? Non capisco. Ci sono molte cose che vorrei sapere di lei, e sono determinato a scoprirle. Vorrei essere qualcuno di cui possa fidarsi. Qualcuno su cui può contare.

«Mi hai detto che non c'è nessuno che può aiutarti. Non credo nelle coincidenze, quindi so che sono stato messo sulla tua strada per una ragione. Voglio vedere te e Lily arrivare a casa sane e salve. Non mi sentirei a mio agio, altrimenti. Soprattutto sapendo che ora Ty non è qui».

I suoi occhi adesso lampeggiano di rabbia.
«Non mi serve la tua pietà».
«Benissimo, perché non è quello che ti sto offrendo. Ty è mio amico e mi piacerebbe essere anche tuo amico. È così difficile da capire?», le chiedo paziente.
Mi guarda per alcuni secondi prima di sussurrare. «No».
«Bene, perché gli amici si aiutano. Quindi ora vado in negozio per comprare il seggiolino. Hai bisogno di altro?».
Lo sguardo dubbioso abbandona il suo viso e risponde piano. «No, grazie mille».
«Torno subito», le dico, cercando di ignorare l'ondata di possesso che sento ogni volta che la guardo. Lascio la stanza e mi aggiusto i pantaloni.
Cosa mi sta facendo quella ragazza?

Capitolo 5

Rowan

Una madre. Sono una madre.

È una sensazione davvero indescrivibile quella che provo. Sono arrivata da sola, ma tornerò a casa con la mia bambina.

Il solo pensiero mi fa venire le lacrime agli occhi, ma sembra che piangere mi riesca bene ultimamente. È strano, dovrei essere al settimo cielo, ma c'è qualcosa che mi rende triste e che non so non cosa sia, anche se di sicuro non è l'abbandono di Jason.

Guardando Lily tra le mie braccia, mi rendo conto del tesoro che ho, e non avrei mai immaginato di poter provare la miriade di sentimenti che mi suscita. La amo più oggi di quanto non la amassi ieri. Com'è possibile? Non avevo idea che il mio cuore potesse contenere così tanto amore. Se questo dovesse succedere ogni giorno, come farò a sopravvivere?

Questa bambina è il mio tutto. *Il mio tutto.*

Jax è seduto tranquillo al mio fianco mentre attendiamo le infermiere che mi condurranno all'uscita.

Ha mantenuto la sua promessa ed è stato con me tutta la notte.

Non ho dormito molto, eppure ogni volta che mi svegliavo per andare in bagno o allattare Lily, lui c'era, pronto a intavolare un discorso stupido e facendomi sentire la sua costante presenza, cosa che ha avuto su di me l'effetto di un calmante.

Eppure ora sono così contenta che mi dimettano! Sento quest'urgente bisogno di tornare a casa mia.

Accarezzando la guancia morbida di Lily, sorrido quando fa una smorfietta in tutta risposta. Vorrei tanto che Tyson fosse qui per incontrarla. Non gli è mai piaciuto Jason, ma da lui non avrei potuto desiderare più supporto di quello che ho ricevuto quando gli ho detto che ero incinta. Pensavo si arrabbiasse e invece è stato perfetto.

Da quando siamo scappati dalla California, e da nostra madre, abbiamo lavorato duramente per ottenere quello che abbiamo ora. I primi tempi sono stati estenuanti per entrambi, però adesso abbiamo raggiunto la prima vera libertà della nostra esistenza. Siamo liberi dagli abusi fisici e verbali di nostra madre, liberi dalla sensazione di non essere mai abbastanza.

Aggiungere una nuova bocca da sfamare e nuove responsabilità al nostro caos all'inizio mi ha spaventata, Tyson invece era emozionato e faceva tutte le domande che speravo facesse Jason, e mi ha aiutato ancora di più in tutto. Finché non è stato costretto a stare lontano da me.

Guardando di nuovo Lily tra le mie braccia, ripenso a nostra madre. Non capirò mai, specialmente ora che sono madre anche io, come non si possa amare il proprio figlio. Come ha potuto pensare che non meritassi di essere amata? La bambina che tengo tra le braccia merita tutto e io le donerei il mondo.

Mi viene di nuovo da piangere quando un senso di speranza mi riempie il cuore. Forse Lily mi amerà a sua volta... forse anche io merito di essere amata, dopotutto.

«Rowan?».

Guardo Jax che si alza.

«Vado a prendere il mio fuoristrada e lo porto davanti all'uscita, così quando ti accompagnano fuori puoi mettere Lily direttamente sul sedile e non devi camminare troppo, okay?».

«Perfetto. Grazie mille».

Sorride, prende la mia borsa ed esce dalla stanza.

Riportando la mia attenzione su Lily, le do un bacio sulla guancia e la stringo un po' più forte a me.

«Ti prometto che sarò una buona mamma per te, Lily Rayn. Ti amerò, incoraggerò e supporterò. Desidererò sempre il meglio per te. Ci saranno volte in cui litigheremo, perché non sarai d'accordo su cosa ti dico o su come decido di educarti, ma sappi che avrò a cuore solo il tuo interesse».

Piango ancora, e le lacrime si mischiano alle parole.

Non sarò mai come mia madre. Mai.

Non ho mai raccontato a Ty del modo in cui Jason ha reagito alla gravidanza. Credo sospetti qualcosa, ma sorprendentemente non mi ha mai fatto domande. Sentendo la sua mancanza, un'ondata di dolore mi assale, e desidero che sia vicino a me. D'altra parte, però, sono sollevata che non ci sia, altrimenti avrebbe fatto il diavolo a quattro di fronte al comportamento di Jason e il suo temperamento impulsivo l'avrebbe fatto agire in un lampo, mettendolo di nuovo nei guai.

La mia attenzione viene attirata dall'infermiera che arriva con la sedia a rotelle.

«Pronta, signorina Martin?».

«Assolutamente sì!».

Mi alzo dal letto e mi siedo con Lily in braccio. Non vedo l'ora di poter risposare senza interruzioni da parte di infermiere che devono controllare i miei parametri o quelli di Lily, e sono entusiasta anche di far dormire Lily nella sua cameretta. Io e Tyson mesi fa ci siamo trasferiti in un appartamento con tre camere. Ha insistito lui, non appena saputo che ero incinta. Io non volevo perché non ero sicura di quali fossero i piani miei e di Jason, sperando come una stupida che mi chiedesse di andare a vivere insieme. Era costoso, ma ce la potevamo fare, e il fatto che il padrone di casa sbavasse dietro mio fratello ci ha aiutato a ottenere un affitto speciale.

Una delle prime cose che abbiamo sistemato è stata la cameretta del bambino. Avevamo trovato un dolcissimo decoro con degli uccellini nel negozietto dell'usato che mi piace tanto, avevamo dipinto le pareti di un verde pallido, e Ty mi aveva sorpreso con un adesivo a forma di albero. Così perfetto… così dolce. A volte mi sedevo lì sotto a fantasticare sul bambino che un giorno avrei portato a casa.

Mentre ci avviciniamo all'uscita, scorgo Jax che ci sta aspettando vicino al suo 4x4.

Gli sono grata per essere qui. Non so chi avrei potuto chiamare se non ci fosse stato lui. Forse Jane o Stacey della tavola calda dove lavoro, ma sono contenta di non averlo dovuto fare. Tengo alla mia vita privata, e avrei odiato dover spiegare di essere stata abbandonata in ospedale senza nessuno che potesse riaccompagnarmi a casa.

E sono felice che Jax non me lo abbia chiesto. So che dovrei ringraziarlo come si deve di tutto l'aiuto che mi sta dando, però al momento la mia mente è una tabula rasa, anche se mi riprometto di farlo più tardi, una volta a casa.

«Pronta?».

«Assolutamente sì», dichiaro sicura.

Quando faccio per alzarmi dalla sedia, provo dolore e mi sento così stanca. Devo ricordarmi di prendere un antinfiammatorio più tardi. Jax mi aiuta a mettere Lily in macchina, visto che per me è troppo difficile e sembra un professionista con i ganci del seggiolino.

Le infermiere controllano che in macchina ci sia l'attrezzatura necessaria e poi mi salutano augurandomi buona fortuna.

«Grazie. Per il seggiolino, per il passaggio. Per tutto! Non so cosa avrei fatto, senza di te. Non potrò mai sdebitarmi», riesco a dire infine.

«Certo che puoi. E sono felice di aiutare, quindi questi tuoi continui ringraziamenti non servono».

Annuisco e faccio forza sulla maniglia della portiera per aiutarmi a salire sul sedile. Prima che possa anche solo alzare la gamba, Jax mi ferma.

«Non credo proprio», afferma.

E prima che possa chiedergli cosa vuole dire con quella frase, mi prende in braccio e mi poggia sul sedile. Gli sorrido davvero grata.

Gli comunico l'indirizzo di casa, che inserisce nel GPS prima di partire.

Avvertendo il mio sguardo su di lui, una volta al semaforo si gira a guardarmi con un gran sorriso.

«Allora, sei felice di tornare a casa?».

Quando sorride così, sul viso gli appaiono due fossette davvero difficili da ignorare. Quest'uomo è davvero sexy, il mio corpo reagisce di conseguenza e i miei capezzoli si induriscono, mentre un brivido mi attraversa la schiena. In risposta alla sua domanda, riesco solo ad annuire e a distogliere a fatica lo sguardo, ripetendomi mentalmente quanto sia inappropriato tutto ciò.

Così chiudo gli occhi, ma continuo a vederlo nella mia mente. Occhi blu, capelli scuri, mascella decisa, zigomi alti e un sorriso così sensuale che ogni attore gli invidierebbe.

Uno volta che i miei ormoni tornano sotto controllo, mi volto di nuovo a guardarlo e ad ammirare il suo profilo. Indossa una maglietta nera che mette in risalto il suo corpo snello e ben fatto. I suoi bicipiti si flettono un attimo quando svolta, e intravedo l'ombra di un tatuaggio ogni volta che compie piccoli movimenti come quello. Una mano è poggiata sul volante, l'altra è sul cambio in mezzo a noi, e batte ritmicamente. Nel complesso è rilassato, pur considerando la nottata passata praticamente insonne, come me.

Cerco di concentrarmi sulla strada piuttosto che sull'uomo seduto di fianco a me, perché penso che sarei capace di guardarlo tutto il giorno.

Oddio, provo attrazione per un ragazzo che conosco appena! Perché non c'è ombra di dubbio che quello che provo lo sia. Non deve più sorridermi così, altrimenti potrei non rispondere delle mie azioni. Per un breve momento penso di saltargli addosso e di posare le mie labbra sulle sue al prossimo semaforo, ma scaccio subito il pensiero. Dopotutto ho cose più importanti a cui pensare, tipo che sono sola con una bambina piccola.

Che diavolo mi prende? Non è il momento di pensare a cosa farei a Jax.

Faccio il punto della situazione. Devo capire quanto presto dovrò rientrare al lavoro. Ho ancora un paio di settimane pagate, e questo solo perché i proprietari della tavola calda dove lavoro si sono offerti di darmele. Sono fortunata, sono stati molto gentili e si sono comportati come una mamma e uno zio protettivi. Però non posso permettermi di assentarmi tanto o di approfittare per troppo tempo dei benefici che mi hanno concesso, quindi prenderò solo il tempo di cui ho davvero bisogno.

Vorrei passare più tempo possibile con Lily, ma con Ty in prigione è davvero importante che io torni a lavorare. I risparmi diminuiscono giorno dopo giorno e non voglio intaccare il fondo di emergenza che abbiamo messo da parte.

Per fortuna Audrey, la mia vicina di casa in pensione, si è già offerta di badare a Lily quando tornerò al lavoro. Mi ha detto che sarebbe stata entusiasta di prendersi cura della bambina in cambio solo di qualche commissione una volta ogni tanto. È una cara donnina che vive nella casa vicino a noi, e che mai nessuno va a trovare. Sulla libreria ha una foto di sua figlia, ma non l'ho mai vista né ho mai sentito Audrey parlare di una sua visita. Non ho mai fatto domande per non portare alla luce eventuali ricordi dolorosi o situazioni, ma Audrey è fantastica e so già che sarà perfetta per Lily. Sono fortunata ad averla trovata.

I miei capi, Audrey, a volte mi dimentico delle persone che sono sempre presenti nella mia vita, silenziose e stabili come una nevicata. Meriterebbero di diventare una tormenta chiassosa e costante, e intendo fare in modo che sia così.

Non ci mettiamo tanto ad arrivare a destinazione. La mia casa è abbastanza vicina al college, quindi il nostro quartiere è sempre frequentato da giovani. Ci sono pochi della mia età o dell'età di Audrey.

Quando ci fermiamo, faccio appena in tempo a togliermi la cintura che Jax mi sta già aprendo la portiera.

«Grazie», gli dico mentre mi aiuta a scendere dalla macchina.

«Prendo io Lily. Ci ho messo un po' a capire come funziona questo arnese, ma in realtà è semplice!».

Mi dimostra la sua abilità slegando con destrezza il seggiolino dalla macchina, poi mi segue fino all'ingresso ed entra insieme a me. Vedo che osserva il posto dove vivo, mentre io appoggio le borse sul tavolo della cucina. Gli faccio cenno di appoggiare il seggiolino così posso prendere in braccio Lily. Ancora dorme, quindi la porto direttamente nella sua culla e sorrido alla dolcissima immagine davanti a me. Mi giro e vedo Jax che ci guarda sulla soglia della porta con una strana espressione.

Torniamo in cucina e cerco di vedere la mia casa dal suo punto di vista. Mobili diversi tra loro, che riempiono ogni spazio possibile. Io e Tyson abbiamo preso tutto dai mercatini di seconda mano. Una volta lasciata la California con noi non avevamo molto, visto che siamo dovuti scappare velocemente inseguiti dalle urla di nostra madre che ci aveva beccati a fare i bagagli.

Ogni cosa che c'è in questa casa è stata scelta con cura, a volte anche ristrutturata e ridipinta con amore. Non ci sono molti soprammobili, ma quello che ho in abbondanza sono libri. Il pezzo forte del soggiorno, infatti, è una bella libreria che ho acquistato sempre nei mercatini.

Forse non abbiamo cose moderne, o di qualità o nuove, ma di sicuro quello che abbiamo ci fa sentire a casa.

Jax si gira tenendo in mano una foto mia e di Ty.

«Questa è proprio una bella foto. È pazzesco quanto siete uguali! Avrei dovuto capire subito che eri sua sorella, prima ancora che mi dicessi il tuo nome».

«Sì, questa cosa dei gemelli è strana».

Ride. «Scommetto che è anche favolosa».

Lo guardo insicura. «Vuoi bere qualcosa?».

«No, grazie, devo proprio andare».

«Ma certo». Mi sento una stupida, gli ho praticamente fatto sprecare tutto il suo fine settimana. Di sicuro ha una vita a cui tornare.

Si avvicina, e io trattengo il respiro vedendo il suo viso così vicino al mio. Vuole forse baciarmi? E io voglio che mi baci? Come sarà il mio alito? Per un istante sento il suo respiro sulle mie labbra, prima che sposti le sue di lato, poggiandomi un tenero bacio sulla guancia.

«Riposati. Sono sicuro che dormirai meglio, ora che sei a casa».

Tiro un sospiro di sollievo. Non è certamente ciò di cui ho bisogno al momento.

«Grazie di tutto. Sei stato eccezionale. Sono contenta che fossi in pronto soccorso, e... oddio! Non te l'ho nemmeno chiesto. Come ti sei fatto male? Stai bene? Che egoista!».

«No, non lo sei. Sono sicuro che avessi cose più importanti per la testa per pensare a un taglietto causato da un piccolo combattimento con uno dei miei ragazzi. Non è successo niente».

«Eppure mi dispiace. Ancora grazie, davvero, sono contenta che tu ti sia offerto di aiutarmi quando sono quasi svenuta dal dolore».

Rido al pensiero della scena che deve essere stata.

«Anche io». Mi consegna un pezzo di carta e io lo guardo. È il biglietto da visita della palestra che gestisce.

«Sull'altro lato c'è il mio numero di cellulare. Chiamami a qualunque ora, va bene? Se hai bisogno di qualcosa, se hai bisogno di aiuto, o semplicemente se vuoi parlare. Qualsiasi cosa, va bene?».

Dal momento che sembra tenerci, annuisco anche se nella mia testa non ho alcuna intenzione di chiamarlo. Mi dirigo alla porta e la apro per lui.

«Grazie ancora».

«Arrivederci, Rowan».

«Arrivederci, Jax».

La chiudo dietro di lui e ci appoggio contro la testa, cercando di respirare per un momento. Ritiro il capo quando sento un lieve ticchettio dall'altro lato. Parte di me vorrebbe riaprirla, non so per quale motivo. Metto la mano sulla maniglia, ma il pianto di Lily mi distrae e mi allontano per prendermi cura della mia bambina, e per cercare di capire come potrò mai andare avanti da questo momento in poi.

Capitolo 6

Jax

Il sudore mi scivola sul viso mentre prendo a pugni la pesante sacca che ho di fronte.

Dovrei concentrarmi sull'allenamento, ma non ci sono al cento per cento con la testa, perché tutto quello a cui penso è se Rowan e Lily stanno bene. È ormai passata una settimana e vorrei sapere come se la sta cavando la neo mamma.

Ha tutto quello di cui ha bisogno? Si sente sola? La bambina la tiene sveglia la notte? Sta dormendo abbastanza? Sta mangiando abbastanza?

Non mi ha chiamato. Perché non mi ha chiamato?

«Cosa diavolo c'è che non va in te, Jackson? Stai tirando pugni come una femminuccia! Una bimba di otto anni potrebbe colpire quella sacca più forte di come stai facendo tu ora».

Questa frase è la dimostrazione di quanto mio padre possa essere stronzo. Lo ignoro e continuo a colpire la sacca, forse un po' più forte di prima.

«Cole, perché non vai vicino a Jackson e non gli mostri come si fa?».

Digrigno i denti e ignoro lui e la risata del mio amico, esattamente in quest'ordine. So che vuole provocarmi, quindi faccio del mio meglio per ignorarlo.

Mio padre mi odia. Non riesco a ricordare nemmeno una volta in tutta la mia vita in cui mi abbia dato qualche consiglio per un lavoro, o anche solo un incoraggiamento per fare del mio meglio. E le cose sono peggiorate quando mio nonno, morto nemmeno un anno fa, mi ha lasciato questa dannata palestra, escludendo il suo stesso figlio dall'eredità. Si potrebbe pensare che chi non ha mai avuto una buona relazione con il proprio padre, faccia tutto quello che è in suo potere per coltivarla almeno con l'unico figlio.

Non mio padre.

La sola differenza è che adesso, da adulto, sono in grado di affrontarlo, non che questo gli abbia mai impedito di provare a colpirmi lo stesso. Tutti i ragazzi cercano di sopportare la situazione, ma io so che li mette in una posizione di disagio, specialmente Cole.

L'unica ragione per cui tengo mio padre in palestra è perché mi aiuta a ottenere l'appoggio degli sponsor per i miei lottatori, e organizza gli incontri sia per loro che per me. È bravo nel suo lavoro e questo mi ha convinto che valga la pena sopportare per un po' tutta la merda che mi tira addosso.

So che lui odia lavorare per me, odia l'idea che sia io a pagare il suo stipendio, quindi spesso faccio in modo di ricordarglielo, soprattutto quando mi fa incazzare. So che così fomento la sua gelosia, ma continuo a farlo perché sono un figlio di puttana e la sua reazione mi diverte. Tale padre tale figlio, e in questo caso sono d'accordo.

«Proprio così, Cole! Quello è davvero un gran gancio destro, ragazzo! Guarda, Jackson, potresti imparare una cosa o due».

E questo è tutto quello che mi serve sentire. Mi giro, prendo il mio asciugamano, mi asciugo il viso e vado via.

«Non andartene mentre ti parlo!».

Gli mostro il dito medio in segno di saluto.

Mentre attraverso la palestra per andare verso gli spogliatoi, vedo Britney che cerca di avvinghiarsi a Levi. Lei e le sue amiche, Nikky e Sasha, sono le nostre groupies ufficiali e sono qui in pratica ogni giorno. I ragazzi se le scambiano senza scrupolo alcuno, come se si passassero una canna. Ammetto che un paio di volte me la sono spassata anch'io con Britney, ma quando ho realizzato che ci usava tutti, ho deciso che era meglio se tenevo il cazzo nei pantaloni. Sfortunatamente, credo che non abbia capito il messaggio e questo è davvero patetico.

Levi mi fa un cenno di saluto, invece Britney mi guarda e si morde le labbra, con il chiaro intento di scatenare una qualche reazione da parte mia.

«Tutto okay, Jax?».

Guardo in direzione di Zane, mentre proseguo verso lo spogliatoio. Potrebbe aver sentito quello che ha detto mio padre.

«Tuo padre è solo un bastardo, amico», dice confermando il mio sospetto.

«Sì», rispondo annuendo.

Sono d'accordo, ovviamente, e mi faccio strada verso le docce. Prendo un asciugamano, apro l'acqua e aspetto che si riscaldi prima di entrare. Spero che il getto caldo mi aiuti a sciogliere la tensione che sento in tutto il corpo.

Quando chiudo gli occhi, il viso di Rowan è la prima cosa che vedo. Niente, non riesco a togliermi quella ragazza dalla testa. Ogni volta che ho un momento di tranquillità, è il pensiero di lei a farmi compagnia.

Qualche giorno fa, sentendo il bisogno di fare qualcosa, qualunque cosa, avevo preso una decisione e mandato un'e-mail per organizzare una cosa di cui non mi sentivo tanto sicuro. Tuttavia, quando questa mattina ho letto la risposta, ho capito di aver fatto la cosa giusta. Da quel momento, l'ansia per quell'appuntamento ha continuato ad attanagliarmi e ho cercato di tenermi occupato per far passare il tempo.

Mi risciacquo in velocità e chiudo l'acqua della doccia. Mi asciugo per bene e vado verso lo spogliatoio, ma mi blocco quando vedo che Britney mi aspetta e subito mi guarda con apprezzamento.

«Che diavolo ci fai qui, Britney? Non ne hai ancora abbastanza degli agguati nello spogliatoio degli uomini?».

I suoi occhi continuano a scrutarmi, mentre si passa la lingua sul labbro inferiore suscitando in me un brivido di disgusto.

Lei interpreta la mia reazione come lussuria e si avvicina, avvolgendomi le braccia intorno al collo.

«Mi sembri stressato, lascia che ti aiuti a sciogliere la tensione, posso farti sentire bene, sai che posso».

Mi scrollo le sue mani di dosso, respingendola in modo gentile, ma con fermezza.

«Quante volte ti devo ripetere che non sono interessato? Adesso esci di qui, altrimenti mi vedrò costretto a proibire la tua presenza in palestra da ora in poi. Poco fa eri con Levi, va' a rompere le palle a lui».

«Però sai che quello che voglio davvero sei tu, piccolo», dice mettendo il broncio.

«Non sono il tuo piccolo e adesso va' fuori di qui», ribatto infastidito.

Mi muovo verso l'armadietto e prendo i miei vestiti puliti. Poi ritorno in bagno, dove sono sicuro di poter spogliarmi in santa pace e allo stesso tempo farle capire che non scherzo.

«Stronzo», la sento mormorare, e non me ne importa niente.

Tiro un sospiro di sollievo quando sento la porta chiudersi dietro di lei. Sono fin troppo paziente con Britney e le sue amiche, ma hanno molte conoscenze e portano un sacco di persone ai nostri incontri. I nostri combattimenti ufficiali hanno un buon pubblico, ma quelli notturni, che organizziamo qui in palestra, sono pieni di persone che invitano loro. E, ovviamente, molte sono ragazze che sperano di trascorrere la nottata con un lottatore sexy.

Possono diventare veramente moleste, se vogliono portarsi a letto uno di noi. Ho sempre cercato di tollerare i loro comportamenti perché ho un'attività da condurre, e il denaro è denaro.

Se questo vuol dire che devo sopportare qualche puttanella per un paio di serate alla settimana, e sia. Anche se ultimamente la mia opinione sulla questione è cambiata, e non sono più sicuro che ne valga la pena. In più, la palestra ha cominciato a brillare di luce propria e il loro aiuto non è più necessario.

Una volta cambiato, cerco Zane. Lui ha una chiave extra della palestra, così come la hanno tutti gli altri, tranne Dylan che perde sempre tutto.

Posso sempre contare sui miei ragazzi, quando ho bisogno di loro, come per esempio stasera.

«Ciao, Zane».

Smette di sollevare i pesi con cui si stava allenando, prende un asciugamano per il sudore e si volta verso di me.

«Che succede?».

«Volevo solo ringraziarti ancora, visto che stasera chiudi tu la palestra», gli dico sorridendo.

«Sì, nessun problema. Tra un po' devo uscire per una commissione veloce, però Cole è qui».

Mi irrigidisco sentendo il nome del mio amico, chiedendomi se significa che anche mio padre sarà qui con lui. Visto che non ci sarò, non vorrei mai che mettesse il naso in questioni che non lo riguardano. Mi sforzo di non pensarci e di fidarmi di Cole. In più, gli altri ragazzi saranno qui a tenerli d'occhio. Non riesco a capire la relazione che Cole ha con mio padre, ma è chiaro che non è colpa sua, è mio padre che lo sta usando per darmi sui nervi.

«Comunque tranquillo, penso tornerò in tempo per chiudere io», mi rassicura Zane.

«Grande», dico dandogli una pacca sulla schiena. «Lo apprezzo molto. Adesso vado a chiudere l'ufficio, ma se hai bisogno di qualunque cosa fa' come se fossi a casa tua».

«Certo, ci vediamo più tardi», risponde riprendendo l'allenamento.

Passo velocemente dal mio ufficio, aspetto che il computer si accenda, apro il browser e inserisco le informazioni che mi servono. Quindi prendo le chiavi della macchina e chiudo la porta, sapendo che i ragazzi entreranno soltanto se avranno veramente bisogno di qualcosa.

Guidare fino a Florence, dove si trova la prigione, mi porta via solo cinquanta minuti visto che non c'è molto traffico. Trovare parcheggio invece richiede un po' più tempo, visto che non sono certo l'unico qui che deve fare una visita.

Parcheggio in mezzo a due macchine sportive, poi entro. Supero i controlli di sicurezza e poi mi dirigo verso il banco accettazione.

«Salve. Posso aiutarla?», chiede un agente.

«Sì. Mi chiamo Jackson Stone e sono qui per vedere Tyson Martin. Ho prenotato il mio appuntamento online come richiesto».

Controlla il computer per alcuni minuti e poi dice: «Ecco qui il suo nominativo, la sua visita è stata approvata. Ho solo bisogno di una firma su questo modulo, per piacere».

Firmo e glielo riconsegno.

«Grazie mille. Questa è la chiave per l'armadietto 15», poi mi indica un corridoio dove sono allineati contro la parete una serie di armadietti.

«Dentro la stanza delle visite non è permesso nessun effetto personale, di nessun genere. Questo include il suo portafoglio, il cellulare, le chiavi e anche le monete».

«Okay, nessun problema», ribatto.

Guarda il suo orologio.

«Tra pochi minuti cominceranno a far entrare le persone», mi avvisa.

«Okay, grazie mille».

Deposito tutti i miei effetti nell'armadietto che mi è stato dato, svuotando anche le tasche, e poi chiudo. Mi siedo nella sala d'aspetto e guardo le persone attorno a me. Alcune sono state selezionate per un controllo aggiuntivo, ma fortunatamente non sono una di quelle. Ci sono mogli, o fidanzate, con i loro bambini, persone anziane, forse venute a trovare il proprio figlio, e uomini con una valigetta ventiquattrore che hanno scritto in faccia "avvocato".

Una vecchia signora stringe tra le mani un piccolo cesto da picnic e mi rivolge un sorriso. Mi domando se tutti gli oggetti al suo interno siano stati approvati, e mi chiedo se anch'io non avrei dovuto portare qualcosa a Tyson.

Finalmente qualcuno annuncia che l'orario di visite sta cominciando e che possiamo avviarci verso la stanza dove ci aspettano i detenuti. Mi guardo intorno alla ricerca di Tyson e, quando lo trovo, la somiglianza con sua sorella è evidente. Sono molto simili, anche se noto qualche differenza, e mi fa sorridere l'idea di essere attratto da una ragazza quasi identica a un ragazzo.

Sembra stupito, ma anche felice di vedermi. Mi avvicino sorridendo e ci scambiamo una stretta di mano e una pacca sulla spalla.

«Tyson. È bello rivederti. Mi dispiace che sia in queste circostanze».

«Ciao, Jax, come stai? Sono veramente sorpreso di vederti. Senza offesa, ma cosa ci fai qui?». Ride al suono delle sue stesse parole. «Non mi fraintendere, sono felice di vederti, ma come hai fatto a sapere che ero qui?».

Ci sediamo entrambi, ai lati opposti del tavolo, e per prima cosa rispondo alla sua ultima domanda.

«Me l'ha detto Rowan».

«Rowan?». Uno sguardo ansioso gli attraversa il viso. «Per favore, dimmi che questo vuol dire che l'hai vista di recente. Negli ultimi due giorni ho cercato di chiamarla e non ha mai risposto al telefono. Sto cercando di non preoccuparmi, ma è difficile».

«Sì, l'ho vista una settimana fa», confermo.

«Perchè? Voglio dire, dove l'hai vista? Come vi conoscete? Non le ho mai detto della palestra e dei combattimenti», domanda inquieto.

«Be', a dire il vero, l'ho incrociata nella sala del pronto soccorso dell'ospedale», rispondo cauto.

Immediatamente tutto il suo corpo si irrigidisce, i suoi pugni si chiudono e uno sguardo allarmato gli attraversa il viso.

«Al pronto soccorso? Sta bene? E il bambino?».

«Sta bene. Era nella sala del pronto soccorso proprio perché era in travaglio della sua Lily».

«Lily. Quindi è una femmina!», esclama e gli occhi gli si illuminano.

Un sorriso mi spunta automaticamente sul viso.

«Sì, è una bambina. L'ha chiamata Lily Rayn».

Lui sorride e il suo viso si riempie di gioia al pensiero della sua nipotina, ma poi torna serio.

«Quindi lei e Lily stanno bene? E tu cosa ci facevi lì?».

«Ero al pronto soccorso anch'io a causa di un piccolo incidente durante un incontro amichevole», dico indicando i miei punti. «E mentre stavo lasciando l'ospedale, Rowan si stava alzando dal suo posto nella sala d'attesa. Quando l'ho vista barcollare ho capito che aveva bisogno di assistenza, stava avendo contrazioni sempre più ravvicinate e mi sono offerto di aiutarla. A dire il vero, è lei che non ha più lasciato andare la mia mano. Quando ha dato il suo nome alle infermiere, ho scoperto che era tua sorella e le ho detto che ti conoscevo».

Guardo un attimo il pavimento e sbatto le palpebre un paio di volte prima di tornare a guardare Tyson negli occhi.

«Mi ha chiesto di restare per tutto il tempo del parto e così ho fatto. Ha detto che non aveva nessun altro se non me, d'altronde quando l'ho incontrata era seduta in sala d'attesa da almeno tre ore», dico a voce bassa

«Cosa vuoi dire? Dove cavolo è Jason?», sibila.

Lo guardo confuso.

«Jason chi?».

«Il padre del bambino. Dove diavolo è?». La sua voce è talmente carica di rabbia che faccio fatica a capire quello che ha chiesto.

«Non ne ha voluto parlare, ma ho il presentimento che le sia successo qualcosa. Quando l'ho vista era in difficoltà, spaventata e sola. Questo Jason non si è mai fatto vedere. L'ho riportata io a casa, perché non aveva altro modo di arrivarci».

Tyson potrebbe appiccare un incendio col fuoco che intravedo nei suoi occhi. Continua a picchiare il dito mignolo sul tavolo, in preda all'agitazione.

«Quel figlio di puttana deve averle fatto qualcosa. Lo sapevo che non era quello giusto. L'ho sempre saputo. E adesso sono bloccato in questo buco e non posso fare niente per aiutarla!».

«Senti…», dico esitante, non del tutto sicuro di voler condividere con lui i miei dubbi, ma decido comunque di essere onesto. «Considerando che non aveva un passaggio a casa, ho il presentimento che sia stata scaricata in ospedale. Voglio dire... in che altro modo sarebbe potuta arrivare? A meno che non abbia guidato, o preso un taxi, ma qualcosa mi dice che non è così».

Tyson si alza di scatto, dominato dalla rabbia, e sembra quasi che debba prendere a pugni qualcuno. Una guardia gli ordina di tornare a sedersi e lui, dopo un attimo di esitazione, obbedisce.

«Lo ucciderò se le ha fatto del male. Lo giuro».

«Guarda, non so cosa sia successo di preciso. Come ti ho detto, non si è confidata con me, so solo che quando abbiamo parlato di te sembrava che non vi sentiste da molto tempo. Non ho idea di come funzioni chiamare da qui, posso soltanto dire che quando lei parla di te si sente che le manchi».

Prima che io possa continuare a spiegare il motivo per cui sono venuto, Tyson mi interrompe.

«Mi manca tanto anche lei». Quando alza lo sguardo su di me, la sua mascella è serrata e apre e chiude i pugni di continuo. Sembra che si stia sforzando di dirmi qualcosa, quindi rimango in silenzio e aspetto.

«Sono così maledettamente arrabbiato con me stesso per essere finito in questa situazione!».

Distoglie lo sguardo per un secondo e poi i suoi occhi si fissano sui miei.

«Io e Rowan non siamo mai stati separati per più di due giorni in tutta la nostra vita. È mia sorella, ma è anche la mia migliore amica, e ho sempre cercato di proteggerla come meglio ho potuto. Essere bloccato qui, senza poterla aiutare quando ha veramente bisogno di me, mi fa star male. E per cosa? Perché non riesco a controllare questa cazzo di rabbia!».

«Perché mai avrebbe bisogno di essere protetta?».

«Ogni donna dovrebbe essere protetta e tenuta al sicuro. Ma io e Rowan? Non abbiamo avuto un'infanzia molto felice. Nostro padre ci ha abbandonati nel momento in cui ha saputo che nostra madre era incinta, e lei non ci ha mai permesso di dimenticarlo. Diceva cose cattive a entrambi, soprattutto che era colpa nostra se lei non aveva una bella vita, ma a Rowan toccava la parte peggiore. Quando ero con lei cercavo di proteggerla, ma ho cominciato a lavorare di più per risparmiare non appena ho capito che avremmo dovuto lasciare quella casa. Comunque sia, nostra madre le ripeteva che non era meritevole di essere amata e che sarebbe sempre stata da sola. Credo che questo abbia avuto un impatto molto negativo su mia sorella, non si fida delle persone né delle loro intenzioni. Sono sicuro che se Jason l'avesse picchiata, lei avrebbe trovato una scusa per lui soltanto perché vuole provare a nostra madre che si sbaglia. Se Jason ha fatto quello che dici, non ho dubbi che in questo momento Rowan stia pensando che quella puttana di nostra madre avesse ragione e che avrà lo stesso destino».

«Questo spiega perché in ospedale non c'era nessun genitore con lei».

Vorrei anche aggiungere che non capisco come un genitore possa trattare così il proprio figlio, ma sfortunatamente conosco fin troppo bene la risposta.

«Comunque, quella sua sottospecie di ragazzo, Jason, avrebbe dovuto essere lì. Non so cosa sta succedendo, ma ho intenzione di scoprirlo».

«Com'era la loro relazione? Seria?». Il pensiero mi fa venir voglia di colpire qualcosa.

«Era solo uno stronzo. Non credo che con me Rowan fosse onesta, riguardo al modo in cui lui la trattava, ma ho colto alcuni segnali. Come il fatto che non l'ha mai aiutata ad alzarsi, sedersi o qualsiasi altra cosa, quando il suo pancione ha cominciato a ingrossarsi. Non le ha mai aperto una porta, o non le ha mai fatto scegliere il cibo per cena. Cose così. È solo un egoista e ho il sospetto che non fosse poi così entusiasta quando ha scoperto che Rowan era incinta, anche se lei non mi ha mai detto niente».

«Adesso non sei l'unico che ha voglia di ucciderlo», mormoro.

Annuisce, capendo i miei sentimenti.

«Tornando a noi, quando ho saputo che eri qui ho capito che dovevo farti visita, e speravo che tu apprezzassi il fatto di essere zio, specialmente se non avevi avuto l'occasione di scoprirlo prima di oggi».

«Non potrò mai ringraziarti abbastanza per essere venuto». Fissa il tavolo per un momento e poi si copre il viso con le mani. «Devo chiederti un favore riguardante Rowan».

Aggrotto le sopracciglia e lo guardo. Annuisco facendogli capire che sto ascoltando.

«Come ti ho detto, per lei le cose non sono state facili, e adesso che Jason ha tagliato la corda sono molto preoccupato. So che sarà molto stressata per il bambino. Potresti... voglio dire... ti dispiacerebbe tenerla d'occhio per me finché non esco da questo posto? Sto contando i giorni, ma fino ad allora mi sentirei molto meglio se sapessi che qualcuno che conosco, e di cui mi fido, sta vegliando su di lei».

«Certamente, sarei felice di farlo. Voglio essere onesto... tua sorella mi piace. Mi ha colpito molto e, per qualche strana ragione, mi sento molto protettivo nei suoi confronti, e anche in quelli di Lily. Quindi, anche se tu non mi avessi chiesto niente, avevo pianificato di farlo per conto mio».

Mi guarda per un lungo minuto, forse cercando di capire se sono sincero. Sostengo il suo sguardo e non mi tiro indietro. Non sono mai stato più serio in vita mia.

Tyson sorride e inclina la testa di lato. «Solo… non ferirla, per favore. Non vorrei mai doverti picchiare, in caso contrario».

Rido alla sua battuta. «Perfetto».

Parliamo un po' dell'MMA, degli incontri programmati, e di come organizzarci quando sarà fuori, cosa che ovviamente non vede l'ora che accada.

Poi ci salutiamo con un'altra stretta di mano e io decido di andare al supermercato a comprare qualcosa per Rowan. Non so di quali cose abbia bisogno Lily, quindi riempio il carrello di pannolini, ciucci, biberon, borotalco, alcuni tipi di crema e latte in polvere, anche se non ho idea di quale sia il tipo che lei usi. Vedo un paio di peluches e prendo anche quelli, insieme a un paio di copertine.

Per un momento mi fermo a guardare anche le tutine e sorrido leggendo alcune scritte, così decido che devo assolutamente ordinarne una per la piccola, con qualche frase speciale dedicata ai combattimenti. Non ho assolutamente idea di quello che sto facendo, ma comprerei qualunque cosa relativa ai neonati se pensassi che potrebbe servirle.

Con la macchina piena di prodotti per bambini, comincio a farmi qualche domanda sulla mia sanità mentale, però mi dirigo comunque verso l'appartamento di Rowan, ansioso di vedere lei e la piccola Lily.

Penso ai capelli neri di Rowan, ai suoi occhi nocciola e a quelle labbra piene, e d'improvviso realizzo che non voglio solo aiutarla. Voglio conoscerla meglio, voglio conoscerla davvero.

Non sono riuscito a togliermela dalla testa e neanche voglio farlo.

Mi piace che stia lì.

Capitolo 7

Rowan

Come fa il mondo ad andare avanti quando per me si è fermato ed è diventato solo oscurità, tristezza, solitudine, e pianti senza speranza?

Tutte queste emozioni sono interrotte solo dai bisogni di una bambina di appena una settimana. Lei è tutto il mio mondo, il mio cuore, il mio *di più,* quindi perché prendermene cura mi prosciuga in questo modo?

I lavori di casa si sono accumulati e vestirmi richiede molta più fatica ogni giorno che passa. Tutto quello che vorrei fare è dormire ma il sonno non arriva così facilmente.

Mi ritrovo spesso a guardare fuori dalla finestra della mia camera, sognando a occhi aperti. Nel primo sogno Tyson ritorna a casa e si prende cura di noi; in un altro, miracolosamente, ricevo un sacco di soldi e tutti i miei problemi spariscono all'istante; e in un altro ancora, il mio principe azzurro appare e ci porta via con lui.

Quando non sono persa nelle mie fantasie, guardo semplicemente le persone che vanno e vengono dal bar di fronte. È sempre pieno di gente e di risate e, in qualche posto dentro di me, sento il bisogno di provare anch'io quella sensazione di spensieratezza. E li odio. Odio che loro possano essere felici quando io non ci riesco. Ma quello che odio di più sono le coppie sedute fuori che si abbracciano o si baciano, la gioia in ogni loro espressione e in ogni gesto. Perché loro possono amare, mentre io no?

Ho fatto stupidamente l'errore di cercare di chiamare ancora Jason. Per qualche strana ragione volevo sentire il suono della sua voce. Forse avevo bisogno di qualcosa che mi scuotesse. A parte Lily, prova vivente che lui sia esistito, non ho più nient'altro. Il giorno dopo essere tornata a casa, ho bruciato tutte le sue fotografie. Ogni ricordo di lui e di tutto quello che aveva lasciato o che mi aveva regalato. Urlavo alle sue fotografie come se potesse in qualche modo sentire quanto fossi arrabbiata e piena di odio. Ho pianto fiumi di lacrime e stracciato ogni immagine in cui sorrideva felice. Sorrisi che non potrò mai più riavere.

Le urla hanno svegliato la bambina e ci ho messo quasi un'ora per alzarmi dal pavimento, andare da lei e vedere di cosa avesse bisogno. E l'ho fatto solo perché avevo paura di quello che i vicini avrebbero potuto pensare.

Tutto sembra così difficile. Così opprimente. Così doloroso e tetro.

Anche oggi sono seduta ormai da un po', mentre Lily dorme, e io piango guardando fuori dalla finestra. Le lacrime ormai vivono di vita propria, e vanno e vengono senza invito. Non c'è nessuna logica nel loro apparire e sembra che ci mettano veramente poco a trasformarsi in fiumi. Mi domando se sia possibile esaurirle. Non finiscono mai? Perché continuano ad arrivare?

A volte la mia mente si fissa solo su ricordi o pensieri, e non li lascia andare. Li ripete all'infinito finché non mi sembra di impazzire. Ho cercato di picchiare la testa contro il muro più di una volta, diverse volte, per vedere se potevo farli scomparire. Ma non ha funzionato.

Qualche volta cerco di distrarmi con uno dei miei libri, o guardo qualcosa di stupido alla TV, sperando che possa aiutarmi. Però funziona solo per poco tempo. Oggi, per esempio, sono le parole crudeli di mia madre a girare nella mia testa, e non importa cosa faccio, continuano a ritornare, ancora e ancora.

"Nessuno ti amerà mai."

Sforzandomi di abbandonare quella sedia, entro nel bagno strofinandomi gli occhi rossi e gonfi. Mi siedo sul water per un minuto, cercando di respirare, poi mi pettino i capelli e li porto dietro le orecchie. Solo il tragitto dalla stanza al bagno mi fa sentire esausta. Prendo due respiri profondi, guardo la doccia e considero l'idea di farmi un bagno caldo per cercare conforto. Preferirei che qualcuno mi abbracciasse, accetterei persino Jason, anche se *lui* non ha più alcun diritto di toccarmi. Ma mi rendo conto che richiederebbe troppe energie.

Quando ero nel mio stato peggiore, ho preso la bambina, l'ho messa in macchina e ho guidato fino a casa di Jason. Ho bussato insistentemente alla porta del suo appartamento, piangendo e urlando, finché un vicino non ha minacciato di chiamare la polizia. Ha detto che non lo vedeva da un po'. Non so se stesse mentendo, ma ho raccolto quel poco di orgoglio che mi era rimasto e sono andata via. Mi sono ripromessa di non farlo mai più. Chiaramente lui non vuole avere niente a che fare con noi, e io mi rifiuto di tornare là e supplicarlo. In qualche modo sono riuscita a recuperare un po' di rispetto per me stessa. Anche se mi ha lasciata, a volte il mio desiderio per Jason è fortissimo, persino dopo che è fallito il tentativo di riavvicinarmi a lui. Potrà essere stato uno stronzo, ma almeno c'era. Mi ha offerto un legame che cercavo e volevo e quando facevamo l'amore mi sentivo amata e desiderata, anche se per poco.

Per qualche ragione il rasoio che ho nella doccia cattura la mia attenzione, e non riesco più a distogliere lo sguardo.

Qualcuno noterebbe la mia assenza? A qualcuno importerebbe? No, perchè non c'è nessuno. Jason non c'è. Tyson non c'è. Mia madre non ha idea di dove siamo. Non ho mai sentito di avere un padre. Forse le ragazze con cui lavoro potrebbero sentire la mia mancanza, ma probabilmente solo perché contano su di me al lavoro. Le ho chiamate e ho detto loro che avevo bisogno di più tempo per riprendermi. Mi hanno detto che non era un problema, ma il problema c'è eccome. Non ho più soldi e devo tornare a lavorare in qualche modo, devo trovare la forza di riprendermi.

Il rasoio mi chiama ancora, come se fosse il canto di una sirena. Tutto quello che devo fare è aprire la plastica e tirare fuori la lama. Un taglio profondo su entrambi i polsi e questa misera vita scomparirebbe. Con dita tremanti lo prendo in mano. Lily ha bisogno di una vita migliore, ha bisogno di qualcuno migliore di una madre che può a malapena prendersi cura di se stessa. Crescerebbe e finirebbe per odiarmi, a un certo punto.

Quindi, in fondo, le farei un favore. L'immagine di una bellissima famiglia si forma nella mia mente. Forse è una coppia che sta cercando di avere un bambino da anni. Loro la adotterebbero, sarebbe amata e sarebbe voluta. Avrebbe una mamma e un papà. Una vera famiglia. Una famiglia completa. Forse un giorno avrebbe anche dei fratelli e delle sorelle. Sarebbe normale e avrebbe qualcosa che io non riuscirei a darle.

Faccio scivolare il dito sulla lama e l'acciaio scintillante mi pietrifica. Mi pungo e sibilo per il dolore, ma poi fisso folgorata il sangue che cade dal mio dito.

Sì, merita di meglio...

Apro il rasoio, quasi senza rendermene conto, ed estraggo la lama. Riesco a stento a tenerla tra le dita da quanto tremano. Con tutta la fermezza che riesco a raccogliere, la posiziono sull'interno del polso e chiudo gli occhi. Un taglio rapido. E basta. Non importerà mai a nessuno. Non dovrò più sopportare questa solitudine. Mi immagino i visi sollevati di tutti quando morirò. Non dovranno più preoccuparsi per me. Saranno felici che io non ci sia più, staranno meglio senza di me.

Non sarò più un peso per mio fratello, per il mio datore di lavoro, per Lily. Facendo un respiro profondo, premo e sento un po' di dolore sulla pelle.

Un colpo improvviso alla porta mi fa sobbalzare e lancio un urlo di sorpresa, mentre la lama mi taglia. La sento a malapena. La getto via, afferro un asciugamano e me lo avvolgo intorno al polso. Trascinandomi fino alla porta, guardo dallo spioncino per vedere chi è.

Mi lascio scappare un gemito di sorpresa quando vedo Jax che sorride con le braccia piene di borse, mentre aspetta che io apra la porta.

Non voglio farlo e decido di ignorarlo e basta.

Quando bussa di nuovo, mi scappa un suono di disappunto che probabilmente lo avvisa della mia presenza, perché mi chiama.

«Rowan? Sono io, Jax».

Con un sospiro sblocco il chiavistello, poi apro la porta per quanto lo permetta la catenella. «Jax?».

La mia voce suona rauca. Non la uso da ore? Giorni? Non ne ho idea.

Spalanca gli occhi quando mi vede e mi rendo conto di come dev'essere il mio aspetto. Capelli sporchi, probabilmente occhi gonfi e rossi con le occhiaie, e vestiti logori. Non sgancio la catenella e me ne sto lì in piedi, mentre Jax aggrotta le sopracciglia e fa un piccolo passo avanti.

«Per favore, posso entrare, Rowan?».

«Ora non è un buon momento», rispondo.

Si avvicina ancora e si guarda intorno, prima di concentrarsi di nuovo su di me. «Va tutto bene?».

«Tutto bene», mento.

«Ho dei pannolini, del latte in polvere e un mucchio di altre cose per te. Non ho idea che tipo di latte in polvere tu stia dando a Lily, e se glielo dai, ma ho pensato che forse sarebbe stato utile. Lo so che non mi hai chiamato o mandato un messaggio, ma ho pensato di passare solo per vedere come andava».

Sta parlando velocemente. Percepisce che non ho intenzione di aprirgli la porta, quindi sta cercando di concludere il suo discorso. Ha ragione a essere preoccupato.

«Perché?».

Aggrotta ancora la sopracciglia. «Che intendi con perché?».

«Perché ti importa, Jax? Non sono una tua fottuta responsabilità e non voglio la tua compassione o carità! Lasciami da sola. Nessuno fa niente senza volere qualcosa in cambio e io non ho un cazzo da dare».

Chiudo la porta, ignorando il suo bussare insistente e la sua voce che chiama il mio nome. Mi dice che non vuole niente in cambio. Afferma che vuole solo essere mio amico, per aiutarmi e conoscermi. Faccio del mio meglio per non ascoltarlo e mi dirigo di nuovo verso il bagno, ma Lily che piange mi fa cambiare destinazione. Vado nella sua camera e la guardo, sdraiata nella culla, con il viso contorto dal pianto.

Qualcosa dentro di me si stringe al solo vederla.

«*Shh*, Lily. È tutto okay», le dico automaticamente, e il suo visino si rilassa sentendo la mia voce.

Apre gli occhi e mi guarda mentre spinge in fuori il labbro inferiore facendo il broncio, e tira su con il naso. Prendendola in braccio, la porto sul cassettone che uso come fasciatoio e le cambio il pannolino sporco, poi la porto con me per prepararle il biberon. Non avevo l'energia per allattare. So che è la cosa migliore da fare, ma ho lasciato che il mio latte si esaurisse e ho invece scelto il latte in polvere.

Per tutto il tempo in cui beve mi guarda dritta negli occhi e mantiene il contatto visivo. È la prima volta, da quando è nata, che è veramente concentrata su di me. Di solito i suoi occhi guardano ovunque, in modo impreciso, o stanno chiusi. Non riesco a distogliere lo sguardo dai suoi grandi occhi blu, e le lacrime cominciano a scendermi sul volto. Mi sembra che lei riesca a vedermi sul serio. È indescrivibile come mi faccia sentire questa piccola anima che si connette con la mia.

L'asciugamano cade dal mio polso e vedere il taglio mi fa rabbrividire. La bile mi sale in gola e la vergogna mi assale.

Che cosa stavo pensando? Che cosa stavo per fare? Lei ha bisogno di me. Oso pensare che un giorno possa anche volermi bene. Come se sentisse i miei pensieri, la sua manina si aggrappa alle dita che stanno tenendo il biberon e mi fa piangere di più.

«Mi dispiace», sussurro. «Ti voglio così tanto bene».

Alzandomi dal divano, mi dirigo verso la porta d'ingresso, tolgo la catenella e la apro. I miei occhi perlustrano il pianerottolo cercando Jax, ma se n'è andato. Oltrepassando il mucchio di cose che ha lasciato davanti alla porta, mi dirigo da Audrey e busso. Non devo aspettare a lungo prima che lei apra la porta e sussulti notando il mio aspetto.

«Rowan? Stai bene, tesoro?». La sua preoccupazione in qualche modo si attenua quando vede la mia dolce e contenta bambina tra le braccia.

«No», sussurro. «Ho bisogno di aiuto. Per favore, aiutami».

Capitolo 8

Jax

Sono passati quasi tre mesi da quando ho fatto visita a Ty. Quasi tre mesi dalla prima volta che ho provato a vedere Rowan e sono stato mandato via. Quasi tre mesi da quando ha aperto la porta ed era chiaro che non stesse per niente bene. Quasi tre mesi di quieto sostegno a Rowan, anche se lei non ne ha idea.

Dopo aver cercato ancora di rivederla, ed essere stato lasciato di nuovo sul pianerottolo, ho deciso di ritirarmi e stare a guardare. E aspettare.

Inizialmente mi sono comportato come il più viscido degli stalker, spiandola senza farmi vedere, fino a quando, un giorno, non l'ho vista uscire per una passeggiata con una signora più anziana. Quando ho capito che era una vicina di casa, ho fatto la mia mossa.

Un giorno, mentre stavo tornando da una commissione, ho seguito Audrey, la vicina, al parco e le ho anche fatto prendere una paura fottuta quando mi sono avvicinato a lei. Non è stata per niente una bella esperienza. Volevo disperatamente avere informazioni su Rowan per essere sicuro che stesse bene, ma Audrey mi ha minacciato con dello spray al peperoncino. Dopo che mi sono velocemente spiegato, si è rilassata e sono riuscito a instaurare un certo rapporto. È allora che le ho chiesto di dare a Rowan delle provviste che avevo acquistato per Lily, facendo finta che fosse lei a comprarle, non io. Suppongo che la nostra amicizia possa essere considerata improbabile, ma sta funzionando. Dopo una piccola conversazione amichevole, non ci è voluto molto perché Audrey si sbottonasse e cominciasse a darmi le informazioni che desideravo. In verità, probabilmente con lei sono stato più onesto di quanto volessi riguardo alle mie preoccupazioni, quindi penso che il nostro aprirsi sia stato reciproco.

Dopo il modo in cui Rowan ha risposto alla porta quel giorno, sapevo che qualcosa non andava. Non andava per niente. Era una specie di sesto senso e, dopo aver promesso a Ty che l'avrei tenuta d'occhio, che non mi sarei arreso, i miei sentimenti protettivi riguardo lei e Lily sono rimasti forti come non mai. Quando ho raccontato ad Audrey della visita a Ty, e di come fossi genuinamente preoccupato, i suoi occhi si sono addolciti e così è nato il nostro piano. Ogni settimana avrei portato delle cose per Rowan e le avrei consegnate ad Audrey durante il nostro appuntamento per il tè. Solo il pensiero mi fa venire da vomitare perchè il suo tè fa schifo. Serve una brodaglia alla lavanda o roba del genere, ma ad Audrey sembra piacere la compagnia, e io apprezzo lo scambio di informazioni, quindi faccio finta che sia il miglior tè che abbia mai bevuto. Nei giorni fortunati, becco il due per uno e c'è anche Lily. La piccola è più carina ogni giorno che passa.

Audrey mi ha raccontato delle difficoltà che Rowan ha dovuto affrontare e che sta ancora affrontando. È stata colpita duramente dalla depressione post-parto e non riusciva a capire cosa le stesse succedendo, continuando a sprofondare sempre di più in un baratro di disperazione. Mi ha stupito quanto poche settimane abbiano fatto la differenza. Io non volevo altro che sfondare la sua porta e avvolgerla tra le mie braccia per non lasciarla più andare.

Inizialmente, sapendo che qualcuno si prendeva cura di lei, e che io non ero il benvenuto, ho cercato di scacciarla dai miei pensieri. Ho adocchiato una ragazza in un bar e poi non sono stato capace di andare fino in fondo. Imbarazzante a dir poco. Con la tipa mi sono comportato da stronzo. L'ho illusa, l'ho portata da me e l'ho fatta inginocchiare. Mentre me lo succhiava, tutto quello che riuscivo a immaginare era il viso di Rowan invece di quello della bionda che dava il meglio di sé. Realizzare che ero appena venuto, facendo finta che fosse Rowan, mi ha fatto andare fuori di testa. L'ho mandata via prima che mi venisse in mente di ricambiare. Non ricordo nemmeno il suo nome, volevo solo una distrazione. Proprio una mossa da coglione, ma tutto quello che volevo era farmi una doccia, fingere che non fosse mai accaduto e scegliere di non analizzare troppo i miei sentimenti.

Anche se, mi pare ovvio, Rowan mi ha stregato e io la voglio.

Ora, due mesi e mezzo dopo, secondo Audrey, Rowan sta benissimo e, basandomi su quel poco che ho visto da lontano, non posso che concordare: sta da Dio. Sta prendendo qualcosa per la depressione e sembra essere sul punto di sconfiggerla del tutto, il che è un bene. Le visite regolari dal suo dottore e l'aiuto di Audrey stanno facendo la differenza. Sono stato in disparte e le ho dato il tempo per adattarsi e guarire, ma oggi è il giorno. Questo pomeriggio sta lavorando alla tavola calda, come fa quasi tutti i giorni, e sto per andarci. Ho pensato di chiedere a uno dei ragazzi di venire a pranzo con me, ma non sono sicuro di come potrebbe andare, considerando che è la prima volta che mi vedrà dopo avermi chiuso la porta in faccia. Preferisco non ci siano testimoni in grado di prendermi per il culo se dovesse finire male.

Entro dentro Al's e mi guardo intorno. Individuo subito Rowan, è dietro al bancone e sta servendo un tipo seduto di fronte a lei. Mi infilo in un tavolo, in quella che so essere la sezione in cui lavora, e mi metto un menù davanti al viso. Quando sento una risata, lo abbasso lentamente e sbircio. Rowan è divertita da qualcosa che il tizio le sta dicendo. Per fortuna è un tipo anziano, perché altrimenti sentirei il bisogno di dargli un pugno in faccia, visto che l'ha fatta ridere al posto mio.

Cazzo, se è bella! Il suo modo di ridere è contagioso e l'espressione che le illumina il viso fa sorridere anche me.

I suoi capelli sono raccolti in cima alla testa in uno chignon tenuto da una matita. Il suo grembiulino bianco è legato intorno alla vita e, quando esce da dietro al bancone per servire un altro cliente vedo che indossa un vestito nero con dei bottoni che arrivano fino in fondo.

Quando si piega per poggiare i piatti sul tavolo, devo sopprimere un gemito. Mi passa per la mente l'immagine di lei che si piega sul tavolo alzando il suo culetto sodo, mentre la scopo da dietro, e divento duro all'istante. Aggiustandomi sulla sedia, riporto l'attenzione sul mio menù e cerco di calmarmi.

«Ehilà, cosa posso portarti?». La sua voce sembra miele e sorrido tra me e me, sapendo che devo rassegnarmi al fatto che questa erezione non andrà da nessuna parte.

Abbassando il menù, le sorrido esitante. Rowan spalanca gli occhi e la bocca in una silenziosa O, facendomi pensare a cosa mi piacerebbe metterle proprio lì.

Scaccio il pensiero e sorrido di più.

«Che bello incontrarti qui, bellezza».

Ho appena detto bellezza? Disinvolto, Stone, proprio disinvolto.

«Jax», sussurra. «Merda... Voglio dire, che ci fai qui?».

Corrugo la fronte.

«Mi dispiace, mi è uscita male. Quello che intendevo realmente era *ciao*».

Alzo un sopracciglio e reprimo a malapena una risata di fronte alla sua sorpresa.

«Come stai, Rowan?».

Sorride e si siede davanti a me, cosa che mi entusiasma a dir poco.

«Sono felice che tu sia qui. Speravo di rivederti. Di sicuro non sapevi che lavoravo qui perché, dopo il modo in cui ti ho trattato, non ti saresti avvicinato a me di proposito».

«Pensi sul serio che qualcosa del genere avrebbe potuto tenermi lontano?».

Sembra che non sappia cosa rispondere.

«Be'… in ogni caso, ti devo delle scuse. Mi dispiace di essere stata stronza con te».

Alzando la mano, le faccio cenno di smettere di parlare.

«Non scusarti. Sei perdonata. Allora, come stai? Come sta Lily?».

Il sorriso genuino che le incurva le labbra esprime pura felicità. Si sente tutto l'amore e l'adorazione che prova nei confronti della sua bimba.

«È perfetta. Proprio perfetta. Ancora non ci credo di essere la mamma di qualcuno, e subito dopo ringrazio Dio di esserlo, perché è fantastica».

Il suo viso si è completamente illuminato, gesticola felice e i suoi occhi sono scintillanti.

«Comunque, so che hai detto di non scusarmi, ma mi sento ancora in colpa. La verità è che stavo soffrendo di depressione post-parto e non lo sapevo. Non ero io».

«E ora?».

«Ora sto meglio, molto meglio. Ma basta parlare di me e Lily. Tu come stai?».

«Affamato», la canzono.

«Oh, merda! Immagino tu sia venuto qui per pranzare».

«Non è l'unico motivo».

Mi fissa per un momento, forse non sicura di aver sentito bene, o magari chiedendosi se sapevo fin dall'inizio dove lavorava.

«Potrei avere un bicchiere d'acqua e l'insalata dello chef con il condimento della casa?».

Alza un sopracciglio. «Insalata? Non un cheeseburger o una cosa del genere?».

«No, non mangio quella merda mentre mi sto allenando».

«Ti stai allenando?».

«Sì. C'è un combattimento fra un po'».

«Dovrai parlarmene di più, dopo. Vado a prenderti l'acqua e l'insalata. Torno fra un minuto».

Annuisco e sorrido, poi osservo i suoi fianchi ondeggiare mentre se ne va. E non sono l'unico. Un uomo a un tavolo sul lato opposto al mio la guarda quando passa, voltando anche la testa per vederla meglio. Quando si gira di nuovo incrocia il mio sguardo. Lo fisso con ferocia finché non china il capo sul suo cibo.

Non posso fare a meno di guardare Rowan attraverso la finestra che permette di sbirciare dentro la cucina. Niente avrebbe potuto prepararmi a questo incontro. Il mio intero corpo reagisce a lei in un modo che non ho mai provato prima, e non solo sotto alla cintura. Esserle vicino mi riscalda il corpo e fa contrarre le mie dita per il bisogno di toccarla.

Da qualche parte. Dappertutto.

Quando torna con il mio cibo, non posso fare a meno di sorridere tra me e me quando si siede di nuovo. Forse, *forse*, sta provando la stessa cosa nei miei confronti.

«Allora, Tyson mi ha detto che sei andato a fargli visita, e che gli hai raccontato della nascita di Lily e del fatto che fossi da sola».

La fisso guardingo, non sapendo se è arrabbiata per la mia intromissione. Non riesco a capirlo dall'espressione sul suo viso e questo mi rende insicuro.

«L'ho fatto», rispondo con tono esitante.

Quando si protende e mi afferra la mano, mi si mozza il respiro e il cazzo si ingrossa nei pantaloni, come dotato di vita propria. Porca troia. Se riesce a fare questo con un tocco innocente, come mi ridurrà quando otterrò di più? Perché sono fottutamente determinato a ottenerlo. Devo. Il mio corpo smania per lei peggio di un culturista dipendente dagli steroidi. La mia vita è girata intorno a lei negli ultimi tre mesi, anche se non ne ha idea.

«All'inizio ero un po' arrabbiata che tu ti sia fatto gli affari miei, ma Ty mi ha fatto rendere conto di quanto fosse stupido, quindi voglio dirti grazie. Di nuovo».

Alle sue parole mi lascio scappare un respiro di sollievo, nemmeno consapevole che lo stessi trattenendo.

«Quando penso a te, fuori dalla mia porta, con le braccia piene di cose per me e Lily, mi sento di merda. Se potessi tornare indietro e rivivere quel momento, be', rivivere tutta la giornata, lo farei. Grazie per essere stato così dolce. Voglio dire… mi conosci a malapena e ti sei dato tanto da fare per aiutarmi, mentre con te non sono stata altro che una stronza».

«Sul serio, è tutto okay. Smettila di fartene una colpa. Avevo capito che non eri esattamente in te».

«Eufemismo dell'anno».

Scrollo le spalle verso di lei.

«Abbiamo tutti dei momenti che vorremmo poter rivivere di nuovo».

Mi stringe la mano e poi si ritrae, lasciandomi un senso di perdita.

«Be', grazie per la tua comprensione e anche per essere andato a trovare Tyson. Ha detto che è stato bello vederti».

«Anche a me ha fatto piacere vederlo».

«È dentro da quattro mesi e mezzo, ormai. Aspetto con ansia che esca, sto contando i giorni. Non vedo l'ora!».

«Hai portato Lily a trovarlo?».

Ride. «No. È categorico sul fatto che non debba portare sua nipote a trovarlo in prigione. Dice che non vuole che lei lo veda così. Gli ho detto che non se ne ricorderà, ma non gli importa».

Abbassa lo sguardo e si accorge che ho finito l'acqua. «Fammi prendere la caraffa d'acqua e ti riempio il bicchiere».

Si alza e, mentre finisco gli ultimi bocconi della mia insalata, penso a quanto mi piacerebbe vederla di nuovo e mi chiedo se lei provi lo stesso. Quando mi rendo conto di quello che mi passa per la mente, desidererei solo darmi un pugno in faccia e magari recuperare una parvenza di palle.

Rowan ritorna e riempie il mio bicchiere, ma non prima di controllare, durante il percorso, che agli altri tavoli vada tutto bene.

Quando mi raggiunge, decido di provarci e basta.

«Rowan, ti andrebbe di venire a prendere un caffè con me, quando finisci di lavorare?».

Mi guarda per qualche momento prima di domandare. «Perché?».

«Perché? Cosa vuol dire perché? Perché vorrei passare del tempo con te e conoscerti meglio».

I suoi occhi si stringono un po' e, se non sbaglio, il suo piede picchietta sul pavimento. Sembra nervosa.

«Non posso. Devo andare a prendere Lily».

«Un'altra volta, allora?».

Fa ancora una pausa e mi guarda come se stesse cercando risposte a domande sconosciute. È come se vedessi la sua mente al lavoro e darei qualsiasi cosa per sapere a che cosa sta pensando.

I suoi occhi tornano su di me.

«Ho da fare, scusa».

«Ma non ho neanche detto quando».

Sorride in un modo che può solo essere definito sfacciato. «Lo so».

Se ne va e io rimango seduto lì, chiedendomi cosa diamine è appena accaduto. Mi ha detto di no? Nessuno mi dice di no. Almeno da un bel po' di tempo. Chiudo la bocca quando mi rendo conto che è spalancata.

Torna con il mio conto. «Sarò la tua cassiera, quando sei pronto».

Guardandola attentamente, mi chiedo se questo sia un modo per congedarmi. Mentre continuo a osservarla, estraggo il portafoglio dalla tasca posteriore e le passo il mio bancomat, senza neanche guardare il conto.

«Torno subito».

La fisso per tutto il tempo in cui si allontana, e lei alza lo sguardo più volte, incontrando il mio. Un dolce sorriso incurva le sue labbra, e tutto quello che voglio è fare in modo che mi guardi così mentre è sotto di me. Mi sta torturando e non lo sa nemmeno.

O forse lo sa.

Quando mi porta la ricevuta per farmela firmare, ha una caffettiera in mano.

«Eccoci. È stato bello vederti. Devo andare a riempire le tazze di caffè degli altri. Ti serve qualcos'altro?».

«Sì, un mucchio di cose e, donna, *tu* me le darai. Ci vediamo presto».

Firmando il conto con fare teatrale, e lasciandole una mancia oscena, tutto quello che riesco a pensare è che i giochi sono iniziati. Farò tutto quello che devo per abbattere le sue resistenze.

Mentre esco dal locale, sono felice di notare che questa volta è lei ad avere la bocca spalancata.

Capitolo 9

Rowan

«Sei una bimba così carina! La mia dolce bambina». Faccio le moine a Lily e lei mi sorride adorante, come se capisse le mie parole. Forse le capisce, chi lo sa? Fa dei versetti adorabili e io continuo a risponderle e a incitarla, mentre si agita incurante dei miei tentativi di infilare le sue braccia e gambe nella tutina. «La mamma deve andare ancora al lavoro. Mi dispiace, tesoro. Se potessi stare tutto il giorno a casa con te, ogni giorno, lo farei. Certo che lo farei».

Mi fa un altro sorriso sdentato e scuote i suoi piccoli pugni come se mi stesse dicendo che dovrei farlo. «Siamo solo noi due, e significa che la mamma deve lavorare in modo da avere i soldi per pagare la nostra casa, comprare il nostro cibo e procurarti latte in polvere e pannolini». Mettendola in piedi, spinge per un secondo sui piedini prima che le ginocchia cedano, mentre la reggo da sotto le braccia. «Che bambina grande! Certo che lo sei!».

Il mio cuore scoppia d'amore ogni volta che mi fa un sorriso, e giuro che i suoi occhietti luccicano ogni volta che mi guarda. A volte mi rattristo quando sento che mi sto perdendo dei momenti importanti, ma poi succede qualcosa che mi aiuta a realizzare che tutto quello che vivo con lei è una prima volta. Come la volta in cui andai a riprenderla da Audrey e, non appena Lily mi vide, cominciò a strillare e agitarsi, facendomi capire che mi aveva riconosciuto. Era entusiasta di vedermi, come lo ero io, e piansi come una bambina.

A volte fa paura pensare che c'è una persona così dipendente da me, ma, allo stesso tempo, la responsabilità mi fa sentire voluta e utile. Necessaria. Amata. E quei sentimenti sono indescrivibili.

Con Lily sul fianco, mi dirigo verso la cucina e la metto nel suo seggiolone, comprato a un mercatino dell'usato per dieci dollari. È così carino, con un motivo di paperelle gialle sul sedile imbottito, che non riuscivo a credere alla mia fortuna. Lily adora starci seduta e guardarmi mentre mi muovo in giro per la cucina. La sostiene bene e io amo guardare il suo faccino mentre esamina tutto quello che le sta intorno.

Sospirando al pensiero di doverla lasciare, preparo velocemente alcuni biberon e li metto in frigorifero. Poi raccolgo l'immondizia in modo da poterla portare fuori quando vado alla tavola calda.

Il colpo alla porta arriva giusto in tempo e io faccio entrare Audrey, abbracciandola.

«Ciao, Audrey». Bussare alla sua porta nel giorno peggiore della mia vita e chiedere aiuto è stata la scelta migliore che io potessi fare. Audrey è stata un dono dal cielo. Non solo mi ha aiutata con Lily quasi tutti i giorni, ma mi ha anche portata da un dottore, ed è rimasta con me mentre il medico mi spiegava che cosa era la depressione post-parto. Dopo mi ha persino accompagnata in farmacia per ritirare le mie medicine. Mentre facevo del mio meglio per guarire, durante le sei settimane che il dottore aveva detto ci sarebbero volute perché i farmaci cominciassero a fare effetto, Audrey era lì a darmi una mano.

I miei cambiamenti all'inizio furono impercettibili. Sorridevo di più e ridevo più spesso. La mattina era più semplice alzarsi e avevo più energia, giorno dopo giorno. D'altronde, mi sentivo di nuovo me stessa ed era una sensazione fantastica. All'inizio ero molto restia a prendere medicine perché credevo sarei diventata un robot insensibile, ma non successe. Il dottore mi aiutò a rendermi conto che la mia salute era importante perché, se l'avessi persa, non avrei potuto prendermi cura di Lily. Fu la decisione giusta, perché ora riesco a lavorare di nuovo, il che è ottimo perché ne ho bisogno per mantenere me e la mia bambina.

«In frigo ci sono alcuni biberon. Dovrei tornare per le cinque».

«Non preoccuparti, tesoro. Come al solito, se non sono qui quando torni io e il tuo tesorino saremo nel mio appartamento. Penso che potrei iniziare una nuova serie su Netflix di cui mi ha parlato una mia amica, quindi quando Lily farà il riposino potremo andare di là».

«Per me va bene, lo sai. Non potrò mai ringraziarti abbastanza per quello che fai. Hai bisogno che ti faccia una commissione o qualcos'altro, questa settimana?».

«No, tesoro, sono a posto. Ti farò sapere se salta fuori qualcosa».

«Okay, per favore, fallo. Non importa che cosa sia. Voglio ringraziarti e darti qualcosa in cambio».

«Tesoro, i suoi sorrisini e versetti sono un ringraziamento sufficiente. Amo farlo. Sarei da sola, altrimenti».

La abbraccio per ringraziarla. «Ci vediamo dopo». Lei ricambia, dandomi una pacca sulla schiena.

Vado da Lily e le do un bacio a schiocco sulla guancia, facendola ridacchiare. «Ciao, piccolina. La mamma torna più tardi». Agita le gambe e i pugni e io lo prendo come un saluto, andandomene.

La mia mente vola a qualche giorno fa, quando Jax è venuto alla tavola calda, e mi viene la pelle d'oca. Cavoli, se quell'uomo è bello! Lo immagino seduto al tavolo, i capelli scuri arruffati e occhi penetranti che sembrano divorarti. Nella mia fantasia avrei voluto inciampare e cadere sulle sue labbra carnose. Avrei chiesto scusa, dopo, nel caso non ricambiasse il bacio, ma mi sarei goduta qualche secondo di paradiso, grata per l'assaggio fugace. È ridicolo, solo guardarlo mi fa serrare le cosce dal desiderio. Se le cose fossero state diverse, ci avrei provato e mi sarei goduta almeno una notte in cui avrebbe scosso il mio mondo. Perché lo avrebbe fatto, ne sono sicura. Tutto in lui fa pensare al sesso selvaggio. È passato così tanto tempo, troppo, da quando ho ricevuto delle attenzioni maschili!

Ma non è possibile. Ora sono una madre e Lily è la mia priorità e sempre lo sarà. Avere avuto una madre come la mia mi rende solo più determinata a fare l'esatto opposto di quello che ho passato. Voglio che Lily sappia, senza alcun dubbio, che le vorrò bene ogni singolo giorno. Voglio sappia che niente e nessuno sarà mai più importante di lei, che la nostra famiglia potrà non essere normale, ma farò del mio meglio per rimediare in ogni modo possibile. Spero non provi risentimento nei miei confronti perché non ha un padre. Lo so che per lei non sarà facile, ma mi auguro che il mio amore possa essere abbastanza, sia come madre che come padre. So che sto correndo troppo, ma queste sono le cose che mi preoccupano.

Non avere un padre la sta influenzando anche se ha solo qualche mese? Sente la sua mancanza nonostante la tenera età? Non riesco a ricordare se non avere un padre mi abbia condizionato in qualche modo. Non conoscevo altro, però la paura per Lily è sempre presente.

Sospirando, metto da parte i pensieri perché so che in questo momento non c'è niente che possa fare al riguardo, oltre che assicurarmi di darle tutto l'amore che posso. Oltretutto, quale ragazzo, sexy e di successo, come Jax vuole essere incastrato con una ragazza e la sua bambina? In più, posso anche aver perso la maggior parte del peso preso durante la gravidanza, ma sono fin troppo consapevole dei chili in più che ho ancora sulla pancia, senza parlare di come il mio corpo sembri… più morbido e pieno di prima.

Senza dubbio Jax ha ragazze che si gettano ai suoi piedi ogni giorno e io non posso competere con loro. Sì, mi ha invitato per un caffè, ma so che probabilmente è stato per un senso di dovere verso mio fratello.

Pensare a Tyson mi fa sentire in colpa. Ogni volta che parliamo mi chiede perché diavolo Jason non si faccia vivo, ma io continuo ad eludere le sue domande cambiando subito argomento. So che dovrò parlargliene, ma non mentre è in prigione. Si arrabbierebbe e non voglio che reagisca mentre è rinchiuso. Forse non gli sto dando abbastanza fiducia, ma so che ha un caratteraccio e riesco benissimo a immaginarlo mentre sfoga la sua frustrazione su qualcuno, guadagnandosi una pena più lunga. No, grazie.

Quando arrivo, la tavola calda è strapiena, per cui corro nello spogliatoio sul retro, poso la borsa nell'armadietto, indosso il grembiule ed entro in azione.

«Ciao, bambola», mi saluta Nina, la proprietaria. Mi giro verso di lei e sorrido.

«Buongiorno. Dove vuoi che vada?».

«Prendi la mia sezione in modo che possa andare in ufficio e far partire degli ordini e pagare delle fatture, tesoro. Vienimi a chiamare, se qualcuno di voi ha bisogno di qualcosa. Farò capolino ogni tanto».

«Okay. Divertiti».

Sbuffa, trattenendo una risata, e se ne va. È un grande capo. Lei e suo marito Tim sono i proprietari della tavola calda e sono veramente grandiosi con tutti i loro dipendenti. Quando li chiamai per dire loro che avevo bisogno di più tempo dopo aver partorito Lily, furono fantastici. Quando mi feci coraggio e venni a parlare con loro della mia diagnosi di depressione post-parto, furono così incoraggianti che crollai e scoppiai a piangere. Non che le mie lacrime fossero rare, ma la loro gentilezza mi sconvolse. Penso di aver spaventato a morte Tim, ma Nina lo accarezzò sulla spalla e mi lanciò uno sguardo che diceva "ignoralo". Mi diedero tutto il tempo che mi serviva e Nina passò un bel po' di volte per portarmi dei piatti pronti dalla tavola calda. Ero fortunata ad averli. Entrambi.

Dopo un'ora dall'inizio del mio turno, siamo già incasinati. Notando con la coda dell'occhio che altre persone si sono sedute nella mia sezione, afferro la caffettiera e mi avvicino. Mi fermo quando vedo Jax e un altro tipo seduti a un tavolo. Lui sta leggendo il menù, ma so dannatamente bene che sa che sono lì in piedi.

C'è un sorrisetto compiaciuto sulle sue labbra che, automaticamente, suscita in me una combinazione di divertimento e irritazione. L'uomo con lui è sexy da morire, ma non è proprio al suo livello. È ricoperto di tatuaggi e ha una cresta in testa È muscoloso come Jax, con dei piercing a un sopracciglio e alle orecchie.

Con una mano su un fianco, appoggio rumorosamente la caffettiera sul loro tavolo. «Bene, bene, bene. Guarda chi c'è».

Jax mi lancia uno sguardo e sorride, ma il suo amico mi fissa confuso. Gli porgo la mano per presentarmi.

«Ciao, sono Rowan. E tu sei?».

Le sue labbra si incurvano per il divertimento e le sopracciglia si alzano in chiaro segno di interesse.

«Be', ciao a te, Rowan. Il mio nome è Zane. Il mio amico qui mi ha trascinato per pranzare, e inizialmente ero irritato perché avevo delle cose da fare, ma all'improvviso non mi dispiace così tanto». Mi squadra per bene e mi sento imbarazzata per l'attenzione. In genere non sono timida, ma cavolo, questi ragazzi sono sexy!

Dando un'occhiata a Jax, noto che sta guardando male la mia mano che è ancora in quella di Zane, e la ritraggo subito, per poi domandarmi perché l'abbia fatto.

«Jax. Cos'hai detto l'ultima volta che ti ho visto? Oh sì, ora ricordo. È bello vederti qui».

Mi sorride e per poco non svengo. La smetterò mai di rimanere strabiliata da quegli occhi e da quelle fossette? Spero di no.

«Ciao, Rowan. Cosa posso dire? Ho fame. Di nuovo». E, per il modo in cui mi sta guardando, non penso stia parlando di cibo.

«E hai scelto questa tavola calda piuttosto che tutti gli altri ristoranti perché...».

«Be', direi che è ovvio». Alza le sopracciglia e si morde il labbro inferiore, e giuro che mi manca il respiro. «Amo il cibo qui».

Lo guardo male e provo questo strano impulso di sbattere il piede come una bambina che fa i capricci. Sorride come per dirmi che sa che speravo dicesse di essere qui per me. Accidenti a lui!

Mi giro verso Zane, che ci guarda curioso. Solo per irritare Jax, gli faccio un sorriso che spero sia intrigante e gli tocco il braccio.

«Dimmi una cosa. Perché sei qui con questo tizio?». Indico Jax con il pollice, ma non lo guardo.

Zane sorride. «Ha detto che avrebbe pagato lui».

Rido. «Be', non posso certo biasimarti, allora». Jax lo insulta sottovoce e faccio finta di non aver sentito. «Caffè?», domando ed entrambi rispondono di sì, ma chiedono anche dei bicchieri d'acqua. Riempio le loro tazze, poi vado a prendere i bicchieri d'acqua, dicendo loro che sarei tornata subito per prendere l'ordinazione.

Mentre scrivo l'ordine di un altro tavolo e servo le bevande a un altro ancora, guardo Jax con la coda dell'occhio. Lui e Zane stanno leggendo i menù, ma continuano a parlare. Si vede che sono buoni amici, e sono curiosa di saperne di più. Come fanno a conoscersi? Da quanto tempo sono amici? Qual è il cibo preferito di Jax? Bacia bene?

Aspetta, cosa?

Quando torno al loro tavolo, sto sorridendo tra me e me e Jax mi sorride di rimando. Il mio sguardo si abbassa involontariamente sulla sua bocca e poi torna ai suoi occhi. Giuro che in essi passa un lampo di chiara eccitazione, e la sua lingua fa capolino per inumidirsi le labbra, mentre io la seguo con lo sguardo. Mi mordo il labbro in risposta e sento un flebile gemito provenire da Jax.

Zane si schiarisce la gola e i miei occhi si spostano verso di lui, in imbarazzo.

«Pronti per ordinare?».

«Lo sono di sicuro, tesoro».

Ordinano entrambi uova, bacon di tacchino e frutta.

«Okay, torno subito con il vostro ordine». Sorrido e infilo il taccuino nella tasca del grembiule mentre controllo un altro tavolo.

Tornando verso la cucina, lancio un'occhiata oltre la mia spalla al tavolo di Jax, ma distolgo subito lo sguardo quando incontro il suo. Quando non mi scontro per poco con un'altra cameriera, decido che sarebbe intelligente smetterla.

Nella mia sezione si è appena seduta una famiglia di quattro persone, madre, padre e due bambine. La mamma e il papà sono seduti a un lato del tavolo e le figlie all'altro. Mi viene in mente il mio sedicesimo compleanno e metto da parte il pensiero perché non c'è niente di bello in quel ricordo. Stanno tutti guardando i menù, ma il padre continua a dare dei baci furtivi alla moglie da dietro uno di essi. È adorabile, ma mi fa anche stare male. Le piccole sono carine, colorano sui loro menù per bambini e sembrano solo… perfette. È come avevo sempre immaginato la mia vita quando un giorno avrei avuto un figlio, il che è ironico, considerando come sono cresciuta.

Desidero qualcosa di normale per mia figlia, si merita di avere una madre e un padre che la amino come succede a qualsiasi altro bambino. Provo una rabbia improvvisa e riesco a malapena a sorridere mentre scrivo il loro ordine. Cerco di lasciar perdere, di non pensarci, ma è difficile.

Quando l'ordine di Jax e Zane è pronto, porto loro il cibo tenendo gli occhi sui piatti. Non appena li poso Zane mi sorride.

«Allora, che ne dici se io e te ci troviamo un giorno o l'altro fuori di qui?». Non posso fare a meno di sorridere.

Ha un buffo sorriso sul viso e guarda l'amico mentre aspetta la mia risposta. Quando lancio un'occhiata veloce a Jax, mi sta fissando indignato come se avessi chiesto io al suo amico di uscire.

Sopprimendo un sorriso rispondo. «Be', che cosa avevi in mente?». Jax fa una faccia ancora più incazzata e vedo la mano di fianco al piatto che forma un pugno. Ora sta guardando male Zane.

«Qualunque cosa tu voglia, tesoro, anche se preferirei un'attività che ci faccia sudare».

«Cristo, Zane!», Jax impreca e sembra pronto a tirare un pugno.

Quasi mi strozzo e poi rido da morire quando Zane dice: «Vecchio, stavo pensando che potremmo andare a scalare il monte Camelback o una cosa del genere. Cosa cazzo pensavi?».

«Posso avere degli altri tovaglioli, per favore?», mi chiede Jax, senza rispondere a Zane.

«Certo, torno subito».

Non rispondendo di proposito alla domanda del suo amico, mi allontano per prendere i tovaglioli, ma volto la testa quando sento il rumore di un sonoro ceffone. Zane si massaggia la testa e impreca, mentre sento Jax sbraitare: «Amico, è la sorella di Tyson. Lascia perdere e mangia».

Zane gli risponde qualcosa, ma non riesco a sentirlo, e sorrido mentre mi dirigo sul retro, dove prendo dei tovaglioli per loro. Mi accorgo che la rabbia suscitata dalla famiglia di prima è oramai dimenticata.

Cosa c'è che non va in me? Non ho imparato la lezione con Jason? Specialmente adesso che la mia priorità è Lily! Scuoto la testa, quasi scioccata dai miei stessi pensieri. Sono consapevole che ho delle esigenze e che non mi dispiacerebbe soddisfarle, e se dopo uno di noi se ne va, allora così sia.

Chi diavolo sono? O meglio, che diavolo mi sta facendo questo ragazzo?

Cerco di stare lontana dal loro tavolo, fermandomi solo una volta per riempire le tazze di caffè e i bicchieri d'acqua. Sento spesso gli occhi di Jax su di me, ma faccio del mio meglio per prendermi cura degli altri tavoli e ignorarli il più possibile.

Quando lascio il conto, Zane salta su e mi abbraccia.

«È stato bello conoscerti, Rowan. Forse ci vedremo presto in giro». Poi sussurra: «Mi piace prendere in giro Jax, è divertente».

Gli sorrido mentre se ne va e, quando mi giro, Jax sta armeggiando con il portafoglio, quindi mi allontano per dargli un po' di privacy.

Sto canticchiando e dondolando la testa al ritmo della musica in sottofondo quando si avvicina con il suo conto.

«Oh, grazie. Non era necessario che me lo portassi».

Sorride e basta. «Ti piace questa canzone?».

Annuendo mi chiedo quanto a lungo è stato lì a guardarmi mentre canticchiavo a voce bassa. «Sì. A te?».

«Sì, molto. Si dà il caso che abbia due biglietti per andare a vederli questo venerdì sera, quando sono in città. Ho degli amici che mi hanno fatto un favore».

La mia bocca si spalanca perché i The Sinners sono uno dei miei gruppi preferiti..

«È grandioso, scommetto che sarà proprio divertente».

«Sono lieto che la pensi così. Ti passo a prendere alle sette, venerdì sera. Indossa qualcosa di attillato».

«Aspetta… cosa?».

Se ne va camminando all'indietro, gli occhi su di me per tutto il tempo. Con un'ultima strizzata d'occhio, si gira ed esce dalla porta.

Be', cazzo! Direi che ho un appuntamento.

Capitolo 10

Jax

«Me lo hai chiesto sul serio, Gil?». Scendendo dal tapis roulant dopo aver concluso una corsa di otto chilometri, fisso il mio allenatore come se gli fosse spuntata un'altra testa. Afferro l'asciugamano che Gil mi porge e mi asciugo il sudore dalla faccia. Mi sta facendo impazzire, e non solo perché oggi mi sta spronando più di quello che vorrei.

«Certo che l'ho fatto, maledizione! Devi vincere questo incontro, Jax». Mi indica come se ciò enfatizzasse il concetto. «Sarebbe schifoso se il proprietario di una palestra di arti marziali non riuscisse nemmeno a vincere il suo stesso incontro».

«Come vuoi. Prima di tutto non accadrà, quindi rilassati. Secondo, gli affari non stanno affatto andando male e ho un botto di trofei e targhe, stronzo». Faccio un gesto verso il muro dove sono tutti in bella mostra.

«Allora adesso sei arrogante? Non hai bisogno più di trofei? Magari dovresti smettere».

«Non è quello che ho detto o che intendevo. Non rigirare le mie parole».

«Non importa. Non è questo il punto, comunque».

«Allora che c'è? Perché diavolo mi chiedi se sarò pronto

per quest'incontro? Quando mai non sono stato pronto?».

«Senti, ultimamente non sei stato concentrato». Si ferma e sputa il tabacco in una tazza. Un'abitudine decisamente schifosa, ma ha sessantasette anni. Non è che il famigerato allenatore Gillespie possa cambiare ora le sue abitudini. «Sei distratto e penso sia necessario fare il punto della situazione».

«Oh bene, per carità, facciamo pure il punto». Il mio tono trasuda sarcasmo ma, per sicurezza, completo l'opera alzando gli occhi al cielo. Non m'importa di sembrare un marmocchio.

«Che mi dici del fatto che quel bastardo di tuo padre si assicura sempre che tu debba combattere contro il più cattivo e tosto figlio di puttana possibile? Fa combattere Cole con uno abbastanza bravo da non fargli fare brutta figura, ma poi fa sempre del suo meglio per fare in modo che qualcuno ti faccia il culo».

«Non è niente di nuovo, Gil, e lo sai anche tu».

«Non voglio che vinca nel suo giochetto psicopatico».

«Neanch'io». Gli do una pacca sulla schiena perché so che, a modo suo, si prende cura di me. È il mio allenatore da molto tempo, e sono fortunato ad averlo. Credevo che mio padre mi avrebbe allenato, ma fu prima che quella che avevo sempre considerato la sua severa fermezza a fin di bene diventasse puro odio. «Sarò pronto, come sempre. Non lo farò vincere», prometto guardando Gil.

«Allora concentrati maledettamente bene, Jackson. Stasera voglio che torni dopo l'orario di chiusura per un allenamento. Vedo se Zane è disponibile per allenarsi con te, visto che siete nella stessa categoria di peso. Coordiniamo gli impegni e troviamo del tempo in più con lui per questa settimana e la prossima, okay?».

Merda, ora si incazza. «Scusami, Gil, ma stasera non posso».

Il suo viso comincia a farsi così rosso da diventare quasi viola. Fa alcuni respiri profondi prima di domandare: «Cosa significa che stasera non puoi? Dovrei ignorare quello che hai detto, perché non credo alle mie fottute orecchie!». Per sicurezza fa finta di pulirsi un orecchio con il dito. Mi metto quasi a ridere. *Quasi*. Se lo facessi, sono sicuro che mi manderebbe al tappeto. Sarà anche più vecchio di me, ma ha ancora un gancio sinistro potente.

«Scusa Gil. Ho i biglietti per un concerto e un appuntamento con una ragazza sexy che non posso cancellare». Gli faccio un sorriso strafottente sperando che ammorbidisca il suo atteggiamento bellicoso. Non funziona.

«Ma che cazzo? Che cos'ho appena detto?».

«Fidati di me, sarò pronto. Una serata non farà la differenza. Va bene? Lo prometto».

Scuote la testa e se ne va, borbottando sottovoce qualcosa come "stronzetti lottatori irrispettosi", mentre mi dirigo verso la stanza dove ci sono i sacchi da boxe. Dopo aver avvolto le mani, comincio a colpire il sacco velocemente, facendo del mio meglio per schiarirmi la mente e concentrarmi sullo stronzo che perderà nel prossimo incontro.

Qualche ora più tardi, dopo essermi fatto la doccia, sono seduto nel mio ufficio a lavorare agli orari. Alzando lo sguardo mentre bevo un sorso dalla bottiglia d'acqua, vedo arrivare Gil. Spero che abbia avuto tempo per calmarsi, perché non voglio essere ripreso di nuovo. Capisco la sua frustrazione, ma non esiste che cancelli il mio appuntamento con Rowan. Per anni ho trascorso tutto il mio tempo in palestra e agli incontri, ed è ancora una mia priorità ma, dannazione, è bello avere qualcos'altro da attendere con ansia! È bello avere qualcosa che è solo mio e non ha niente a che fare con questo posto o con l'allenamento. Non è che se voglio non abbia compagnia, ma Rowan è diversa e questa è la mia occasione per conoscerla meglio. Rimandare non è un'opzione.

Gil chiude la porta dopo essere entrato. «Ho la lista aggiornata per l'incontro e ci sono delle modifiche. Il tuo avversario è cambiato».

«È cambiato?».

«Sì, apparentemente il tuo avversario precedente ha dato forfait per un infortunio, perciò combatterai contro Lance "Il martello" Henderson».

Con un fischio a bassa voce, mi piego all'indietro e incrocio le braccia sul petto. «È tosto».

«Tu sei più tosto».

«Direi che lo scopriremo, vero?», rispondo, sorridendo per il commento.

«Vero. Cole, Levi e Zane sono sulla lista. Levi e Zane hanno dei buoni avversari, e nemmeno Cole è messo male, ma potrebbe avere qualcuno di più forte. Diciamo che tuo padre ne sta organizzando una delle sue e sarà un incontro veloce».

«Be', c'era da aspettarselo».

«Comunque, dovrebbe essere una buona lista. Mi aspetto che la location sia piena».

«E dov'è questa volta?».

«Al casinò Red Rock, quindi ci sarà una bella folla. La verifica del peso sarà nella loro sala da ballo».

«Va bene. Grazie per l'aggiornamento».

Gil apre la porta e sta per andarsene, quando si ferma e si gira verso di me.

«Dopo il tuo appuntamento *speciale* di questa stasera, pretendo che tu sia presente al centodieci per cento, Jackson Stone. Non accetterò niente di meno».

«Non mi aspetto che tu lo faccia».

«Sono serio. Basta cazzate, basta appuntamenti di mezzo».

«Ricevuto, signore».

Mi mostra il dito medio ed esce dalla stanza, facendomi sorridere.

Decidere di farmi la doccia e cambiarmi negli spogliatoi della palestra è stata una pessima idea. Quando esco, pronto per passare a prendere Rowan, i ragazzi si stanno allenando e subito cominciano a prendermi per il culo perché non sono con loro. Avrei dovuto sgattaiolare via e cambiarmi a casa.

«Ti stai ammorbidendo, Jax? Forse il percorso dagli armadietti è stato troppo stancante e devi sederti!», mi grida Levi.

Mi afferro il cazzo. «Siediti su questo, stronzo».

«Ragazzi, smettetela di prenderlo in giro», aggiunge Zane. «Ferirete i suoi sentimentucci ucci ucci».

«Forse dovremmo chiamare Lance e farti direttamente perdere a tavolino», mi prende in giro Cole.

«Ridete quanto volete. Sto per vedere un viso molto più carino dei vostri. Ci vediamo domani. Grazie per la chiusura, Zane».

Ridono tutti e Zane mi saluta mentre esco dalla porta. Mi dirigo con ansia a casa di Rowan e riesco a malapena a contenere l'eccitazione. Devo sul serio calmarmi un po' prima di bussare alla sua porta. Praticamente corro verso il suo appartamento e rido quando mi rendo conto di non aver seguito il mio stesso consiglio. Mi fermo per riprendermi un po' e faccio un respiro profondo prima di bussare. Devo aspettare solo qualche momento prima che la porta si apra, e ciò che vedo mi fa martellare il sangue nelle orecchie, così forte che sono sicuro che lei possa sentirlo.

Rowan è di fronte a me con dei jeans neri così stretti da sembrare una seconda pelle. La sua canottiera bianca svolazzante è quasi trasparente, e riesco a vedere il reggiseno nero al di sotto. I capelli sono sciolti sulle spalle e le labbra sono tinte di rosso scarlatto. Sta giocherellando con una lunga collanina d'argento e mi guarda mentre la squadro. Strofinandomi la mandibola, dico l'unica parola che mi viene in mente. «Wow».

Le sue labbra scarlatte si distendono in un sorriso, e tutto quello a cui riesco a pensare è quanto vorrei vedere quel rossetto sbavato perché sta facendo cose sconce su di me.

«Be', almeno dopo avermi comandato a bacchetta sull'essere pronta in tempo, hai avuto la decenza di presentarti in orario».

Rido alla sua sfrontatezza e, a un suo gesto, entro in casa. Lei chiude la porta dietro di noi.

«Fammi prendere alcune cose per la borsa dei pannolini di Lily. Di solito la mia vicina bada a lei, e si è resa disponibile anche stasera».

«Posso aiutarti con qualcosa?».

Mi guarda e mi fa un grande sorriso. «Sì, aspetta un attimo».

Scompare nel corridoio e, quando torna, ha Lily in braccio. La sua bellezza, che ho ammirato prima, impallidisce in confronto a come sembra adesso. Il sorriso sul suo viso, mentre guarda la sua bambina, è squisito. Lily sta sorridendo mentre si mordicchia la sua manina sbavata e, allo stesso tempo, emette dei versetti di piacere. È adorabile.

«Jax, ti ricordi di Lily? Lily, lui è Jax». Come se Lily capisse di essere appena stata presentata, mi guarda e farfuglia qualcosa che penso sia un saluto. Ha trascorso molto tempo seduta sul mio grembo mentre bevevo del tè con Audrey, e le ho letto delle favole.

«Le piaci. Ti dispiace tenerla in braccio mentre finisco di preparare un paio di biberon?».

Sorrido e penso che forse si aspetti che io sia nervoso o impaurito per la sua richiesta. Be', sta per essere smentita.

Come un professionista, prendo Lily dalle sue braccia e la faccio saltellare. «Ciao, tesoro. Non sei una bambina bellissima?», le parlo animatamente e sono felice quando mi risponde con un sorriso. «Sei proprio carina. Lo sai che ero presente il giorno in cui sei nata? La mamma ti ha raccontato quella storia?».

Rowan si ferma a guardarci e non riesco a decifrare la sua espressione. Sembra un incrocio tra divertimento, nostalgia e desiderio. Non sono stupido, ho sentito che le donne pensano che gli uomini con dei bebè siano sexy. Sorridendo a Rowan, comincio a ondeggiare. Mi sembra quasi istintivo. Ed ehi, se la fa eccitare, tanto meglio!

«Be', sembri proprio a tuo agio con una bimba tra le braccia».

«Dovrei farlo più spesso», dico guardandola negli occhi, mettendo in chiaro che voglio starle più vicino. Che le *starò* più vicino. Con un sorriso diretto a Lily, entra in cucina e raduna il resto delle cose che le servono. Cammino con la piccola in giro per la stanza e le parlo continuamente.

«Che cos'hai fatto oggi? È stata una bella giornata? Io mi sono allenato quasi tutto il giorno e a pranzo ho mangiato un'insalata e della frutta. Gil, il mio allenatore, mi ha comandato a bacchetta e mi ha fatto la predica, poi ho lavorato un po' nel mio ufficio», le parlo con una voce da bambini e lei risponde con dei versetti dolci, come se capisse quello che le sto dicendo. A un certo punto va avanti per un minuto buono, come se avesse davvero delle cose da dirmi, e mi fa ridere. Magari le ha sul serio, chi diavolo lo sa.

«Okay, sono pronta». Mi giro e Rowan ha la borsa dei pannolini tra le braccia, e la porta è aperta. Quando cammino verso di lei, fa per prendere Lily, ma stringo le braccia intorno al suo corpicino morbido.

«La porto io».

Rowan sorride e mi fa uscire dall'appartamento, per poi chiuderlo. Poi andiamo da Audrey e bussiamo. Quando Audrey apre la porta guarda prima me, poi Rowan, per poi tornare a me.

«Ciao, Rowan. Ciao, Lily». Audrey allunga le braccia e Lily si sporge verso di lei. Apre la bocca per salutare anche me, ma sono grato quando Rowan la precede.

«Jax, lei è la mia vicina e buona amica Audrey. Audrey, lui è Jax. Mi porta a un concerto, ed è la ragione per cui ho bisogno di una babysitter».

Audrey mi guarda, poi guarda Rowan, per poi tornare a me. «So chi...».

Le porgo velocemente la mano. «Ciao, Audrey. È bello conoscerti. Rowan parla benissimo di te. Grazie di esserti offerta di badare a Lily in modo che io possa portarla fuori stasera».

Lo sguardo di Audrey passa dal mio viso alla mia mano, per poi tornare al viso. Sembra che si stia trattenendo dal sorridere o dallo scoppiare a ridere. Credo si aspettasse che io avessi detto a Rowan che già la conoscevo. Ma non ci penso proprio.

Tiro un sospiro di sollievo quando mi stringe la mano. «Ciao, Jax. È bello conoscerti. Sai, visto che prima non ti conoscevo».

Oh, Cristo! Ci farà scoprire.

Quando mi fa un occhiolino esagerato, lancio un'occhiata a Rowan e sono sollevato quando noto che è distratta da qualcosa nella borsa del cambio della bambina. «Le ho fatto un paio di biberon e ci sono abbastanza pannolini e salviette umide. Se hai bisogno di andare da me, sai che va bene. Usa la tua chiave».

«Grazie, tesoro, ma probabilmente rimarrò comoda a casa mia. A meno che Lily non diventi inquieta e mi renda conto che sarebbe più tranquilla a casa sua. In caso contrario, la puoi venire a prendere qui».

«Va bene, ti ringrazio».

«Pensa solo a divertirti, tesoro. Fai con calma. Lily starà bene».

Rowan bacia dolcemente la piccola sulla guancia e poi le accarezza la testa. «Ciao ciao, bambina mia».

Si gira verso di me e le offro il braccio. Camminiamo fino al lato del passeggero del mio fuoristrada, apro la portiera e l'aiuto a salire.

«È difficile lasciarla?», domando prima di chiudere la portiera.

Mi guarda e sorride, come se fosse sollevata perché capisco la situazione. «Continuo ad aspettarmi che diventi più facile. Voglio dire, so che lo sarà, ma non al momento».

«Starà bene. Audrey è grandiosa. Voglio dire… sai… sembra proprio gentile».

«Sì, lo è, e Lily la adora».

«Grazie per aver deciso di uscire con me stasera».

«Non è che tu mi abbia lasciato molta scelta», mi canzona. Sorrido e chiudo la portiera, poi vado dalla mia parte e mi siedo. Dopo aver allacciato la cintura, rispondo al suo commento.

«No. Non ti ho lasciato scelta perché so che ci avresti pensato troppo. Perché? Non ti piace essere comandata a bacchetta?».

Mi fa un sorrisetto che può essere solo definitivo malizioso. «Non direi, non esattamente».

«Che cosa vuoi dire?».

«Diciamo che c'è un posto in cui è sexy che mi venga detto cosa fare».

«Un posto?».

«Sì. La camera da letto», dice facendomi l'occhiolino.

Porca troia! Ditemi che non l'ha appena detto.

Ci guardiamo negli occhi finché non si morde il labbro e abbassa lo sguardo. Mi fa venire voglia di trascinarla fuori dal fuoristrada e riportarla a casa, sbattere la porta dietro di noi e poi scoparla contro di essa. Nella mia mente compare una visione di lei completamente nuda, con le gambe avvolte intorno alla mia vita mentre la prendo con forza. Mi passo le mani sulle cosce e mi do una sistemata, prima di far partire il fuoristrada e schiarirmi la gola.

Non riesco a gestire questa ragazza. Mi fa impazzire.

«Be'… non vedo l'ora di provarlo».

Mi fa un sorrisetto e ridacchio al solo vederla. Sarà una serata interessante.

Capitolo 11

Rowan

È ridicolo quanto mi senta euforica per un appuntamento con quest'uomo. Ho passato un paio d'ore a prepararmi, a piastrare i miei lunghi capelli scuri, truccarmi con attenzione gli occhi per ottenere un effetto smoky e cercare in tutto il mio armadio i vestiti perfetti da indossare. Tutto come una donna impazzita che si sente improvvisamente libera. Per me era importante essere carina per lui.

Mentre mi preparavo, Lily era seduta sul suo seggiolino con gli occhi spalancati, e senza dubbio si chiedeva come diavolo aveva fatto a finire con una madre come me. Posavo per lei con ogni vestito e le chiedevo che cosa ne pensasse. Era un pubblico appassionato e mi deliziò con i suoi versetti per tutto il tempo. La adoravo! Quando indossai quello che pensavo fosse giusto per la serata, i suoi gridolini mi fecero capire che era d'accordo. Mi sentii premiata quando la presi in braccio e non sbavò sui vestiti. Non voglio nemmeno pensare a quante magliette cambio in un giorno e a quanto ormai odio dover fare la lavatrice.

«Com'è andata la tua giornata?», domando, spostando i miei pensieri da Lily all'uomo affascinante a fianco a me. Sono nervosa e insicura, non so bene che cosa dovrei dire.

Tutta la mia vita gira intorno a mia figlia e ho la sensazione di non avere più niente da offrire. Sarebbe orribile se ci trovassimo in un silenzio imbarazzante.

Mi guarda brevemente e alza un sopracciglio, prima di tornare a rivolgere la sua attenzione alla strada.

«È andata da Dio, tesoro. Com'è andata la tua?».

«Ah. Ah. Sai, so cos'è il sarcasmo. Sono seria. Ti ho sentito dire a Lily che oggi ti sei allenato. È normale, per te? Ti alleni ogni giorno? Tu sai cosa faccio. Lavoro alla tavola calda e mi occupo di Lily. Bum! Fine. Come si svolge di solito la tua giornata?».

Ridacchia alla mia descrizione.

«Dubito che la tua giornata sia così semplice, ma la mia è andata bene. L'ho trascorsa per la maggior parte con il mio allenatore, che mi ha fatto la predica. Sì, generalmente mi alleno tutti i giorni, è diventato parte della mia routine quotidiana. Mi sento strano se non lo faccio. Una volta finito l'allenamento, ho sbrigato delle pratiche per la palestra. Niente di troppo eccitante, finché non sono venuto a prenderti. È stata di sicuro la parte migliore della mia giornata».

Al suo commento, le mie labbra si incurvano in un sorriso.

«Che vuol dire che ti ha fatto la predica?».

«Oh, il mio allenatore, Gil, quando si avvicina un incontro va sempre in modalità predica».

«Quando ci sarà?».

«Tra un paio di settimane».

«Wow, è presto! Sei nervoso?».

«Nah, è solo lavoro. Voglio dire, non mi fraintendere, mi piace, ma lo faccio per vivere, oltre a essere il proprietario della palestra. Gareggio da tanto tempo e lo sento come una cosa giusta, nonostante il nervosismo prima di un incontro. Non so come spiegarlo, ma so che è quello che devo fare. È nel mio sangue».

«Che cosa intendi?».

«Be', l'essere lottatori professionisti fa parte della mia famiglia. Mio nonno era allenatore di MMA. Alle superiori ero nella squadra di wrestling e lo adoravo. Feci anche boxe e arti marziali miste perché me le insegnarono mio nonno e mio padre, ma il wrestling per un po' fu il mio interesse principale, specie quando ricevetti una piccola borsa di studio per praticarlo all'università. Quando mi laureai, cominciai a fare arti marziali miste a tempo pieno e a lottare professionalmente tramite dei contatti che aveva mio nonno. Lo faccio da allora».

«Combatteva anche tuo padre?».

«Sì, ma si fece male. Ricevette un brutto colpo all'occhio che gli danneggiò la vista e si dovette ritirare».

«Oh mio Dio, è terribile!».

«Non è un infortunio comune. Fu un caso strano, e lo ha reso arrabbiato e risentito».

«Tuo padre e tuo nonno vengono ai tuoi incontri?».

«Mio padre sì, perché aiuta a organizzare i nostri sponsor. Ha un sacco di conoscenze grazie ai suoi giorni da lottatore. In più, ha un interesse personale per uno dei nostri lottatori, Cole».

«Cosa intendi con interesse personale?».

«Lo sostiene personalmente, nel senso che è uno dei suoi sponsor insieme ad altre società di investimento».

«È anche uno dei tuoi sponsor?».

«No».

Lo guardo con una chiara domanda negli occhi, ma non approfondisce.

«E tuo nonno? Viene a vedere i tuoi incontri?».

«No. È morto».

«Oh, mi dispiace tanto. È stato di recente?».

«Più di un anno fa. È lui che mi ha lasciato la sua palestra in eredità».

Sono sorpresa di quanto sia disponibile a parlare di qualcosa di così privato.

«Ti ha lasciato la palestra? Wow. Che regalo magnifico».

«Sì, è stata una grande sorpresa. Faceva dei commenti qua e là di cose che avrei dovuto ricordarmi quando avrei gestito la palestra, ma non l'ho mai preso sul serio. Non c'è nemmeno bisogno di dire che mio padre non è stato contento di questo. Ma è tutta un'altra storia. Non abbiamo un bel rapporto, nel caso non te l'abbia reso abbastanza chiaro il suo sostegno per un altro lottatore e la sua assenza nei miei confronti».

«Ah, be', ne so qualcosa di rapporti familiari difficili. Più di quanto tu creda».

Si sporge e mi afferra la mano, portandola verso la sua coscia.

«Forse un giorno potremmo confrontare i nostri appunti». Rido per il suo commento e, con una mossa audace, poso la mano sulla sua coscia, stringendola. Sentire il suo muscolo tonico mi fa venire voglia di toccarlo di più.

«Verrai a vedermi combattere? Scommetto che saresti il mio portafortuna».

«Mi piacerebbe molto».

«Sì?».

«Sì. Non appena sai i dettagli dimmeli, in modo che possa chiedere un permesso al lavoro. Chiederò anche ad Audrey di badare a Lily».

«Certo. Ho tutto scritto nel mio ufficio, te li farò avere. Anche se potresti passare dalla palestra, guardare i miei allenamenti, passare del tempo con me, o se preferisci allenarti anche tu. Puoi portare anche Lily. Siamo sempre in molti e ci occuperemmo tutti di lei».

«Siete in molti?».

«Sì, in palestra ci sono molti lottatori, di tutte le età. Durante la settimana abbiamo anche delle classi per bambini, ma mi riferivo specificamente al gruppo con cui trascorro la maggior parte del tempo. Siamo amici da molto e combattiamo e ci alleniamo insieme. Te li presenterò. Hai già conosciuto Zane».

«Oh sì, Zane». Mi lancia un'occhiata e rido. Sono onorata che mi voglia presentare ai suoi amici. Voglio dire, incontrare gli amici non è una cosa seria? «Mi piacerebbe. Parlami di loro».

«In realtà non c'è molto da dire, sono tutti dei bravi ragazzi. Conosco Zane da più tempo perché siamo cresciuti insieme nello stesso quartiere. Ci siamo incontrati a otto anni. Con gli altri, Levi, Cole, Ryder e Dylan, siamo amici dalle superiori».

«È davvero fantastico».

«Sì, siamo anche andati all'università insieme. Qui vicino, all'Università Statale dell'Arizona. Ma questa è la squadra principale. Ovviamente in palestra ci sono altri lottatori, ma noi sei siamo tutti professionisti. Gli altri lo fanno per mantenersi in forma o per gareggiare negli incontri organizzati dalla palestra».

«Wow, be', non vedo l'ora di conoscerli. Penso sia grandioso che siate amici da così tanto tempo».

«Hai degli amici d'infanzia con cui sei ancora in contatto?».

«No. Alle superiori avevo un paio di buoni amici, ma io e Tyson siamo andati via appena possibile e quello ha significato lasciarli indietro. All'inizio abbiamo cercato di rimanere in contatto, ma poi la vita si è messa di mezzo».

«Peccato, ma qualche volta dobbiamo fare dei sacrifici per raggiungere la felicità. Al momento non ce ne rendiamo conto, ma successivamente le cose diventano sempre chiare».

«È un punto di vista interessante. Ho dovuto sacrificare le mie amicizie per la mia felicità, perché andarsene dalla California non era un'opzione, ma una necessità».

«Perché?».

Prima di pensarci a lungo scopro di volere essere sincera, di aver bisogno di dire la verità invece della versione edulcorata che racconto di solito.

«Nostra madre ha dei problemi e ha sempre incolpato me e Tyson. Eravamo il suo capro espiatorio, i suoi bersagli, le persone da biasimare per quella che lei definiva la sua orribile vita. Non importava cosa facevamo, o quanto cercavamo di darle tutto quello che voleva, trovava sempre da criticare. Eravamo la ragione per cui era da sola e per cui non riusciva a provvedere a noi, la ragione per cui era una cattiva madre e le mancava tutto. Eravamo giovani quando abbiamo cominciato a sognare il giorno in cui saremmo scappati. Quando avevamo sedici anni continuavamo a dirci che, compiuti i diciotto anni, ce ne saremmo andati. E ci siamo riusciti. Siamo fuggiti via il giorno dopo il nostro diciottesimo compleanno».

Corruga le sopracciglia e mi stringe la mano per farmi sapere che mi sta ascoltando, nonostante debba prestare attenzione alla strada.

«Wow. Siete entrambi così coraggiosi».

«No, non lo siamo. Siamo solo due persone che sapevano che, per sopravvivere, avrebbero dovuto sfuggire alla loro storia, o affrontare una vita pervasa dalla bassa autostima e dalla sconfitta, visto che quella donna che ci odiava ci ripeteva costantemente che non valevamo nulla. Ci siamo rifiutati di crederle, abbiamo cercato continuamente di sostenerci l'un l'altra e abbiamo cercato l'opportunità di forgiare il nostro stesso destino».

«Mi sembra che lei fosse molto crudele e piena di odio».

Con un sospiro profondo, gli lancio un'occhiata veloce, poi torno a guardare la strada davanti a noi.

«Lo era, e probabilmente lo è ancora adesso. Dava la colpa alla nostra nascita perché nostro padre l'aveva lasciata».

«Cosa?».

Ridendo senza ironia gli spiego. «Da quando riesco a ricordare, ci ha detto che le donne Martin sono maledette. Sua nonna e sua madre sono state entrambe lasciate dai loro uomini. Il mio magnifico padre se ne andò quando lei gli comunicò di essere incinta. Ci ha dato la colpa e sono cresciuta sentendo parlare della maledizione di famiglia, e di come sarei sempre stata da sola e indegna di essere amata».

«Cazzo. Non credi a quella merda, vero?».

Sorridendo debolmente, scuoto la testa. «No, certo che no», mento, cercando di sembrare convincente anche a me stessa, ma colgo di sfuggita l'espressione di Jax che mi dice che non è del tutto sicuro di credermi.

«Sa dove sei?».

«No. La sera in cui ce ne siamo andati si stava ubriacando per bene. Niente di nuovo. Ci sorprese a fare i bagagli e all'iniziò ci urlò contro. Alla fine i suoi drink divennero più importanti e ci lasciò da soli per bere di più, e uscimmo di casa senza guardarci mai più indietro».

«Wow».

È il mio turno per ridacchiare alla sua reazione. «Sì. Direi che, in un certo senso, dovrei ringraziarla».

«Ringraziarla? Per cosa?».

«Be', tutto il suo odio e la sua ostilità, mi hanno reso ancor più determinata ad essere per Lily la madre che lei non è mai stata». Scuoto le spalle, non sapendo cos'altro dire.

«Diamine, che appuntamento ti sto facendo trascorrere! Tutto quello che ho fatto è stato deprimerti con questa conversazione. Dovremmo divertirci».

Ridendo, gli stringo di nuovo la coscia.

«È da molto che non esco per divertirmi e che non ho interazioni adulte come questa. Tranne quando parlo al telefono con Tyson o con Audrey. Per cena potremmo andare da McDonald's e sarei felice. Fintanto che ho una conversazione adulta e un cheeseburger, sono a posto».

Fa un sorrisone, le sue fossette mi fanno l'occhiolino e mi sorprendo a sorridergli di rimando. Mentre entriamo nel parcheggio dell'arena del concerto, si slaccia la cintura e mi bacia dolcemente sulla guancia. Mi fa rabbrividire e venire la pelle d'oca su tutto il corpo. I miei capezzoli si induriscono e la mia schiena si incurva un po' in risposta.

«Andiamo a divertirci. Okay?».

«Ottimo», sussurro, facendo fatica a trovare la voce. Mi sorride di proposito.

«Aspetta qui».

Gira intorno alla macchina e mi aiuta a scendere, poi mi tiene la mano fino all'interno dell'arena. Camminiamo tra la folla dopo aver preso entrambi una birra, e sono stupefatta quando capisco dove sono i nostri posti.

«La prima fila?».

Mi fa un sorrisetto. «Te l'avevo detto che ho dei contatti».

«Sì, ma accidenti! Prima d'ora non sono mai stata nella prima fila!».

Ride per il mio entusiasmo e beve un sorso della sua birra da otto dollari.

«Solo il meglio per te, tesoro».

Mi piace il modo in cui la parola *tesoro* esce dalle sue labbra. Specialmente quando la dice a me. A volte Jason mi chiamava *piccola*, e l'ho sempre odiato. Spingo quello stronzo fuori dai miei pensieri, stringo il braccio intorno a quello di Jax e appoggio la testa sulla sua spalla.

«Grazie. Sono felice che tu mi abbia invitata, anzi obbligata, a venire».

Ride. «Anch'io».

Quando i The Sinners iniziano a esibirsi, Jax porta il mio corpo di fronte al suo e, dopo aver buttato i bicchieri, mi avvolge la vita con le braccia. Ci fa ondeggiare a ritmo quando la musica è lenta, e sfrega i suoi fianchi contro i miei quando balliamo con le canzoni veloci. Le sue labbra sono vicine al mio orecchio e ogni respiro mi arruffa i capelli sulla nuca. Il gruppo è fantastico, ma la mia attenzione è completamente concentrata sulla sensazione data dal suo corpo contro il mio. Ogni volta che ci sfioriamo, ci urtiamo e ci accarezziamo, è ingigantita così tanto che desidero girarmi tra le sue braccia e baciarlo. Voglio spingere indietro il mio culo come se fosse un invito. Voglio prendere una delle sue mani e mettermela sul seno, mentre spingo l'altra giù tra le mie gambe, implorandolo di farmi venire. I miei respiri sono affannosi; il mio bisogno e la mia voglia di lui sono talmente forti che posso sentirli tamburellare nel petto e risuonare nelle orecchie.

Una vocina nella mia testa mi dice che è troppo presto. Mi dice che se ne andrà come ha fatto Jason, che tutto questo è stupido e finirò distrutta, ma non m'importa. Che vita è se non si corrono dei rischi? Non voglio che le parole piene d'odio di mia madre o le azioni detestabili di Jason influenzino il resto della mia vita.

Mi rendo conto che queste emozioni sono come una dannata altalena. In alcuni giorni so quanto sia stupido credere alle parole di mia madre, ma in altri penso che avesse ragione. A volte mi fa venire mal di testa, ma un giorno spero che sarò in grado di fare in modo che l'altalena stia ferma su un solo lato: quello giusto.

Mettendo da parte la mia bassa autostima, mi lascio semplicemente trasportare dalle emozioni. Sento il modo in cui Jax fa scivolare le dita sul mio braccio. Sento il modo in cui il suo petto vibra contro la mia schiena mentre canticchia le canzoni. Sento il bisogno del mio cuore di essere una donna che desidera un uomo, senza secondi fini. Per una volta, non voglio che sia il mio passato a determinare il mio futuro. Perciò, quando sento le sue labbra sfiorarmi il collo, chiudo gli occhi e mi perdo nella sensazione, circondandogli le braccia con le mie.

Quando il concerto finisce, Jax mi fa girare e mi sorride. Lo guardo e le mie labbra fremono per il desiderio di baciarlo. «Ti è piaciuto?», grida per farsi sentire sopra le urla.

Sorrido così tanto che mi fa male la mascella, e annuisco. «Tantissimo!».

«Ho una sorpresa per te».

Prima che possa parlare, Jax mi prende per mano e mi porta verso uno dei lati del palco, dove estrae qualcosa dalla tasca, mostrandola a un addetto alla sicurezza. Con mia grande sorpresa ci fanno passare e Jax mi conduce verso il retro del palco. Scendiamo le scale ed entriamo in una grande stanza. Ci sono dei divani, delle poltrone, un bar e un mucchio di cibo su un tavolo. Lo guardo con curiosità.

«Che cos'è tutto questo?».

«Oh niente, stai solo per conoscere il gruppo».

«Piantala!».

Ride e mi tira tra le sue braccia. «Come sto andando con il primo appuntamento?».

«Potrai mai riuscire a fare di meglio?», lo stuzzico.

Ride e mi conduce verso il tavolo con il cibo.

«Hai fame?». Annuisco e ci riempiamo i piatti, trovando dei posti a sedere. Parliamo tutto il tempo del concerto, delle nostre canzoni preferite e degli altri spettacoli a cui ci piacerebbe andare.

Quando finalmente il gruppo entra nella stanza, sento le farfalle nello stomaco. Jax si alza e mi tira con sé, ma scopro che non riesco a muovermi.

Si gira e mi guarda confuso.

«Cosa c'è che non va?».

«Non ho mai incontrato una celebrità prima d'ora».

Ride e mi mette la mano sulla guancia. «Sei adorabile, lo sai?».

«Non prendermi in giro!».

Alza le mani in segno di resa. «Non lo sto facendo, giuro. Prometto che è una cosa da niente. Quei ragazzi sono come me e te. Com'è che si dice? Oh sì, si mettono i pantaloni una gamba alla volta come noi. Personalmente, preferisco dire che cagano e scoreggiano come noi altri».

«Oh mio Dio!». Mi guardo intorno per essere sicura che nessuno lo abbia sentito. «Non ne voglio parlare!».

«Ehi, è la verità». Continua a ridere per il mio imbarazzo, ma poi afferma serio: «Non hai niente per cui essere nervosa. La sola differenza è che loro sanno suonare uno strumento musicale e cantare, e noi no».

«Sì, e hanno migliaia di fan che urlano il loro nome tutte le sere».

«Be' sì, anche quello. Fidati di me, non è niente di che».

Prima che possa continuare, i miei occhi si spalancano quando vedo Simon, il chitarrista, dare un colpetto sulla spalla di Jax. Lui si gira e gli sorride.

«Ehi, amico».

«Ehi, Jax. Come va?».

Si stringono la mano in una strana stretta prettamente maschile e si danno una pacca sulla spalla. Io li fisso con soggezione.

«Bene. Molto bene. Concerto grandioso, stasera».

«Grazie. Come sta andando l'allenamento? Fra poco hai un incontro?».

Me ne sto lì stupefatta e non posso credere che stiano parlando del prossimo incontro di Jax. Mi aveva detto di avere un contatto con il gruppo, quella canaglia! Non mi aveva detto che il suo contatto era il chitarrista del gruppo! Non ci posso credere, cavolo! Voglio dire, porca troia, Simon l'ha chiamato per nome! *Non agitarti, non agitarti. Non andrai in iperventilazione e non ti renderai ridicola!* Quando Jax si volta verso di me e mi presenta a Simon, mi impegno al massimo per non svenire.

«Simon, vorrei presentarti la mia ragazza, Rowan. È una vostra grande fan».

«Ciao, Rowan. Sono felice di conoscerti».

«Anch'io», rispondo a bassa voce e Jax ridacchia. Gli lancio un'occhiataccia. «Lo spettacolo mi è piaciuto veramente tanto».

«Grazie. Mi fa piacere che siate venuti. Mi sarebbe anche piaciuto vedere competere questo qui fra un paio di settimane. È molto più entusiasmante».

«Piacerebbe anche a me che tu potessi venire, amico. Sarebbe grandioso. Dovrai venire appena potrai».

«Sembra perfetto».

Mentre stanno parlando, Tyler il batterista si avvicina e saluta Jax, e la mia bocca si spalanca di nuovo. Ma li conosce tutti? Prima che possa presentarmelo, Tyler mi nota dietro Jax e lo spinge fuori dai piedi.

«Bene, bene, bene, ciao tesoruccio. Mi dispiace tanto, stavo perdendo tempo con questo qui quando stavi chiaramente aspettando di incontrarmi». Mi fa l'occhiolino e io ridacchio.

Cazzo, se ridacchio!

Mi squadra, fermandosi un instante sul mio seno prima di guardarmi negli occhi. «Come ti chiami, bellezza?».

Prima che possa rispondere, Jax lo spinge indietro e risponde per me. «Lei è la *mia* Rowan. Quindi cazzo, fatti da parte, Tyler!».

Guardo Jax sbigottita e la mia bocca si spalanca di fronte alla sua possessività. Non riesco a decidere se questo sfoggio di testosterone mi faccia ridere o eccitare. Rivolge lo sguardo verso di me, sfidandomi a contraddirlo. Invece porgo la mano a Tyler.

«Ciao, il piacere è mio. Bel concerto».

Invece di stringermi la mano, Tyler se la porta alle labbra e la bacia.

«Ti stai spingendo troppo oltre, T», dice Simon.

Tyler lancia un'occhiata a Jax e poi scoppia a ridere.

«Dai, mi piace prenderti in giro».

Jax si rilassa visibilmente, ma non smette di guardarlo male.

«Va be'. Ne ho sentite abbastanza delle tue avventure da dongiovanni. La mia ragazza probabilmente si beccherebbe qualcosa solo toccandoti la mano. Qualcuno ha dell'Amuchina?», domanda Jax e questo mi fa ridacchiare di nuovo. Mi guarda e mi fa l'occhiolino, facendomi contorcere lo stomaco per l'eccitazione, e strappandomi un sorriso.

Passiamo un po' di tempo con il gruppo e conosco anche Brian e Chester, gli altri due membri. Sono tutti molto simpatici e rido quasi continuamente alle stupidate di Tyler, mentre fluttua da donna a donna. Fa dei complimenti a tutte, le tocca, posa per le foto e gli sento anche chiedere sfacciatamente a una tipa se dopo vuole andare nella sua camera d'albergo. È puro divertimento.

Quando più tardi torniamo al suo fuoristrada, stringo la mano di Jax per tutto il tempo e sto praticamente saltellando.

«È stato così divertente! Grazie mille. Non posso credere di averli conosciuti! Sono molto simpatici e il concerto è stato grandioso. E non posso credere che mi abbiano dato questa roba!».

Ho le braccia piene: una maglietta firmata, un berretto, un portachiavi, degli adesivi, dei poster, una tazza, e persino una mano di gommapiuma che mi aveva fatto scoppiare a ridere. Pensavo le avessero solo alle partite. Mi sbagliavo.

Jax mi guarda male. «Penso che di sicuro tu piaccia a Tyler. Continuava a darti sempre più cose».

«Forse. Ma a me piace un tipo solo».

Mi sorride e le fossette saltano fuori, come se non vedessero l'ora di scappare dal loro nascondiglio. «Ah sì?».

«Certo. Simon è più il mio tipo!».

Jax si ferma e mi fissa divertito, poi tenta di afferrarmi ma io lo evito, correndo verso il fuoristrada, e ridendo per tutto il tempo mentre lui mi insegue.

Capitolo 12

Jax

Non riesco a staccarle gli occhi di dosso, letteralmente. Non voglio che la serata finisca, per cui sono felice quando accetta di mangiare qualcosa, dichiarandosi affamata. Gli antipasti all'after party ci hanno solo stuzzicato.

Dopo aver scelto una pizzeria ancora aperta, ci sediamo l'uno di fronte all'altra in un tavolo d'angolo, ma continuo a chiedermi se andare a sedermi di fianco a lei potrebbe sembrare troppo insistente. Non ho mai pensato a quello che faccio con una ragazza come con Rowan.

«Mi sono proprio divertita con te al concerto». I suoi occhi sono illuminati dall'eccitazione e dalla felicità e, in quel momento, prometto a me stesso che farò del mio meglio per farli brillare sempre così. «Grazie per la bella serata».

«Non sarei voluto andarci con nessun altro. Sono felice che tu ti sia divertita, è stato molto bello anche per me».

«Mi sono più che divertita. La musica era grandiosa, ma la compagnia era migliore. E non mi capacito ancora che tu conosca sul serio i The Sinners e che siamo andati nel backstage! Perché non mi hai detto che li conoscevi personalmente?».

«Perché non volevo sembrare uno stronzo arrogante».

Ride buttando la testa all'indietro e mi fa venire voglia di baciarla sul collo, continuare a baciarla fino al retro dell'orecchio e poi giù, fino a raggiungere i seni.

«Non penso che tu possa mai sembrare così».

Per un istante dimentico di cosa stiamo parlando. Oh, vero. Stronzo arrogante.

«Sì be', non volevo correre rischi».

Ordiniamo una semplice pizza al salamino, delle bevande e un'insalata, ma io so che potrò permettermi solo una fetta di pizza, purtroppo. Quando il cibo arriva e Rowan comincia a mangiare, faccio fatica a toglierle gli occhi di dosso. Il modo in cui la sua bocca circonda il cibo quando da un morso, il modo in cui mastica lentamente con un sorriso tenero sul viso perchè apprezza il gusto. Tutto quello che fa questa donna è sexy, e io sento di non avere scampo. Più di tutto, vorrei baciarla sulle labbra.

Chi sto prendendo in giro? Vorrei baciarla dappertutto.

Getto velocemente lo sguardo sul suo decolleté. La luce del ristorante evidenzia perfettamente il pizzo nero sotto la camicetta bianca. Non posso fare a meno di immaginare i suoi seni nudi nelle mie mani. Mi immagino mentre succhio i suoi bei capezzoli rosa, facendoli indurire. I suoi gemiti sarebbero come una melodia, musica per le mie orecchie. Sistemandomi l'erezione nei pantaloni stretti, alzo rapidamente lo sguardo e cerco di rimuovere le immagini dalla testa. Da *entrambe* le teste.

Invece, la mia mente torna alla sensazione di stasera, quando l'ho tenuta tra le braccia; il suo corpo che si muoveva contro il mio a ritmo di musica. Trattenermi non è stato facile, tutto quello a cui riuscivo a pensare era di afferrarle la mano, portarla nel bagno più vicino o, diavolo, nel ripostiglio più vicino, e prenderla contro il muro fino a farle gridare il mio nome! È come se fosse una specie di strega che mi ha lanciato un incantesimo, perché sono completamente sopraffatto dalla sua magia. La magia del suo sorriso, della sua risata, del suo corpo, del suo tocco.

Voglio di più. Desidero di più.

Non sono sicuro di quando sia accaduto, ma lei ha qualcosa. Non so se sia successo quando mi ha afferrato la mano all'ospedale, quando aveva bisogno del sostegno di qualcuno, o quando mi ha chiesto di non lasciarla. Forse è stato quando sono passato a casa sua quel giorno, quando aprì la porta e vidi quanto fosse distrutta e triste. Il suo viso era così pieno di dolore! Sapevo solo che non volevo nient'altro che essere la persona che l'avrebbe rimessa in sesto, un pezzo alla volta.

Mi ha lasciato il segno, come se fosse un tatuaggio, e in questi ultimi mesi in cui l'ho tenuta d'occhio si è impressa ancor di più sotto la mia pelle.

«Rowan?».

Si pulisce le labbra con il tovagliolo, e vorrei essere quel dannato pezzo di carta.

«Sì?».

Esito perché non voglio rovinarle l'umore, ma la mia curiosità, la mia preoccupazione e, diavolo, la mia natura competitiva, vincono.

«Mi dici perché eri da sola all'ospedale?».

Il suo corpo si irrigidisce e abbassa lo sguardo verso il piatto. Si lecca le labbra, facendomi pensare che la sua bocca si sia inaridita al solo sentire la domanda. Resta in silenzio e nei suoi occhi ci sono delle emozioni che non riesco a decifrare, spingendomi ad aggiungere qualcosa.

«Ascolta, la ragione per cui te lo chiedo è perché mi piaci. Mi piaci *tanto* e volevo essere sicuro che non ci sia nessuno che si possa mettere tra noi. Forse questo è troppo veloce per te, forse non provi lo stesso, forse mi stai solo assecondando e questo è stato il peggior appuntamento di sempre e non vorrai vedermi mai più. Spero che non sia così, ma quello che so è che non faccio le cose a metà». Poso il tovagliolo sul tavolo e mi passo la mano tra i capelli, poi la guardo dritta in quegli occhi castano-verdi. «Quando voglio qualcosa, la prendo. E che sia chiaro, Rowan, ti voglio».

I suoi occhi si spalancano, ma regge il mio sguardo senza battere ciglio. Per un terribile momento ho paura di essermi spinto troppo oltre, di aver rivelato troppo. Da quello che mi ha detto Tyson, è stata con Jason per un po', quindi so che non è passato molto da quando hanno rotto. All'improvviso vorrei poter tornare indietro nel tempo e rimangiarmi le parole, ma poi allunga la mano e prende la mia. Tutto il mio corpo reagisce al suo semplice tocco e, quando sussulta silenziosamente e ritira la mano come se si fosse bruciata, so che è stato così anche per lei.

«Provo la stessa cosa per te. Mi piaci e vorrei vederti di nuovo. Prometto che un'altra volta ti dirò di più su Jason, ma lasciami dire che non c'è bisogno che ti preoccupi di lui. Non so nemmeno dove sia. E questo è tutto quello che stasera voglio dire al riguardo, okay? Questo è stato l'appuntamento migliore che abbia mai avuto e non voglio rovinarlo pensando a lui».

Non riesco a fare a meno di sorridere. «Il miglior appuntamento che tu abbia mai avuto, eh?».

Sorride ed è come se il sole stesse improvvisamente brillando nel bel mezzo della notte. «Decisamente».

«Anche per me».

«E, tanto per essere chiari? Non c'è nessuno che possa mettersi in mezzo».

Lo dice con un sorriso furbo sul viso e io alzo le sopracciglia e inclino la testa verso di lei, sorridendo in modo altrettanto scaltro, cosa che la diverte ancora di più.

«C'è qualcos'altro che devo mettere in chiaro».

I suoi occhi luccicano e posa di nuovo la mano sulla mia. «Dimmi».

«Non condivido. Ti piaccio, tu mi piaci, non c'è posto per nessun altro».

Aggrotta la fronte, toglie la mano dalla mia e mi acciglio.

«Ma Lily…».

Le prendo di nuovo la mano e aspetto finché il suo sguardo non torna su di me.

«Non sto parlando di lei. È tua figlia e quindi fa parte di tutto questo. Per quanto mi riguarda, voi due siete un pacchetto unico, ed è un pacchetto grandioso. Sto parlando di un altro uomo, Rowan. Non mi va bene che tu esca con qualcun altro finché usciamo insieme. Non ti condividerò».

«Oh». Si china in avanti senza distogliere lo sguardo. «Non c'è nessuno con cui condividermi, e non faccio quel tipo di giochetti. E, giusto per chiarire...».

«Dimmi», rispondo con le sue parole.

«Non ti condividerò neppure io».

«Non dovrai farlo. Mai».

Ci fissiamo negli occhi, e la tensione sessuale tra di noi è così potente che sono sicuro che chiunque vicino a noi possa sentirla. Mi godo la sensazione. L'erezione che tende i pantaloni, l'irrigidimento dei miei muscoli, la pelle d'oca sulle braccia e sul collo. Le dita mi fanno quasi male per il desiderio di toccarla. Pensieri di lei nuda, che si contorce sotto di me, fluttuano nella mia mente, e devo sistemarmi di nuovo i pantaloni, che diventano sempre più scomodi.

Quando lascia andare la mia mano per prendere un altro morso di pizza, senza saperlo rompe l'incantesimo e gliene sono grato. Non ha condiviso tutto quello che volevo sapere, ma questo è un passo avanti nella giusta direzione. Devo continuare a ricordarmi di andarci piano e lasciare che sia lei a dettare le regole.

Una volta finita la pizza, ci avviamo verso casa sua. Lungo il tragitto parlo del più e del meno, chiedendole cose banali come colore, film, fiore e cibo preferiti.

La verità è che amo il suono della sua voce e mi fa incazzare non poter continuare a guardarla mentre guido. Quando arriviamo a casa sua, entro nel vialetto e spengo la macchina, poi corro dalla sua parte per aiutarla a scendere.

«Grazie», mormora.

Prendendola sottobraccio, andiamo dritti alla porta di Audrey e bussiamo gentilmente per non svegliare Lily. Audrey apre dopo un minuto con un sorriso stanco e Lily dorme nelle sue braccia. Mentre Rowan prende la borsa e si aggiorna sulla serata della piccola, mi sporgo e prendo la bambina dalle braccia di Audrey. Rowan mi guarda sorpresa.

«La porto io», bisbiglio.

Il suo corpicino morbido è contro il mio e posso sentire il suo respiro sul mio collo mentre la tengo stretta. Senza pensarci le accarezzo la schiena, faccio un cenno di gratitudine ad Audrey e poi seguo Rowan nel suo appartamento. Lei va immediatamente in cucina e lava i biberon, cominciando subito a prepararne altri. Nel frattempo, cammino avanti e indietro con Lily, dondolandola nelle mie braccia.

Esamino di nuovo l'appartamento che Rowan condivide con Ty. Nonostante tutti i mobili abbiano un design diverso, ognuno è stato dipinto e si coordina perfettamente con gli altri. È in stile Rowan, luminoso e semplice, a suo modo accogliente. Fatto a immagine dei suoi gusti, e lo adoro.

Mentre guardo fuori dalla finestra, dondolando la piccola, sento delle braccia avvolgersi intorno alla mia vita, e Rowan poggia la testa sulla mia schiena. Un gesto piacevole e intimo e io mi godo la sensazione.

«Scusa, dovevo fare dei biberon per dopo perchè durante la notte qualche volta si sveglia ancora. È quasi sul punto di fare tutta una tirata e io non vedo l'ora, anche se probabilmente quando lo farà mi sveglierò terrorizzata e mi domanderò perché non mi abbia svegliata», dice ridendo.

Corrugo la fronte. «È normale?».

«Cosa?».

«Che lei si svegli così durante la notte».

Ride dolcemente. «Sì. I bebè ci mettono sempre un po' a dormire tutta la notte e a non svegliarsi, a volte perchè sono affamati o perché è necessario cambiare il pannolino. Io sono fortunata, lei sta già andando molto bene».

Non mi piace che Rowan debba sempre alzarsi e fare tutto da sola. Voltandomi e abbassandomi alla sua altezza, sorrido quando accarezza la testa di Lily.

«Dalle un bacio, così la metto a letto».

Le dà un bacio dolce e sussurra: «Ti voglio bene, bambina mia». Il cuore mi si stringe nel petto per lo sguardo pieno d'amore che ha sul viso.

Senza dire niente vado in camera di Lily e la metto nella culla. Sospira teneramente e muove le labbra come se volesse succhiare, per poi rilassarsi. È una bambina meravigliosa. Con le labbra e il naso di sua mamma, e quelle lunghe ciglia, so già che un giorno farà strage di cuori. Le copro gentilmente le gambe con una copertina ed esco dalla stanza.

Rowan sta rimettendo in ordine la cucina e mi sorride non appena mi vede. «Grazie per averla messa a letto».

«Sono felice di averlo fatto. Sai, è una bambolina. Avrai dei problemi, quando sarà più grande».

«Come se non lo sapessi! Fortunatamente avrà suo zio Tyson per tenere a bada i ragazzi».

Ride e poi mi si avvicina, premendosi contro di me e stringendomi in un abbraccio. Il suo corpo si adatta perfettamente al mio e, quando i suoi fianchi sfiorano le mie cosce, tutto quello a cui riesco a pensare è che vorrei aprirle le gambe con il mio ginocchio, baciarla e toccarla mentre si dimena contro di me. Devo trattenermi dal prenderla in braccio e portarla in camera da letto. O meglio ancora, potrei sollevarla sul bancone, posizionarmi tra le sue cosce e scoparmela. Certo, c'è anche il tavolo della cucina. Potrei distenderla lì, allargare le sue cosce vellutate e partecipare a un banchetto che non ha niente a che fare con il cibo.

Cazzo! Quando arrivo a casa mi aspetta una bella doccia fredda.

Invece di fare una qualsiasi di queste cose, la circondo con le braccia e la stringo al petto, baciandola sulla fronte.

«Ho trascorso una serata meravigliosa. Vorrei vederti ancora. Presto».

«Anch'io». Affonda il viso nel mio petto e inspira. Mi sta… annusando? Devo sopprimere un gemito al solo pensiero.

«Lavori, questo fine settimana?».

«No, in realtà sono libera. Di solito sono abbastanza fortunata da dover lavorare dal lunedì al venerdì. Nei fine settimana lavorano le universitarie».

«Domani, a qualunque ora, passa per la palestra. Puoi portare anche Lily, ma passa a trovarmi».

Si tira indietro e mi guarda negli occhi con un sorriso. «Mi piacerebbe. Ho ancora il tuo biglietto da visita con l'indirizzo».

«Bene. Hai registrato il mio numero nel cellulare?».

Mi guarda con aria assente e lo prendo per un no. Estraendo il mio telefono dalla tasca, le domando il numero per poi farle uno squillo. Quando sento il suo telefono squillare le dico: «Ecco. Ora io ho il tuo numero e tu hai il mio. Ci vediamo domani, all'ora che vuoi, tanto io sarò lì presto».

«Okay», concorda dolcemente. «Ci vediamo domani».

Mettendole la mano sulla guancia, passo il pollice sulla sua pelle morbida, poi la saluto con dolcezza.

«Ciao». Non volendo insistere troppo, mi costringo ad andarmene. Apro la porta ed esco, chiudendola dietro di me. Appoggiandomi contro di essa, sento che tutto il mio corpo vibra per il bisogno di tornare indietro e toccarla.

Mi passo la mano tra i capelli e faccio dei respiri profondi, cercando di riprendere il controllo. Girandomi, poggio le mani ai lati della porta e abbasso la testa. Tutto quello a cui riesco a pensare sono le sue labbra, i suoi occhi, i suoi capelli sciolti, il suo corpo. È come se fosse la mia tentatrice personale, creata appositamente per farmi andare fuori di testa.

Prima di pensarci due volte, busso alla porta. Doveva essere vicina, perché la apre rapidamente. E prima che possa parlare premo le labbra sulle sue. Fa un gemito per la sorpresa e io ingoio quel suono, approfittando della bocca aperta per insinuarci la lingua. Il suo sapore così dolce mi fa gemere.

Le afferro i capelli per piegarle il viso di lato, devastando le sue labbra con le mie, trattenendomi dal darle il bacio appassionato che vorrei, trattendo il desiderio di possederla e marchiarla come mia.

I suoi gemiti si mischiano ai miei ed è la sinfonia più perfetta che abbia mai sentito. In questo bacio riverso tutto quello che provo, ma che non posso ancora dire.

Che la voglio. Che penso a lei tutto il tempo. Che, nonostante non riesca a capire come, lei è già mia e io sono già suo. Quando ci separiamo sta boccheggiando, i suoi respiri sono veloci, le labbra umide per la nostra passione. Le bacio gli angoli della bocca, prima il destro, poi il sinistro.

«Buonanotte, Rowan».

Dandole un bacio prolungato sulla fronte, mi giro sui tacchi e me ne vado, andando verso il mio fuoristrada.

Capitolo 13

Rowan

Tutti i miei pensieri sono concentrati su quel bacio. Il modo in cui le sue labbra hanno divorato le mie, i suoi gemiti di desiderio, la sensazione che avesse il completo e totale controllo . Ne voglio un altro, molti altri, e voglio anche di più di questo. Se un bacio mi ha fatto sentire in modo così fantastico, come sarebbe andarci a letto? Conosco già la risposta, sarebbe esplosivo, e io desidero provare quella sensazione. Anzi, ne ho proprio bisogno.

Stesa sul letto, a godermi la quiete prima che Lily si svegli di nuovo, guardo dalla finestra il sole alzarsi nel cielo, dipingendolo del colore dello zucchero filato e dell'oro. Ripensando alla serata di ieri, l'unica parola che posso usare per descriverla è: perfetta.

"Mi piaci. Mi piaci sul serio."

Le sue parole risuonano nella mia mente facendomi sorridere. Anche Jax mi piace davvero, e adoro il modo in cui mi sento quando sono con lui.

Continuo a pensare a come ha preso in braccio Lily, come se non fosse nulla di che, ma per me è stato importante. Avevo dovuto trattenermi dal saltargli addosso e strappargli i vestiti in preda alla passione. Il corpicino di

Lily era posato sul suo ampio petto, tanto da farmi sbavare, ed ero così eccitata che ho rischiato di fare qualcosa di imbarazzante, tipo venire in quell'istante.

Dentro di me il dubbio striscia lentamente, come un animale che caccia la sua preda. Lo fa sempre. Mi domanda perché ci sto provando, dato che sicuramente Jax se ne andrà. Mi dice di non farmi illusioni, o di non sperare troppo dopo una semplice serata. Mi dice di non considerare nemmeno per un momento che potrei essere degna della sua attenzione, figurarsi di lui, perché non lo sarò mai. E senza pietà mi fornisce la prova di quello che afferma, ricordandomi che Jason mi ha lasciata, e con ogni probabilità lo farà anche Jax. Io però mi rifiuto di lasciare che questi pensieri prendano il sopravvento. Chiudendo forte gli occhi e serrando i pugni, penso a mia madre e ricordo quanto fosse infelice, acida e crudele. Mi rammento che se permettessi a questi pensieri di intrufolarsi nella mia mente, finirei esattamente come lei. Questo mi aiuta a tenerli da parte, e quando Lily comincia a piangere, mi rende il compito più semplice.

«Ciao, dolcezza», le dico quando la scruto da sopra la sua culla. Sorride quando mi vede, e i miei pensieri tristi si dissolvono. Come ci riesce?

Dopo averla cambiata e averle dato da mangiare, decido di preparare entrambe per andare in palestra da Jax. Mi sento felice al solo pensiero di rivederlo.

Un paio d'ore dopo siamo entrambe pronte e, per ogni evenienza, ho preparato la borsa dei pannolini di Lily. Sto per uscire dalla porta quando suona il cellulare. Posando a terra il seggiolino di Lily e la sua borsa, tiro il telefono fuori dalla mia borsa in caso sia Jax per un cambio di programma. Quando vedo il numero della prigione, rispondo immediatamente.

«Pronto?».

«Ha una chiamata a carico da... Tyson». Sento la sua voce pronunciare il suo nome e automaticamente mi fa desiderare di sentirla molto di più. Mi manca. «Accetta l'addebito?».

«Sì».

La linea squilla un paio di volte prima che lo senta.

«Rowan?».

«Tyson! Ciao!».

«Ciao, dolcezza! È così bello sentirti. Come stai?».

«Sto bene. Io e Lily stavamo giusto uscendo per andare da Jax».

«Oh sì? Come sta mia nipote? Dio, Rowan, non vedo l'ora di conoscerla!».

«Sta bene, zio Tyson. Dorme quasi tutta la notte, in realtà. Ieri l'ha quasi fatto. Inoltre si mette in bocca tutto quello che le passa fra le mani. È adorabile».

«Certo che lo è. È tua».

«Ooh, come sei dolce!».

«Hai detto che state andando a trovare Jax, uh? Sta andando bene?».

«Sì, tutto bene. Lui mi piace, ma…».

«Ma cosa?».

«Sai cosa», sospiro.

«Ascolta, Jax è un bravo ragazzo. Smettila di permettere che le stupidaggini che la mamma diceva rovinino una bella cosa. Non farla vincere».

Sospirando, non rispondo al suo commento. «Non vedo l'ora che torni a casa».

«Riguardo a quello… ho delle buone notizie e, oltre a sentire come va, sono la ragione per cui ti ho chiamato».

«Cosa c'è?».

«Sembra che uscirò prima. Voglio dire, so che non è molto, visto che sarei comunque dovuto uscire fra un mese, ma va bene. E sembra che sarà molto presto. Cioè, fra una settimana o meno».

«Oh cavoli, sul serio?».

«Sì. Ieri mi sono visto con il mio avvocato e ha detto di essere stato contattato dalla prigione, e che stanno solo aspettando il via libera per procedere. Dovrei saperlo con certezza oggi o domani e mi lasceranno usare di nuovo il telefono per organizzare il trasporto».

«È grandioso! Mi assicurerò di tenere il cellulare a portata di mano per non perdermi la tua telefonata».

«Grazie. Non vedo l'ora di andarmene da questo posto. Oltre a voler abbracciare te e mia nipote, quando esco di qui voglio una festa. Quest'uomo vuole della carne!».

Ridendo, rispondo. «Buono a sapersi. Dovrò ricordarmi di andare al supermercato».

«Okay, sembra perfetto. Mi manchi, Row. Non vedo l'ora di vederti».

«Mi manchi anche tu».

«E... quando torno a casa, preparati. Dobbiamo fare quella conversazione che continui a evitare».

So che sta parlando di Jason, e concordo perché è stato paziente ed è il momento di dargli delle risposte.

«Parleremo dopo che ti sarai sistemato, okay?».

«Sì, lo faremo. Bene, il mio tempo è quasi finito ma, dimmi velocemente, economicamente come va? È tutto okay?».

«Va tutto bene. Sono tornata al lavoro e faccio quadrare i conti. Con Lily ora è un po' difficile, ma ce la sto facendo».

«Stai prendendo la mia parte di affitto dai nostri risparmi, vero?».

«Sì».

«Se ne hai bisogno prendi i soldi dal fondo d'emergenza. Non stancarti troppo per nulla. Promettimelo, Row».

«Okay, prometto. Però uscirai presto, quindi smettila di preoccuparti».

«Non succederà mai che non mi preoccupi per te. È compito del fratello maggiore».

«Sei più vecchio di due minuti».

«Esattamente», ride. «Va bene, parleremo presto. Salutami Jax. Ti voglio bene».

«Ti voglio bene anch'io».

Terminata la chiamata, il cuore mi duole per quanto mi manca. Questo è il periodo più lungo in cui siamo stati separati, e non mi piace. Non vedo l'ora che sia rilasciato e sia a casa, anche se tremo al pensiero di parlargli di Jason. Sono sconcertata di essere stata con un tale stronzo. Per la prima volta dal suo abbandono, vorrei essere stata io a lasciarlo, per essere stato crudele con me, nel momento in cui aveva scoperto che ero incinta, e poi per non essersi mai interessato a tutto quello che riguardava la gravidanza. Avrei dovuto lasciarlo molto prima, invece mi ero aggrappata alla stupida idea che le cose sarebbero cambiate. Quanto mi sbagliavo, dato che non è rimasto nei paraggi nemmeno per conoscere nostra figlia, ma devo ammettere che non me lo aspettavo.

Mi sono brevemente chiesta se con Jax sto correndo troppo ma, ogni volta che parliamo di lui, Tyson insiste dicendo che è un bravo ragazzo e, in qualche modo, questo calma la titubanza, l'insicurezza e la paura che albergano dentro di me.

Verifico che Lily sia ben allacciata nel suo seggiolino e poi digito l'indirizzo della palestra nel navigatore del telefono. Mi fa piacere vedere che ci vogliono solo venti minuti per arrivarci.

Mi preparo a guidare per un po', alzo il volume della radio e canto le canzoni. Lily nel frattempo fa dei versetti e non posso fare a meno di ridere, pensando che sia il suo modo di cantare con me.

Il tempo scorre velocemente e, prima che me ne renda conto, siamo arrivate.

Mentre parcheggio comincio ad agitarmi. Non ho mandato un messaggio a Jax per dirgli che stavamo arrivando, e ora mi chiedo se avrei dovuto farlo. Sentendomi un po' insicura, ma decisamente emozionata all'idea di vederlo, slaccio Lily dal seggiolino, afferro le nostre borse e, prima di cambiare idea, mi dirigo verso la palestra. Apro la porta d'ingresso di vetro e noto immediatamente il banco della reception e la ragazza seduta dietro. È carina e sta parlando al telefono, quindi non ci saluta subito, ma mi sorride. Mentre aspetto, mi guardo intorno e osservo tutti gli uomini che si stanno allenando. In un angolo qualcuno sta usando i pesi emettendo dei grugniti di fatica, e un altro paio di persone corrono sul tapis roulant di fronte a loro. Voltandomi per vedere l'altro lato del locale, scorgo dei sacchi da boxe e dei tipi che li stanno colpendo così forte che ogni colpo echeggia nella stanza. Ci sono due tizi che si stanno affrontando su un grande ring, schivandosi l'un l'altro, concentrati, mentre sul lato opposto altre persone stanno lavorando a quello che sembra un Juice Bar. C'è anche una specie di grande gabbia vuota che mi ricorda qualcosa che ho già visto in TV, mi sembra che fosse usata per i combattimenti. Questa è la prima volta che entro in una palestra di arti marziali miste, prima d'ora non ero mai stata in un posto del genere, quindi cerco di assimilare tutto velocemente. Sono sorpresa dalle dimensioni del posto e sono decisamente impressionata che Jax diriga tutto questo. Di fianco alla reception c'è anche un negozio di souvenir, e decido di dare un'occhiata mentre aspetto che la segretaria finisca quello che sta facendo. Vedo guantoni, bottiglie d'acqua, magliette, pantaloncini, bibite energetiche e tanto altro.

Wow! Posso ritenermi sorpresa. Mi aspettavo di vedere un ring, una gabbia e dei pesi, certo, ma non tutto il resto. È veramente fantastico.

«Ciao, benvenuta alla XTreme Fitness Center. Come posso aiutarti?».

«Ciao», rispondo un po' timidamente. «Sto cercando Jax».

«Oh, certo. Posso dirgli chi lo sta cercando?».

«Sì, mi chiamo Rowan».

Alza la cornetta e ripete il mio nome alla persona dall'altro capo del filo.

«Arriva subito».

Non più di trenta secondi dopo, Jax esce da una porta alla mia destra. Il suo arrivo mi sorprende, visto che non avevo proprio notato la porta. Si avvicina con un grande sorriso sul viso. Quando mi raggiunge, si china e mi dà un bacio leggero sulle labbra.

«Ciao, bellezza».

«Ciao a te».

Il suo pollice mi sfiora la guancia. «Sono così contento che tu sia venuta».

Poi fa qualcosa che mi rende sua per sempre. Si abbassa e slaccia Lily dal seggiolino. Fa un po' di fatica a togliere le cinghie dalle sue braccia, ma non lascia che la cosa lo disturbi. Quando la solleva, le dà un bacio sulla punta del naso.

«Ciao, dolcezza. Grazie per essermi venuta a trovare con la tua mamma».

Lily si sporge e gli afferra il naso, e Jax ride. Solleva il seggiolino e, come un professionista, poggia Lily su un braccio solo e dice: «Vieni con me. Andiamo nel mio ufficio».

«Okay».

Lo seguo nella direzione da cui è venuto e, con la coda dell'occhio, noto alcuni tipi che smettono di fare quello che stavano facendo per guardarci passare. Quando siamo vicini all'ufficio, rilascio un respiro che non mi ero resa conto di trattenere. Sono nervosa all'idea di conoscere i suoi amici.

Quando entriamo, noto che è enorme. Ha una grande scrivania e una libreria, e resto scioccata nel vedere gli altri oggetti nella stanza.

«Un seggiolino e dei giochi?».

Potrei giurare di vederlo arrossire. «Voglio che Lily sia a suo agio quando venite a trovarmi, quindi stamattina ho preso questa roba al negozio».

Poggia la piccola sul seggiolino e la allaccia. Premendo un pulsante, una sbarra sopra la seduta si illumina e parte della musica. Lily comincia subito ad agitare gambe e braccia per la gioia e colpire le decorazioni che sono sospese davanti a lei.

Quando Jax si gira a guardarmi, apre le labbra per dire qualcosa, ma io sono già su di lui e lo bacio con trasporto, ingoiando le sue parole con la bocca. La sua sorpresa iniziale scompare velocemente e risponde al bacio con altrettanta passione. Le mie mani afferrano la sua maglietta, e mi metto in punta di piedi per arrivare meglio a lui. Le nostre bocche si muovono in sincronia, le lingue si avvolgono e si assaporano.

Mi ritraggo e gli do un altro bacio sulle labbra. «Grazie».

«Vado subito al negozio per comprare tutto quello che vedo, se la reazione che ottengo è questa».

Rido di gioia e, in imbarazzo per il mio entusiasmo, sento le guance che arrossiscono. In effetti l'ho praticamente assalito.

«Per me significa tanto che tu abbia pensato a lei in questo modo».

«Certo che l'ho fatto. Non è niente di che».

«Per favore, non comportarti come se non fosse niente. Per me è importante. Okay?».

«Va bene. Allora, prego».

Si piega in avanti e mi bacia di nuovo, ma prima che possiamo lasciarci trasportare, qualcuno bussa alla porta.

Lui sospira. «Sapevo che sarebbe successo».

«Cosa?».

«Spero che tu sia pronta per incontrare i ragazzi, tesoro, perché sono tutti fuori dalla porta che aspettano di conoscerti».

Guardo la porta e sento che i miei occhi si spalancano, mentre Jax ridacchia.

«Cosa? Come fai a saperlo?».

«Lo so e basta».

«Ma perché?».

«È la prima volta che porto qui una ragazza». Lo fisso e lui scrolla le spalle. «Sono curiosi, quei bastardi impiccioni».

Continua a brontolare fino alla porta e, quando la apre, cinque paia di occhi mi fissano oltre le sue spalle. Devo fare uno sforzo per non tirarmi indietro..

Salutandoli esitante, mormoro: «Uh, ciao».

È tutto quello che basta. Si fiondano tutti nell'ufficio spingendosi l'un l'altro come dei cuccioli, mentre si insultano a vicenda sul levarsi dai piedi in modo da potermi conoscere. Faccio un passo indietro, con la bocca aperta dalla sorpresa, mentre li osservo. È come se fossi a un "Festival del ragazzo sexy", e sono l'unica ad aver comprato il biglietto.

Per favore non sbavare, Rowan. Ti prego, non sbavare.

Riconosco Zane e lui si avvicina e mi abbraccia. Mi circonda completamente e mi tiene stretta un po' troppo a lungo. «È bello rivederti, Rowan».

«Ciao!».

«Ora levati dal cazzo, Zane».

Posso sentire le vibrazioni della risatina di Zane contro la mia guancia, e non posso fare a meno di sorridere mentre si ritrae. Faccio un altro sorriso veloce a Jax, ma poi la mia attenzione è attirata da un tipo che si sta avvicinando a me. Può essere descritto solo come "pubblicità vivente di articoli per surfisti". Ha dei luminosi occhi verdi, capelli biondi, lunghi in cima ma corti sui lati, ed è a torso nudo, quindi cerco intensamente di non fissargli il petto muscoloso. Ma è dura, davvero dura! Gioco con le parole di proposito, visto che il tizio è decisamente palestrato.

«Ciao, bellezza, sono Levi. Hai il cellulare con te?».

«Il mio cellulare?». Lo guardo confusa, ma annuisco.

«Lascia che ti dia il mio numero, bella, così puoi chiamarmi quando torni in te e molli questo qua», dice indicando Jax con il pollice.

«Taci, Levi!».

Non posso fare a meno di ridacchiare. «Ciao, Levi. Sembra un ottimo piano», gli sussurro scherzosamente, il suo viso è raggiante e Jax lo guarda storto.

Un tipo con la testa rasata, eccetto che per una striscia di capelli a forma di cresta al centro, allontana Levi da me. Da quello che vedo hanno tutti dei tatuaggi, ma lui sembra averne ancora di più. Le sue braccia ne sono ricoperte e alcuni fanno capolino dallo scollo a V della maglietta. I suoi occhi sono azzurro chiaro, messi in risalto dalle sopracciglia scure. Un orecchino spicca sull'orecchio sinistro e le labbra carnose si incurvano in un sorrisetto sexy da morire.

«Ciao, bellissima». Senza proferire altro mi bacia sulla guancia e, lo ammetto, sussulto sommessamente. La sua sensualità è potente quanto il profumo di dopobarba nell'aria.

Ovviamente Jax ci interrompe. «Okay, basta così, Ryder».

Ridendo, il ragazzo si ritrae e gli sorrido un po' incerta. «Felice di conoscerti».

Mi fa l'occhiolino. «Lo so».

«Ciao!». Mi volto e di fronte a me c'è un tipo con i capelli rossi, il pizzetto, le lentiggini e gli occhi azzurri. È più basso degli altri, ma non è che non si faccia notare. «Mi chiamo Dylan».

«Ciao, Dylan. Sono felice di conoscerti».

«Anch'io!».

È proprio carino. Vorrei quasi pizzicargli le guance, ma non sarebbe assolutamente appropriato.

Dietro Dylan c'è un ragazzo bruno, con occhi così scuri da sembrare neri. Le sue orecchie sono un po' a sventola, ma lo fanno sembrare quasi... affascinante. Potrebbe rivaleggiare con Ryder per quanto riguarda i tatuaggi e, quando mi sorride timidamente e mi saluta, ricambio senza pensarci.

«Ciao, sono Cole».

Non volendo essere ignorata, Lily sceglie questo momento per fare i capricci, agitandosi sul suo seggiolino. Prima che possa raggiungerla, lo fa Jax, slacciandola. La tiene in braccio e la fa saltellare un paio di volte, facendo sorridere lei e me. Mi chiedo se ciò che provo quando la vedo con lui, la sensazione di sciogliermi, sparirà mai.

«Ragazzi, lei è Lily. Lily, loro sono i ragazzi».

Jax la tiene orgogliosamente in braccio e vorrei avere in mano il cellulare, così potrei filmare la reazione degli altri. Sarebbe l'unico modo per avere le prove di quello che succede. Quei lottatori, tosti e coperti di tatuaggi, diventano dei teneroni mentre fanno le moine e parlano con un linguaggio infantile a Lily. Lei fa a tutti dei sorrisoni sdentati e sbatte le ciglia. Giuro che sta flirtando con loro!

«È così carina!».

«Guarda che sorriso!».

«È bellissima come la sua mamma!».

Mi ritrovo a guardarli raggiante e, quando mi giro verso Jax, lui mi sta osservando. Lo guardo negli occhi e cerco di esprimere nel mio sguardo tutto quello che sto provando. Non penso di essere mai stata così attratta da lui come in questo momento. I suoi occhi si restringono un po' come se sapesse a cosa sto pensando, e poi le sue labbra si incurvano in un sorrisetto.

«Okay ragazzi, fuori di qui. Penso che per ora abbiate stressato abbastanza Rowan e Lily».

Brontolando e salutando, se ne vanno tutti dall'ufficio. Jax rimette Lily nel seggiolino e le dà un biberon quando comincia ad agitarsi. Lei se lo porta alla bocca e comincia a succhiare felice, gli occhi parzialmente chiusi per la contentezza.

Quando Jax si volta verso di me, cado praticamente tra le sue braccia, impaziente di baciarlo ancora. Gemiamo insieme, mentre le mie mani vagano sul suo petto, accarezzando i muscoli tonici. Afferrandolo per la vita, lo tiro più vicino a me, godendomi il contatto tra i nostri corpi, premendo le labbra sulle sue ed esplorando la sua bocca con la lingua. Sento pulsare dentro di me un desiderio insaziabile.

Jax si scosta da me. «Calma», dice facendomi sorridere.

«Sì, calma».

«Dolcezza, se continui a baciarmi così ti spoglierò e ti farò mia qui, sul divano. Ma non penso sarebbe appropriato davanti alla piccolina».

«Hai ragione. Non sono sicura di volere che lei abbia una lezione di anatomia così presto».

«Dai, prendiamo Lily e vi faccio fare un giro della palestra, poi vi porto a pranzo».

«Okay, direi che va bene».

Mi bacia ancora dolcemente e, quando mi ritraggo, scorgo una promessa scintillare nel suo sguardo, e intravedo come potrebbe essere tra di noi.

Capitolo 14

Jax

I giorni precedenti all'incontro passano velocemente. Ho visto Rowan quasi ogni giorno, e le poche volte in cui non è successo ho pensato a lei così tanto che era come averla vicino. Non so che cosa sia, l'ho desiderata dal momento in cui l'ho vista e quella sensazione non è scemata per niente. In realtà, cresce ogni giorno di più.

Le ultime due settimane sono state un esercizio di autocontrollo, questo è sicuro. Anche solo pensare a Rowan mi fa tremare il corpo dal desiderio. Sono stato attento a non insistere troppo per non spaventarla, ma la verità è che mi sconvolge anche solo baciarla. Ogni volta che lo faccio, la passione cresce insieme al pensiero di quando userò su di lei la mia lingua e le mie labbra. Spero solo che lei percepisca la stessa scintilla che mi accende ogni singola volta. Scintilla è dire poco: sono puri fuochi d'artificio.

L'attrazione che esercita su di me va al di là del sesso. È intelligente, divertente, dolce, amorevole e così impertinente che vorrei sculacciarla solo per vedere come reagirebbe. Tuttavia, andarci piano è stata la scelta giusta, perché prima di andare oltre voglio assicurarmi che lo stronzo che c'era prima di me sia ben fuori dalla sua mente e dal suo cuore. Ma non sono sicuro di quanto ancora posso resistere. Sto per esplodere! È diventata la norma fare docce fredde e masturbarmi come uno studentello voglioso per evitare di andare in giro con una costante erezione.

La doccia che sto finendo adesso, però, non è per calmare i miei ormoni, ma per schiarirmi le idee. Oggi ho bisogno di essere concentrato, perché sarà una giornata brutale. È il giorno della pesata e normalmente non sarebbe un problema, eccetto che per i lottatori che rischiano di essere sopra il limite della classe di peso. E per il momento sono incluso anch'io. Questo vuol dire essermi dovuto allenare come un matto per perdere gli ultimi chili prima di dover essere pesato in previsione dell'incontro di stasera.

Audrey baderà a Lily per le prossime due sere in modo che Rowan possa stare con me durante il fine settimana. Ha insistito per essere qui, per sostenermi e fare il tifo per me, e gliene sono proprio grato. Non sono sicuro di come Gil reagirà alla notizia, dirà che è una distrazione, ma non importa. Io la voglio qui.

Mi metto pantaloncini, maglietta, calzini e scarpe da corsa, ed esco dallo spogliatoio per dirigermi in palestra, dove Gil e i ragazzi mi stanno aspettando per cominciare. Non che non potessero iniziare senza di me, ma sono sicuro che stavano rimandando il più possibile. Visto quanto sto per sudare, farsi la doccia probabilmente è stato stupido, ma credo mi abbia aiutato. Sono pronto per cominciare!

«Bene, figli di puttana, facciamolo!».

«Era ora, Jackson. Non voglio star qui tutto il maledetto giorno», brontola Gil.

«Frena vecchio, la mia doccia è durata al massimo quindici minuti».

Mi fa un sorrisetto e mi porge la tuta da sauna con l'esultanza negli occhi.

«Penso che tu ti diverta un po' troppo, sadico stronzo».

Continua a sorridere quando infilo le braccia nelle maniche lunghe della tuta e spingo le mani oltre il tessuto che poi si stringerà intorno ai polsi, visto che è strutturato in modo che il calore non lasci il mio corpo. Tirando su la zip posta davanti, infilo poi i pantaloni. Sono pronto per perdere questi chili grazie al fatto che suderò come un maiale.

Prima ci siamo tutti pesati nello spogliatoio, con solo gli slip indosso, per controllare quanto peso dobbiamo perdere. Io ho solo un chilo e mezzo da buttar giù, e anche Ryder, ma Levi ne ha due e mezzo e Cole tre. Nelle ultime settimane abbiamo tutti mangiato troppo, o abbiamo guadagnato troppo muscolo. In ogni caso, dobbiamo perdere questi chili per non essere squalificati.

«Cominciate a correre sui tapis roulant, ragazzi», ci intima Gil. «Otto chilometri a partire da adesso».

Raggiungiamo tutti gli attrezzi e iniziamo a correre. Dopo poco, la nostra competitività prende il sopravvento e ci sfidiamo per vedere chi riesce a finire prima. Gli uomini sono pur sempre uomini.

Dopo i tapis roulant solleviamo i pesi, sediamo nella sauna, saltiamo la corda e corriamo di nuovo. Poi ricominciamo tutto da capo. Dopo ogni set, ci spogliamo, ci pesiamo per vedere quanto progresso abbiamo fatto, poi ci rimettiamo le tute madide di sudore e continuiamo. È un processo noioso e la stanchezza comincia a farci impazzire.

«Penso che stasera andrò a letto con Nikki», annuncia Levi. Siamo tutti praticamente distesi nella sauna, troppo stanchi per stare ancora dritti.

«Perché? Ti piace correre il rischio di beccarti una malattia sessualmente trasmissibile?», domanda Ryder.

«Oh, per favore! Sappiamo tutti che ci sei stato anche tu», puntualizza Cole.

«Vero. Ma, come sai, è stata una botta e via. Nessuna ragazza merita tutto questo», dice Ryder mettendosi la mano sull'inguine, «più di una volta».

«E quello che fai tu non ti fa correre rischi? Sei della stessa pasta», gli dico.

Mi risponde con una scrollata di spalle.

«Non puoi dirmi che non c'è mai stata una ragazza con cui volevi andare più di una volta», continuo.

«No. Non ne ho bisogno e non voglio che una tipa mi si appiccichi addosso. Le relazioni non fanno per me. E mi proteggo prima di andarci a letto, quindi nessun rischio».

«Dio, è come se questa conversazione fosse piena dei peggiori riferimenti sessuali che esistano», dice Cole.

«Che mi dici di Rowan, Jax?», domanda Levi. «Ci sei già andato a letto?».

Sollevo la testa e lo guardo male. «Non sono cazzi tuoi».

«Ed è un no», grugnisce.

«Fottiti, Levi. Rowan non è una groupie appassionata di lottatori o da una botta e via. Non parlare così di lei».

«Ehi, sembra che qualcuno abbia perso la testa», aggiunge Ryder.

«Se avessi una tipa con il suo aspetto nella quale sprofondare ogni notte, probabilmente perderei la testa anch'io», replica Cole.

«È meglio che stiate zitti o vi faccio il culo, maledizione!».

La possessività mi scorre nelle vene e voglio tagliar via i loro cazzi e strappar loro le lingue per aver parlato di Rowan facendo delle battute a sfondo sessuale. Lei è totalmente off limits per loro, in qualsiasi modo, e intendo renderlo molto chiaro. Facendo dei respiri profondi, mi impegno al massimo per ignorarli tutti, e la discussione si sposta sul sesso migliore che abbiano mai avuto con le groupie e non. Isolo il loro chiacchiericcio, cercando di distrarmi e di ignorare la sensazione di star per morire. Ho caldo e ogni minuto che passa diventa sempre più difficile respirare. Dei pensieri su Rowan e Lily mi passano nella mente e, come una pozione magica, mi aiutano immediatamente a calmarmi.

Quando Gil ci dice che è ora di uscire dalla sauna, ci avviciniamo alle bilance praticamente gattonando.

«Grazie, Dio santo», dice Ryder quando vede che ha perso il suo chilo e mezzo. Condivido il suo sollievo quando noto che l'ho perso anch'io, e comincio a strapparmi la tuta di dosso. Trattengo una grassa risata quando Cole e Levi iniziano a bestemmiare a briglia sciolta, camminando con uno sforzo immane verso i tapis roulant, consapevoli di non aver ancora raggiunto il loro peso.

Quando io e Ryder ci togliamo le tute, afferriamo immediatamente degli asciugamani per detergerci i visi saturi di sudore, e ci dirigiamo verso i tapis roulant per incoraggiare Levi e Cole. Se lo si può definire in questo modo.

«Sapete correre più veloci di così, femminucce!», grida Ryder.

«Non arriverete mai al peso giusto a questo ritmo, stronzi! Più veloci!», aggiungo.

«Di questo passo domani faranno il culo a entrambi», Ryder ricorda loro utilmente.

«Vaffanculo!», ci gridano Cole e Levi nello stesso momento, facendo ridere me, Ryder e Gil.

Scherziamo, ma tutto questo non è facile e spalleggiarci l'un l'altro aiuta, anche se non lo ammettiamo. Siamo una squadra, dopotutto.

Ci vogliono un altro paio d'ore perché perdano i loro chili in eccesso e dopo andiamo tutti alle docce per rinfrescarci. Alla fine, ognuno va per la propria strada, con l'accordo di rivederci alla pesata.

Ricaricato d'energia, praticamente corro verso la mia macchina e invio un messaggio a Rowan per farle sapere che sono per strada, emozionato di andare a prenderla. Ho trovato nuova vitalità e mi sento carico e pronto per affrontare il fine settimana. È ora di mettere in gioco questa energia! Arrivato a casa sua, spengo il motore e sono quasi uscito dalla macchina quando lei mi compare davanti.

«Ehi, stavo per raggiungere la tua porta».

«Non ce n'era bisogno. Quando mi hai mandato il messaggio ho deciso di tener d'occhio la strada».

Mi piace pensare che sia tanto eccitata di vedermi quanto lo sono io. Prendendola tra le braccia, le do un lieve bacio e apro la portiera del fuoristrada per lei. Quando vedo che in mano ha una borsa, vorrei alzare il pugno al cielo. Le avevo chiesto di rimanere da me nel fine settimana, ma non ero sicuro che avrebbe accettato.

«Quindi, rimani da me?».

Si morde il labbro e mi guarda quasi timidamente, e mi viene voglia di farla mia proprio adesso, contro la macchina, di fronte a tutti.

«Sì».

«Sei sicura che ti vada bene? So che probabilmente è difficile lasciare Lily».

Per un momento si intristisce e mi prenderei a calci in culo per averglielo ricordato e aver fatto sparire il suo sorriso.

«Sì, lo è. Però Audrey mi ha convinto dicendo che prendermi del tempo per me stessa è molto importante. Ho il suo numero, lei ha il mio, Lily la ama e starà bene».

«Sì, starà bene. Chiameremo e invieremo dei messaggi per controllare, okay?».

Il suo viso si illumina di nuovo e mi sento sollevato. Mettendo la sua borsa in macchina, chiudo la portiera per poi correre al lato guida, accendere il motore e dirigermi verso casa mia.

Mi guarda e sorride. «Com'è andato l'allenamento?».

«Brutale, ma ha dato dei buoni risultati. Siamo tutti al peso giusto e pronti per la pesata di stasera».

«Bene. Ed è fra qualche ora?».

«Esatto. Ho pensato che potremmo andare da me e stare un po' insieme prima di andare. L'incontro si terrà al casinò Arizona Red Rock, così come la pesata. Quando avrò finito pensavo che, prima di tornare a casa mia, potremmo cenare lì, se ti va. O possiamo prendere qualcosa d'asporto e portarlo con noi. Qualsiasi cosa ti vada di fare, possiamo farla, tranne mangiare prima, perché non posso correre il rischio di riprendere il peso che ho perso».

«Capisco e i tuoi piani mi vanno benissimo».

Arrivati a casa mia, prima di farla entrare mi rendo conto di essere emozionato. Il mio appartamento non è niente di che, ma mi fa sentire bene averla qui, nel mio spazio personale. Non appena superiamo la porta, indugia nel soggiorno guardandosi intorno.

«Non è niente di speciale», le dico con consapevolezza. «È un po' sciatto».

«Mi sembra bello. Mi fai fare un giro?».

«Certo». Sorrido e le prendo il braccio. «Come puoi vedere, questo è il soggiorno». Mi guardo intorno e noto la libreria di legno scuro, i divani di pelle nera e la TV grande, cercando di vedere le cose attraverso i suoi occhi, e sono grato di aver pulito e spolverato di recente.

«La cucina è per di qua». I suoi occhi esaminano i mobili di ciliegio scuro, i banconi in marmo e gli elettrodomestici di acciaio inox che scintillano così tanto da sembrare nuovi. Portandola lungo il corridoio, le mostro la prima camera da letto sulla destra, che è la camera matrimoniale con bagno annesso. Si ferma e dà un'occhiata dalla porta, come se la stesse fotografando mentalmente, catturando con lo sguardo il letto in mogano scuro come i mobili, le coperte e lenzuola grigie e nere. Per non farla sentire a disagio, e farle scoprire quanto desidero portarla nella stanza e strapparle i vestiti di dosso, le mostro l'altro bagno e le due camere sul lato sud.

«Questa è la stanza degli ospiti. Quando ho comprato la casa volevo una camera in più a disposizione in caso che uno dei ragazzi ne avesse avuto bisogno per la notte. E uso quest'altra stanza come ufficio».

Entra nella camera e la esamina. Sono curioso di sapere cosa ne pensa. Questa stanza è il mio ufficio e la mia tana, un santuario alla mia carriera nel wrestling e nelle arti marziali miste. La maggior parte dello spazio è occupato da un divano e da una scrivania e, su un lato, ci sono gli scaffali pieni di premi e di medaglie. Appese al muro ci sono dozzine di mie foto mentre combatto, mentre poso con altri lottatori, mentre partecipo alle gare e mentre sono in palestra. Si avvicina per osservarle meglio e il suo sguardo si ferma su una in particolare, continuando a fissarla. È una delle mie preferite ed è al centro di tutte le altre. La raggiungo davanti al muro.

«Sono io con mio nonno».

«Quello che ti ha lasciato la palestra?».

«Sì, il suo nome era Steven e io lo chiamavo nonnino». Guardo noi due seduti insieme sul bordo del ring da boxe, con lui intento a darmi dei consigli e io ad ascoltarlo assorto.

«Com'è morto?».

Fissando la foto il mio cuore diventa pesante, e ingoio il nodo che ho improvvisamente in gola. La sua perdita è ancora tangibile.

«Ha avuto un infarto. Lo portarono in fretta al pronto soccorso e dopo gli esami dissero che aveva le arterie bloccate e doveva essere sottoposto a un intervento di bypass d'emergenza. È morto in sala operatoria».

«Oh no, mi dispiace tanto!».

La faccio voltare e le rimetto a posto una ciocca di capelli ribelle. Sorridendo con tristezza, le accarezzo la guancia con il dorso della mano.

«Grazie. Dispiace anche a me e mi manca molto. Sarebbe facile perdermi nel dolore, ma non lo avrebbe voluto, quindi scelgo di ricordare i bei tempi, come quello rappresentato in questa foto».

«Mi hai detto che è morto da un anno, giusto?».

«Poco più di un anno. Ho avuto la palestra più o meno da allora, come sai, anche se con il senno di poi gestivo già molte cose prima che morisse. Pensavo che mio padre avrebbe contestato la proprietà, visto che era così arrabbiato, ma non lo fece. Scelse di sguazzare nella sua amarezza e nella sua rabbia. All'inizio ho cercato di fare di tutto perché non mi odiasse, poi mi sono reso conto che il problema era suo, non mio, e ho deciso di concentrarmi sulla palestra che mio nonno amava. La amo anch'io, forse ancora di più adesso che lui non c'è più».

«È un modo molto sano di considerare la questione, anche se non penso che sia una cosa semplice da fare».

«No, non lo è. Ho imparato che nella vita non posso andare avanti se permetto al mio passato di trattenermi. Solo uno sciocco porta l'invidia, le insicurezze e i problemi degli altri nel proprio futuro, sai? Ed è esattamente quello che è mio padre. Invidioso».

«Anche mia madre aveva quel problema».

Sono fermo e non voglio muovermi, o fare qualsiasi altra cosa che la faccia chiudere in se stessa e smettere di parlare. So quanto questi ricordi siano difficili per lei.

Sono rimasto sorpreso la prima volta che ha parlato così liberamente di sua madre e ho pensato che, forse, non lo avrebbe più fatto. Che la nominasse di nuovo o meno, il mio obiettivo era di aiutarla a superare il dolore procuratole dalle sue parole, in ogni modo possibile.

Non ne parlerò mai per primo finché non sarà lei a volerne parlare, ma posso usare altre situazioni per indurla ad aprirsi. So molto bene cosa vuol dire portare un dolore del genere.

I genitori possono incasinarti sul serio la vita.

«Da sobria aveva dei momenti buoni, ed era tranquilla finché qualcosa non la faceva arrabbiare. Non ci voleva molto. Spesso capitava quando vedeva una coppia con dei bambini. Una "famiglia normale", come diceva lei. Vedeva un uomo, un padre, interagire amorevolmente con sua moglie e i figli, incominciava e non si fermava più. Perdeva la testa, inizialmente dicendomi che avrebbe dovuto essere lei al posto di quella donna, e poi di solito proseguiva con degli insulti. Concludeva ripetendomi che non dovevo aspettarmi di avere una vita del genere, perché le donne della nostra famiglia erano maledette».

«Hai già parlato della maledizione. Sembra che lei ci credesse davvero».

«Sì. Diceva ripetutamente che tutte le femmine della famiglia Martin sono maledette. Che ogni uomo per cui proviamo qualcosa, e con cui stiamo, ci lascerà inevitabilmente. Che siamo destinate a restare da sole, a non essere mai amate».

Come fa una madre a dire una cosa del genere alla propria figlia?

«Quando te l'ho chiesto mi hai detto che non credi sia vero. È davvero quello che pensi? Non sto dicendo che tu mi abbia mentito, so solo che dichiarare di sapere che non aveva ragione e crederlo sul serio, sono due cose ben diverse».

«Onestamente? A volte credo che non sia vero, altre non sono così sicura... soprattutto dopo che Jason... be'... diciamo solo che a volte ci credo, sì. Ma poi ho avuto Lily e, anche se so che non è la stessa cosa, per la prima volta dopo molto tempo mi sono sentita ottimista».

Al solo menzionare la figlia, i suoi occhi si illuminano e la tensione nel suo corpo si affievolisce, come se il pensiero della piccola fosse in grado di scacciare i vecchi fantasmi. È bellissima e non lo sa neanche.

«Lily fa morire la sua intera teoria. Mi ama e io la amo, ed è tutto quello che importa. Con lei so che l'amore è possibile, un amore eterno».

Mi avvicino, le prendo il viso tra le mani e la bacio dolcemente.

«Ti meriti di essere amata, Rowan. Non solo da tua figlia, ma da chiunque abbia la fortuna di conoscerti. Non lasciarla mai vincere. Arrendendoti alle sue parole e facendole tue, le dai potere. Lei ha lasciato che le circostanze avverse la facessero diventare acida, invece di usarle per diventare più forte. Tu sei la definizione di forza, non permettere che lei ti tocchi».

«Perché?».

«Perché cosa?», domando.

«Perché ti preoccupi?».

Guardo le sue sopracciglia abbassate e capisco che è confusa.

«Cosa non dovrebbe interessarmi? Perché non dovrebbe importarmene?».

Il suo sguardo si ammorbidisce e sorride, inducendomi a dire: «Adesso voglio farti io una domanda».

«Okay».

«Perché domandi sempre il *perché*? Non è la prima volta che me lo chiedi».

«Nella mia esperienza, nessuno fa mai qualcosa senza volere altro in cambio, c'è sempre un secondo fine. A parte mio fratello, le altre persone con cui ho avuto una relazione hanno sempre e solo voluto soddisfare i loro bisogni, senza curarsi dei miei. Immagino che chiedendo spesso "perché" io stia cercando di imparare dai miei errori, di essere onesta e di fare un passo nella giusta direzione per capire da subito le intenzioni degli altri».

Mettendole i capelli dietro l'orecchio, parlo con sincerità. «Non tutti fanno qualcosa per un proprio tornaconto. Molti lo fanno perché è parte di quello che sono. Vogliono sul serio essere premurosi, amorevoli, vogliono di più per l'altra persona. Domandando il perché, presumendo sempre il peggio o non lasciando che ti diano quello che desiderano, neghi loro l'opportunità di farti un regalo. E magari vogliono donare loro stessi, anche se potrebbe sembrare un regalo egoista. Il bisogno di fare una buona azione o di dimostrare affetto, è la più semplice, amorevole, premurosa emozione umana.. Perché c'è bisogno che tutto richieda un motivo ulteriore?».

Scrolla le spalle, ma posso vedere le rotelle che girano dentro la sua testa. Nonostante non capisca la sua esigenza di chiedere sempre perché, la mia risposta calma sembra aver smosso qualcosa dentro di lei, e ne sono felice.

Alza le braccia e poggia le mani ai lati del mio viso. Alzandosi in punta di piedi, la sua bocca raggiunge la mia e mi bacia dolcemente, mantenendo gli occhi aperti per guardarmi. La osservo anche io, lasciandole vedere il bisogno e il desiderio nel mio sguardo e, quando si ritrae, centimetro dopo centimetro, posso vedere le stesse emozioni riflesse in lei.

«Grazie», mormora.

Annuendo, faccio un respiro profondo e la conduco verso il divano.

«Vuoi guardare un film o qualcos'altro finché non è ora di andare?».

Scuote la testa e, mentre sto per chiederle cos'altro le piacerebbe fare, mi sorprende fissandomi per un momento, per poi spingermi a sedere sul divano e montare a cavalcioni su di me.

«Posso farti una domanda?».

Annuisco perché mi mancano le parole, visto che le sue parti più intime premono decisamente contro le mie.

«Senti questa cosa che c'è tra noi? Questa… connessione?».

«Sì», sussurro.

«Non mi sono mai sentita così prima d'ora», sussurra piano, come se confessarlo a voce troppo alta potesse far svanire le sensazioni che sta provando.

«Tesoro, nemmeno io. Perché credi che sia stato così tenace con te?».

Sorride e, invece di dire altre parole, passa all'azione. Quando insinua la sua lingua nella mia bocca, sono sia scioccato sia deliziato. Si sta comportando in modo contradditorio e non era quello che mi aspettavo, ma di certo non mi sto lamentando. Tuttavia, con uno sforzo di volontà, sto per suggerirle di rallentare, quando lei improvvisamente si ritrae.

«Per una volta non voglio chiedermi il perché. Voglio solo perdermi nella risposta che conosco già. E la risposta è che ti voglio, Jax. Ho in mente qualcos'altro, invece di guardare un film, anzi, per essere chiari, ho un piano».

Le sue parole mi accendono ed emetto un basso ringhio,

premendo le mie labbra sulle sue. Quando mi afferra per le spalle, e percepisco le sue unghie attraverso la maglietta, metto le mani sui suoi fianchi e la tiro verso di me. Comincia a strofinare l'inguine contro il mio cazzo e l'attrito mi fa letteralmente impazzire. Strappando la bocca dalla sua, la fisso negli occhi.

«Per quanto mi piacerebbe portarti in camera mia proprio adesso, e scoprire ogni singola parte del tuo corpo, purtroppo non c'è abbastanza tempo perché io possa farti tutto quello che vorrei».

Mentre parlo, fa scorrere le unghie sul mio petto eccitandomi da morire. Vorrei solo rovesciare la testa all'indietro e perdermi in questa sensazione.

Oh, che cazzo! Piegandomi in avanti, le tolgo la maglietta da sopra la testa e sibilo quando vedo il suo seno coperto dal pizzo. Mi chino e prendo in bocca un capezzolo attraverso il merletto, gondendomi il suono dei suoi sussulti e dei suoi gemiti.

«Pensavo avessi detto che non c'è abbastanza tempo per il sesso».

«Non c'è abbastanza tempo per quello, ma ce n'è abbastanza per farti provare piacere. Lascia che mi prenda cura di te».

Senza aspettare che mi risponda, le abbasso la cerniera dei jeans e infilo la mano negli slip. La tocco, sentendo la sua eccitazione, e quando inserisco un dito dentro di lei, risponde poggiando le labbra sulle mie e ansimando nella mia bocca. Sfrega i fianchi contro i miei, come in preda a un impulso primordiale. Infilo un altro dito dentro di lei e sorrido quando questo le strappa un ulteriore gemito.

«Oh Dio, Jax. Mi sento così bene! Per favore, non fermarti».

«Non mi fermerò, piccola». Ruoto la mano e, non appena premo forte il pollice sul suo clitoride, sento che si contrae con forza intorno alle mie dita. Pompa con i fianchi su e giù, finché non si lascia andare con un grido.

«Ci siamo. Vieni per me».

«Oh Dio, sto venendo! Sto venendo!».

Continuo a stimolarla fino a che non si rilassa e crolla su di me, e allora le do dei lievi baci su tutto il viso.

«Era così sexy, tesoro. Guardare i tuoi occhi che si oscuravano, vedere il tuo viso mentre ti lasciavi andare. Assolutamente meravigliosa. Sono eccitato e pronto per te».

«Lascia che me ne occupi io». Cerca di tirarmi giù la zip dei pantaloni, ma gentilmente spingo via le sue mani e le trattengo nelle mie.

«No, piccola. Eri tu quella importante».

«Ma voglio far star bene anche te».

«Lo farai. Ma dopo, quando avremo più tempo a disposizione, okay? Per adesso, lascia che ti tenga tra le braccia. Possiamo guardare un po' di TV, chiacchierare o qualsiasi cosa tu voglia fare prima di dover andare, okay?».

«Okay». Mi dà un altro bacio e poi, sospirando e applaudendo silenziosamente il mio autocontrollo, la aiuto a rimettersi la maglietta e a mettere in ordine i suoi vestiti.

La tiro a me e la faccio accomodare al mio fianco. Poggia la testa sulla mia spalla e io accendo la TV e comincio a fare zapping. Ce l'ho incredibilmente duro e non posso fare a meno di sussultare dal dolore quando lo sistemo nei pantaloni, ma ne è valsa la pena. Vale la pena averla qui, sentirla tra le mie braccia, ricordare le grida che uscivano dalle sue labbra. Le passo le dita tra i capelli e vorrei ancora una volta che l'incontro fosse già finito, così potrei affondare dentro di lei e smarrirmi.

Curiosamente, scopro che ho anch'io un "perché" sulle mie stesse labbra. Perché ci è voluto così tanto affinché il destino mi concedesse questa creatura?

Capitolo 15

Rowan

Lasciare la casa di Jax non è un'impresa facile, tutto il mio corpo protesta, perchè dopo quel piccolo assaggio di lui, voglio di più, molto di più. La mia mente ha un'idea fissa: andare nella sua camera da letto per continuare ciò che abbiamo cominciato sul divano. Ma, dopo il giro della casa, la chiacchierata e la sessione di baci appassionati, dobbiamo prepararci e avviarci affinché arrivi alla pesata in orario.

Quando arriviamo al casinò, Jax insiste ad accompagnarmi fino al mio posto in prima fila. Svariate persone lo chiamano e gli augurano buona fortuna, e molto donne urlano il suo nome quando passa. Le loro grida mi spaventano. Fa un cenno del capo ad alcune, ma altre le ignora completamente.

«Okay, ecco il tuo posto, tesoro. Goditi il casino, quando finisce vengo subito a prenderti, va bene?».

«Okay». Annuisco con un sorriso e mi siedo.

«Ricordati quello che ho detto. Sarà un po' turbolento e ci sarà un casino da matti, ma di fatto è solo un'opportunità per la stampa e per i fan di fare delle foto, e per i lottatori di provocare gli avversari. Non preoccuparti o altro, è tutto per fare accrescere l'agitazione per l'incontro».

«Starò bene, non preoccuparti per me. Tu fa' quello che devi fare. Sono emozionata di essere qui con te».

«Anch'io sono felice che tu sia qui. Ma so che questo è il tuo primo incontro e non voglio che ti preoccupi per niente, o peggio, che tu non voglia venire mai più».

Alzandomi dal mio posto, poso una mano sul suo petto.

«Ehi, smettila di preoccuparti. Sono solo un po' emozionata, okay? Ci sarà da divertirsi! Ci vogliono più che un paio di fischi e del chiasso per spaventarmi. Infatti, per dopo ho già in mente un certo programma».

Mi piego in avanti e gli do un bacio che vorrebbe essere veloce, ma quando Jax poggia le mani sui miei fianchi e mi tira a lui, aprendo la bocca per accogliermi dimentico rapidamente dove siamo, e di quante persone ci circondano, ma non dimentico lui. Mi devasta le labbra con le sue e mi bacia profondamente quasi volesse lasciare un segno, marchiarmi davanti a tutti, e a me va assolutamente bene. Sara difficile stancarsi di quest'uomo.

Il suo bacio riverbera in tutto il mio corpo, come un formicolio sotto pelle. Le mie labbra bruciano, i capezzoli si induriscono, la mia fica pulsa e le dita dei piedi si arricciano nelle scarpe. Non mi sono mai sentita così prima d'ora, è assolutamente frustrante.

Qualcuno si schiarisce la gola, riportandoci sulla terra e ci costringe a separarci. Stiamo naso contro naso per un minuto, i suoi occhi pieni di promesse per dopo, prima che mi dia un altro bacio e si ritragga. Dietro di lui, un uomo più grande lo guarda irritato, ma con un sorrisetto divertito.

Jax sospira. «Solo un secondo, Gil».

«Sono qui da un po' ed è passato ben più di un secondo, figliolo».

Roteando gli occhi, Jax mi infila una ciocca di capelli dietro l'orecchio.

«Non lo dimenticare, ti verrò a prendere qui».

«Non lo dimentico».

Annuendo, si volta verso l'uomo dietro di noi. «Gil, lei è Rowan. Rowan, lui è il mio allenatore e la mia giornaliera rottura di palle, Gillespie».

«Tutti mi chiamano Gil», mi dice, la voce che sembra ghiaia.

Sentendomi in imbarazzo perché ci siamo lasciati andare così tanto davanti a lui, gli sorrido timidamente e lo saluto. «Ciao, Gil. Sono felice di conoscerti».

«Ciao, bellezza, anch'io sono felice di conoscerti. Per favore, scusami, ma devo portare il mio lottatore nel retro».

«Oh, certo».

Con un altro sorriso, Jax mi bacia la fronte e se ne va. Sedendomi al mio posto, assaporo il panorama mentre cammina al fianco di Gil. Prima che raggiunga la sua destinazione, gli si avvicina una bionda sensuale con delle gambe lunghissime che spuntano da dei pantaloncini cortissimi, e con delle tette così grosse che rischiano di fuoriuscire dalla canottiera. I miei occhi si socchiudono mentre la guardo far scivolare le mani sul petto di Jax, e la gelosia quasi mi strozza. Osservando attentamente la reazione di Jax, faccio un sospiro di sollievo quando vedo che allontana le sue mani, scuote la testa e se ne va. Lei se ne sta lì con un sorriso irritato sul viso e faccio del mio meglio per non alzarmi e indicarla ridendo diabolicamente. Sono felice che Jax si ricordi la nostra chiacchierata sul "non condividere".

I fan, gli entourage dei lottatori e la stampa, continuano a riempire la scena e, nonostante sul palco non stia ancora accadendo nulla, sento così tanti "*click*" di macchine fotografiche da non riuscire nemmeno a contarli. Sono seduta in prima fila e aspetto che la pesata cominci, e la mia mente torna alla conversazione di prima con Jax. Le cose che ha detto riguardo al fatto che non tutti hanno dei motivi nascosti e che mi merito di essere amata, hanno aumentato il bisogno di stargli vicino. È un desiderio che sarebbe da ipocriti negare. Nessuno mi hai mai detto cose del genere e la mia reazione alle sue parole è stata immediata. Certo,

Tyson mi ha sempre detto delle cose simili, ma è mio fratello. Che sia un uomo come Jax a dirle è… be'… diverso.

È quasi come se, con le sue parole, avesse preso la mia anima e l'avesse marchiata. Mi ha fatto credere che ci sia speranza.

Per il momento metto da parte questi pensieri, promettendo a me stessa che li esaminerò più tardi, e osservo il palco davanti a me. Ci sono alcune persone sopra, oltre a un paio di ragazze con bikini striminziti. Non sono sicura di quali siano i loro ruoli e non ho idea di come rientrino negli eventi che Jax mi ha spiegato accadranno, ma sembrano felici di essere lì mentre parlano animatamente l'una con l'altra. C'è una bilancia enorme proprio al centro del palco, ed è così grande che tutti nella stanza possono vedere i risultati. Jax mi ha detto che ciascun lottatore della serata, e il suo avversario, saranno chiamati dall'annunciatore sul palco, e in mutande saliranno sulla bilancia di fronte al commissario dell'MMA, il presidente dell'organizzazione di arti marziali miste e tutti gli spettatori. Quando confermeranno il peso dei lottatori, si metteranno in posa con il loro avversario e saranno fotografati.

Questa settimana ho fatto un po' di ricerche sui lottatori di arti marziali miste, perché non voglio essere del tutto ignorante su qualcosa che fa parte della vita di Jax. Quello che ho letto spiegava che la pesata è fatta per assicurarsi che i lottatori rientrino nella loro classe di peso, ma è anche un modo per fomentare l'entusiasmo dei fan in vista degli incontri. Ogni classe di peso ha un peso minimo e uno massimo. Se il lottatore è oltre il massimo per la sua classe, non gli è permesso gareggiare e, in un certo senso, è squalificato ancor prima che cominci l'incontro.

Mentre altre persone salgono sul palco, un uomo cattura la mia attenzione. Va al microfono e lo tocca per essere sicuro che funzioni prima di parlare.

«Signore e signori, grazie per essere venuti questa sera alla pesata pre-incontro! Prima di cominciare vorrei ringraziare tutti i nostri sponsor e il casinò Arizona Red Rock per averci ospitato. Ora, partiamo! I primi sono la nostra divisione del peso medio-leggero».

Vengono annunciati due lottatori e avanzano dal retro, sorridendo ed esibendosi per la folla. Li accompagna un gruppetto di persone e penso che il loro allenatore sia tra loro, ma non ne sono sicura. Poi, mentre ogni lottatore viene annunciato di nuovo singolarmente, cominciano a spogliarsi, passando i vestiti a membri diversi del loro entourage. Quando non indossano altro che le mutande, si fanno avanti e salgono sulla bilancia. I loro pesi vengono annunciati e documentati da un gruppo di persone seduto di fronte a loro, poi gli avversari si fronteggiano mettendosi in posizione di guardia, vengono fotografati, si stringono la mano ed escono dal palco.

Quando viene proclamato il nome di Levi, l'amico di Jax, non posso fare a meno di applaudire e fare il tifo per lui. Il suo entusiasmo è evidente ed è un buon intrattenitore, mentre saltella flettendo i muscoli per il pubblico. Dopo che si è spogliato, fa l'occhiolino alla folla e alcune ragazze lo premiano urlando il suo nome. Le macchine fotografiche scattano quando sale sulla bilancia.

«Settantacinque chili per Levi "Il cacciatore di taglie" Hunter!». Levi si ferma, flette di nuovo i muscoli e poi aspetta pazientemente mentre il suo avversario viene pesato a sua volta, sorridendo alla folla. Quando ha finito, stanno in piedi e si fronteggiano in posizione di guardia mentre vengono fotografati.

La categoria successiva è dei pesi medi, quella di Jax. Mi ha detto che arriva fino agli ottantaquattro chili. Riconosco il suo amico Cole, e quando esce viene sottoposto allo stesso processo di quelli prima di lui. C'è un tipo sul palco con Cole, che in qualche modo assomiglia a Jax. Fa il tifo per lui, incoraggia la folla e tesse le sue lodi, urlando che Cole "La furia" Russell "farà il culo e spezzerà i nemici". Sembra un po' esagerato ed è certamente più chiassoso e pazzoide di quelli prima di lui. Infatti, dalla postura, Cole sembra imbarazzato e non posso fare a meno di chiedermi che cosa ci sia sotto.

Finalmente chiamano il nome di Jax e del suo avversario. Il rivale di Jax, Lance "Il martello" Henderson, va per primo sulla bilancia e non posso esimermi dal sentirmi un po' nervosa nel guardarlo. È muscoloso e mantiene delle pose e un atteggiamento che lo mettono in risalto, ma per tutto il tempo non fa nemmeno un sorriso. Annunciano il suo peso, ottantatré chili, poi flette i muscoli e ringhia di nuovo al pubblico prima di spostarsi di lato.

«A seguire, fatemi sentire come accogliete degnamente l'avversario di Lance, Jackson "Mani di pietra" Stoooooone!». L'annunciatore trascina il suo nome e il pubblico va in delirio. Forse sono io, ma mi sembra che riceva una reazione più grande e rumorosa di quelli prima di lui. Ci sono delle donne che urlano a più non posso, tanto da farmi sentire possessiva e un po' irritata nei loro confronti. Parte di me vorrebbe salire sul palco e baciarlo ovunque, per rendere chiaro a tutti che lui è mio.

Dio, possessiva eh, Rowan?

Il mio sguardo non lo lascia neanche per un momento, mentre lo guardo togliersi i pantaloncini, la maglietta, le scarpe e i calzini. Questa è la prima volta che riesco a guardarlo bene senza vestiti e odio maledettamente dover condividere questo spettacolo con tutta la stanza. I miei occhi lo esaminano con desiderio e quasi sbavo per la sua assoluta perfezione. Il suo corpo è sodo e tonico, i suoi addominali spiccano e ha quella V sopra le anche da far venire l'acquolina in bocca, che scende e scompare negli slip. Le mie dita si contraggono e il mio corpo freme solo a vederlo. Voglio far scivolare le mani su di lui e tracciare con la lingua il tatuaggio tribale che gli copre il bicipite e il petto.

Quando Jax sale sulla bilancia meccanica, si volta verso la folla e i suoi occhi trovano i miei. Mi fa un sorrisetto come se sapesse che cosa sto provando. Al suo sguardo, il mio sorriso diventa enorme e presto attenzione mentre l'annunciatore proclama gli ottantaquattro chili giusti del suo peso.

Flette i muscoli per il pubblico e, quando fa quel suo sorriso con annesse fossette, vorrei strapparmi le mutande solo per lui, e il mio corpo si infiamma quando mi fa l'occhiolino. Avvicinandosi al suo avversario, si fronteggiano e si mettono in guardia. L'altro lottatore ha l'aria truce, mentre Jax ha un lieve sorriso sul viso, come se si rifiutasse di prendere la situazione sul serio.

Poi entrambi scendono dal palco e io mi risiedo al mio posto, cercando di calmare il respiro affannoso. Rimango seduta per il resto della pesata e mi perdo nel caos intorno a me. Non posso fare a meno di ridere quando mi rendo conto che le ragazze in bikini non fanno altro che stare lì in piedi e applaudire. Mi sembra stupido, ma che diavolo ne posso sapere? Poco dopo, Jax è di fronte a me con un sorrisone e gli occhi pieni di desiderio.

«Sei pronta, tesoro?».

«Sì, sono *più* che pronta», rispondo quasi senza fiato. Jax mi guarda con degli occhi ancor più colmi di passione.

«Andiamo», replica, con voce profonda.

Prima di riuscire ad arrivare alla porta, gli amici di Jax sono davanti a noi. Sono circondati dai fan che cercano di attirare la loro attenzione, ma li ignorano.

«Cosa facciamo adesso, Jax?», domanda Levi con un sorrisetto sul viso.

«*Noi* non facciamo niente. Io e Rowan stiamo andando a mangiare qualcosa a casa mia. Non so, e non m'importa, che cosa farete voi».

«Che cosa intendi? È tradizione che dopo una pesata si vada a farci un bella cena a base di pasta, dato che possiamo recuperare tutto il peso che abbiamo faticato tanto per perdere. Sai che è questo che rende il dolore degno di essere sopportato. D'altra parte, prima di un incontro abbiamo tutti bisogno di carboidrati», dice Cole.

«Stai sul serio infrangendo la tradizione, amico?», chiede Ryder.

«Sembrate tutti un branco di femminucce. Andate a fare quello diavolo volete. Io esco con la mia ragazza».

Lo sguardo imbronciato di infelicità e disappunto che compare sui loro visi è probabilmente artefatto, ma ciononostante su di me funziona.

«Jax, non mi importa se andiamo a mangiare con tutti, non voglio rovinare la vostra tradizione».

«Sì, Jax. Non le importa e non vuole rovinare la nostra tradizione», aggiunge Levi sorridendo, cosa che gli fa guadagnare uno sguardo truce da Jax.

«Non rovini niente. Stanno solo facendo gli stronzi».

«È tutto okay». Sorrido. «Davvero».

Dietro Ryder, Levi e Cole arrivano gli altri amici di Jax, Zane e Dylan, che dovevano essere tra la folla a guardare la pesata. «Sì, Jax. Non le importa», dice Zane, cogliendo la fine della nostra conversazione.

«Forse importa a me», ringhia Jax. Mi guarda e io scrollo le spalle, rendendo chiaro che non m'importa sul serio. Con un gran sospiro lui si arrende.

«Va bene. *Solo* la cena. Dopo nessuno di voi verrà a casa mia, quindi non pensateci neanche, vi terrete ben lontani».

«Cosa? Ma veniamo da te ogni volta e…», comincia Levi e Jax gli ringhia contro, facendolo ridere, sapendo che sta esagerando.

«Va bene, okay».

Usciamo tutti dal casinò e Dylan urla: «Ci vediamo là!».

Jax mi accompagna al fuoristrada, digrignando i denti per tutto il tragitto. Mi aiuta a salire e, una volta che è seduto di fianco a me, mi guarda e sospira esasperato.

«Mi scuso per loro, sono dei bambini. Ora che non ci possono vedere o sentire, sei sicura che ti va bene? Non è per niente quello che avevo in mente per noi due questa sera, e mi andrebbe benissimo dar loro buca».

«Cosa avevi in mente?», domando alzando un sopracciglio.

Si china così vicino a me, togliendomi l'aria.

«Cena solo noi due, e il dolce nel mio letto».

I suoi occhi sono fuoco liquido e le mie cosce si irrigidiscono in risposta.

«Be'», sussurro. «Sul serio mi va bene andare a cena con i tuoi amici, e mi va ancora più bene avere il dolce dopo. Oltretutto...». Sorrido e sento le labbra sfiorare le sue nel movimento. «È solo la cena, vero? E sembra che questa sia la tradizione. Non ha senso sfidare gli dèi».

«Che si fottano! Possiamo inventarci delle nuove tradizioni», brontola.

«Che ne dici se creiamo una nuova tradizione dopo cena?».

Mi tocca immediatamente le labbra con la lingua, specialmente il labbro inferiore. Apro la bocca in un gemito silenzioso e lui coglie l'opportunità per baciarmi in modo così' intenso e profondo da farmi boccheggiare quando si ritrae.

«La colpa è tua». Senza dire altro avvia il fuoristrada e ci dirigiamo verso il ristorante. Per tutto il tragitto cerco di calmare il mio respiro.

La cena è un'esperienza! I ragazzi sono simpatici e si divertono a sfidarsi con le loro stupidate. Prendersi in giro l'un l'altro e vedere chi racconta la storia migliore. Dopo avermi stuzzicata perché prima d'ora non sono mai stata a un incontro, domando loro come sono stati i primi combattimenti. Quindi fanno a turno per raccontare storie e mi godo l'atmosfera. Rido e mi diverto più di quanto riesca a ricordare.

«Oh Dio, la migliore è quando Dylan è salito sul ring per la prima volta», lo stuzzica Zane.

«Chiudete quella cazzo di bocca, ragazzi!». Dylan non è per niente divertito, ma gli altri ridono tutti.

«Perché?». Non posso fare a meno di chiedere.

«I suoi occhi erano spalancati, sembrava che fosse la sua prima volta in piedi su un palco davanti a una folla, in procinto di cantare l'Ave Maria o qualche stronzata del genere», aggiunge Ryder.

«Ho pensato sul serio che stesse per pisciarsi nei pantaloni». Dice ridendo Cole.

«Quando l'arbitro annunciò l'inizio dell'incontro e cominciarono a girarsi intorno, Dylan invece di cercare un'apertura per mollare il primo colpo, cominciò a correre in cerchio. Il tipo contro il quale stava combattendo dovette rincorrerlo in giro per la gabbia», spiega Levi.

«Non volevo che per lui fosse facile. Smettila! Te l'ho già detto», sostiene Dylan.

Ridono tutti, incluso Jax, e il suono mi fa fremere.

«Cosa successe?».

Mi raccontano qualche altra stranezza sull'incontro e poi si voltano verso Dylan, che arrossisce e lo riassume. «Mi ha fatto il culo».

Cerco veramente tanto di non ridere, ma fallisco quando i ragazzi scoppiano in una risata fragorosa.

«È tutto okay», dice Jax. «È migliorato tanto da quella volta».

«Che mi dici di te, Rowan?», chiede Dylan.

«Che cosa intendi?». Sorrido. «Non ho mai combattuto».

«Ah! No, raccontaci di te», dice, con la speranza di distogliere l'attenzione da sé.

Jax mi tira di più a sé mentre prende un altro boccone della sua bruschetta. Abbiamo tutti dei piattoni di spaghetti o fettuccine, seduti a un tavolo enorme in un localino italiano in cui non sono mai stata.

«Che cosa vuoi sapere?».

«Vogliamo sapere tutto», dice dolcemente Ryder facendomi l'occhiolino.

«Non costringermi a prenderti a calci in culo», lo minaccia Jax, facendo scoppiare a ridere tutti per quanto è possessivo.

«In realtà non c'è molto da dire». Scrollo le spalle senza avere la minima idea di cosa si aspettano che racconti.

«Per qualche ragione ne dubito», dice Zane. «Sembri aver stregato il nostro ragazzo, quindi non possiamo fare a meno di essere curiosi».

«Lasciala stare. Non è tenuta a dirvi un cazzo», dice Jax e, nello stesso momento, io rispondo: «Be', chiedi quello che vuoi sapere».

Cole inizia per primo. «Sei nata in Arizona?».

«No. Io e mio fratello Tyson ci siamo trasferiti qui cinque anni fa, dopo aver compiuto diciotto anni».

«Da dove vieni?», chiede.

«California».

«Parlando di Ty, dove diavolo è?», domanda Dylan.

«Non sono affari…», comincia a dire Jax, ma scrollo le spalle e dico: «Galera».

Questo fa emergere una nuova sfilza di domande, molte su Tyson, e rispondo a tutte.

«Si spera che esca questa settimana, e non vedo l'ora. Non siamo mai stati separati più di qualche giorno».

«È veramente un bravo ragazzo e stava cominciando a essere un diavolo di lottatore!», afferma Ryder serio. «È bello avere un gemello?».

Scrollo le spalle. «Direi di sì. In realtà non penso a lui come al mio gemello. È solo mio fratello. Mi irrita perché dice che è mio fratello maggiore, dato che è nato due minuti prima di me».

Ridacchiano e Levi chiede: «Siete sempre andati d'accordo?».

«Sì. È il mio migliore amico».

Il mio interrogatorio termina più in fretta del previsto, la conversazione passa all'incontro del giorno dopo e mi diverto ad ascoltarli parlare di previsioni e strategie. Nonostante le prese per il culo reciproche, è ovvio che sono dei buoni amici che si prendono cura e si sostengono l'un l'altro. Scopro che godo della loro amicizia, ma allo stesso tempo sono anche invidiosa. Quello che hanno è speciale e vorrei avere un gruppo di amiche così legate come lo sono questi ragazzi.

Allontano questi pensieri quando la conversazione passa ai social media, un argomento che mi interessa.

«Un tipo ha detto che Lance ha un seguito enorme su Facebook dove fa sempre parlare dei suoi incontri. Immagino che i suoi fan arriveranno da tutte le parti dello stato per seguire i suoi combattimenti. Forse è qualcosa a cui dovremmo pensare?», Jax rivolge la domanda ai ragazzi e loro lo guardano attoniti.

Non posso fare a meno di intervenire. «Voi non avete delle pagine per i fan individuali, o in generale dedicate alla palestra?».

Tutti mi fissano, poi si guardano l'un l'altro.

«No, non per il lavoro, solo personali», afferma Cole e tutti confermano.

«Non ne sappiamo tanto del lato economico della cosa», dice Zane.

«Parla per te. Io ho una pagina Facebook personale e uso quella per condividere tutti i dettagli dei miei incontri. Alle ragazze con cui sono amico piace sapere dove sarò», ribatte Ryder.

Non posso fare a meno di alzare gli occhi al cielo. «Perché non mi sorprende?». Tutti ridono, incluso lui.

«Dovreste avere tutti delle fan page individuali, incluso tu, Ryder, e cominciare a parlare con i vostri fan. In più, nessuno di voi ha mai sentito parlare di Twitter?».

«Tw-cosa?», chiede Levi.

«È un social che vi permette di mandare messaggi a tutti coloro che vi seguono, in centoquaranta caratteri o meno. Avete tutti bisogno di un account Facebook e Twitter. In più, Jax, tu dovresti assolutamente avere una pagina aziendale per la palestra, oltre a un blog allegato al tuo sito, se non lo hai già».

Si schiarisce la gola. «Non ho ancora un sito».

«Cosa? Sul serio? Be', dobbiamo risolvere la cosa. E per il blog potreste fare tutti a turno nello scrivere qualcosa sui vostri programmi di allenamento, o suggerimenti di esercizi per concentrarsi su specifiche parti del corpo, per esempio cosa fare per avere addominali scolpiti. In più potreste anche andare oltre e parlare dell'importanza di una buona dieta. La condivisione di ricette sarebbe una gran cosa. Sono sicura che tutti abbiate una dieta particolare che seguite durante l'allenamento, e dei frullati che vi piacciono. Quel tipo di cose. Jax, sul sito potresti anche vendere i prodotti che hai in negozio».

Finalmente mi fermo e mi rendo conto di essere partita per la tangente. Guardo le facce intorno a me per capire che cosa ne pensano della mia opinione non richiesta. Tutti i ragazzi mi stanno fissando, perlopiù con delle espressioni basite, e alcuni hanno anche la bocca un po' aperta, ma poi cominciano contemporaneamente a fare domande. Il respiro che non sapevo di star trattenendo scappa improvvisamente in un'esalazione profonda, e sorrido mentre Levi comincia.

«Pensi sul serio che delle persone mi seguirebbero?».

«Scommetto che il mio frullato speciale rinforzante ai tre frutti di bosco piacerebbe molto», dice Cole.

«Che bel modo di far girare di più gli affari per la palestra! Perché non ci ho pensato prima?», afferma Jax.

«Io ci starei a scrivere dei programmi di esercizi per la pancia, i glutei, i bicipiti, quelle cose lì», dice Zane.

«Pensate a tutte le tipe nuove che mi scopriranno se cominciassi a twittare e a scrivere sul blog», rimugina Ryder.

Ridendo per tutto quello che stanno dicendo, mi volto verso Jax per sentire cosa ne pensa.

«Come fai a saperne così tanto al riguardo?».

Tutti mi guardano e aspettano la mia risposta.

«Be', mi sono sempre interessata al marketing per i social. Ho fatto un paio di corsi quando potevo permettermeli e ho anche aiutato la tavola calda a costruire un profilo aziendale. Ha aiutato a migliorare le vendite di crostate durante le festività», affermo con orgoglio. «Direi che ci sono portata», dico scrollando le spalle.

«Saresti disposta ad aiutarci? Ti pagherei per i tuoi servizi», dice Jax facendomi imbronciare.

«Vi aiuterò, ma non voglio i tuoi soldi».

«Rowan, ho un budget per il marketing che non uso mai. Posso pagarti e lo farò, come farei con qualsiasi altro professionista che assumerei per aiutarmi a pubblicizzare la palestra».

«Io personalmente vorrei il tuo aiuto. Non so niente di social media, ma se può supportare la mia carriera, e nel frattempo sostenere gli affari della palestra, sarei propenso ad assumerti anch'io», aggiunge Zane.

Tutti gli altri ragazzi intervengono sulla stessa riga e mi sento sopraffatta e al centro dell'attenzione, ma un po' felice di poter contribuire al successo del gruppo.

«Se siete sicuri, va bene. Mi piacerebbe aiutarvi. Datemi qualche giorno per cominciare a realizzare le basi per la pagina di ognuno e poi vi contatterò singolarmente per le informazioni specifiche di cui avrò bisogno. Va bene?».

Tutti annuiscono in segno di assenso, e vedo negli occhi di Jax qualcosa che mi dice che è eccitato per questo, e che più tardi avrà altro da dire sull'argomento.

Finiamo la cena e sono sorpresa quando tutti i ragazzi mi abbracciano prima di prepararsi ad andare. Ryder mi tiene un po' troppo a lungo, costringendo Jax a togliermelo di dosso.

«Stai esagerando sul serio, coglione», intima Jax brontolando, e mi fa ridere. Levi e Cole si lamentano un po' per il fatto che la serata non continuerà nel solito modo. Di norma, la sera prima di un incontro, guardano a oltranza vecchi film d'azione o restano sintonizzati sui principali canali sportivi. Senza troppe cerimonie Jax dice loro di smetterla e, poco dopo, mi sta riportando a casa sua.

Durante il tragitto penso alla cena e il ricordo mi fa sorridere, specialmente quando penso a Jax. Per l'intera serata non ha mai smesso di toccarmi. Che fosse un tocco leggero del suo braccio contro il mio, la sua mano sulla coscia, il suo braccio intorno alle mie spalle, o i suoi baci sulla testa. Mi tocca di continuo e il mio corpo è come se entrasse in sintonia con il suo.

Appena entriamo in casa sua, a malapena gli do l'opportunità di chiudere la porta, perché lo desidero troppo. Gli getto le braccia al collo e lo bacio, assalendo la sua bocca con la forza di tutta la voglia che ho represso durante la serata. Ricambia con un gemito mentre camminiamo lentamente all'indietro, fino alla sua camera.

Capitolo 16

Jax

Non appena entriamo nella mia camera da letto, la prendo in braccio e afferro con le mani quel culo favoloso. Lei avvolge automaticamente le gambe intorno ai miei fianchi e camminiamo a ritroso nella stanza. Arrivati di fianco al letto, la poso al centro, assicurandomi che la pila di cuscini in cima le sostenga la testa. Scorro le mani lungo le sue gambe finché non raggiungo le scarpe, poi gliele tolgo e le faccio cadere a terra. Tutto quello a cui sono riuscito a pensare da quando siamo andati via è stato di riportarla qui e averla nuda sotto di me. Sono stanco di doverla condividere con tutti gli altri, e ho dovuto trattenere tutta la mia impazienza quando i ragazzi stavano facendo a turno per abbracciarla. Volevo riprendermela e ruggire *MIA*. Non so di sicuro da dove salti fuori tutta questa possessività, ma prima di lei non ho mai provato niente del genere e non mi interessa se quegli stupidi sono miei amici.

Vedendola proprio dove volevo che fosse, la voglia di prenderla subito e farle urlare il mio nome è irresitibile.

«Dio, ti voglio».

«Ti voglio anch'io», esita. «Ma... Jax?». La sua voce esita e non capisco perché. Le concedo l'attenzione di cui ha bisogno, nonostante la mia mente sia annebbiata dal desiderio.

«Cosa c'è, piccola? È troppo presto?».

«No!», praticamente lo urla, poi sorride e abbassa la voce. «È solo, be', sai che ho avuto una bambina non molto tempo fa».

«Lo so». Non sono sicuro che cosa intenda e assumo la mia migliore espressione perplessa, visto che sono davvero confuso.

«È solo…». Imbarazzata, distoglie lo sguardo.

«Ehi, non farlo». Mi sporgo e le prendo il mento, facendola voltare verso di me. «Puoi dirmi tutto. Cosa c'è che non va?».

Le sue guance arrossiscono. «Il mio corpo…».

«Merda, è troppo presto? Potrei farti del male? Mi dispiace tanto, non lo avevo nemmeno considerato».

«No, no, niente del genere! È solo che devo ancora smaltire del tutto il peso guadagnato durante la gravidanza e…».

All'improvviso le sue preoccupazioni sono cristalline e mi rendo conto che l'espressione sul suo viso, che non riuscivo a decifrare, è insicurezza. Piazzandomi sopra di lei, bilancio il mio peso sui gomiti e la guardo negli occhi.

«Tesoro, sei assolutamente stupenda. Mi fai eccitare così tanto che non penso che il mio cazzo sia mai stato così duro». Le sue guance diventano ancora più rosse, ma sorride e vedo già la preoccupazione andare via. «Se hai dei chili in più, io di certo non li vedo. Tutto quello che vedo è una dèa formosa e sensuale che non vedo l'ora di esplorare con le mani, la bocca e gli occhi. Sei bellissima, in ogni fottuta maniera. Capisci?».

Annuisce e senza un'altra parola incolla le labbra alle mie. Riversa la sua risposta in quel bacio e io, di rimando, vado incontro con la lingua alla sua, giocando. Quando geme, il mio cazzo si contrae nei pantaloni e mi trattengo dallo strapparle i vestiti di dosso in questo fottuto momento. Ogni singolo suono che esce dalla sua bocca mi fa impazzire, è pura elettricità.

Smetto di baciarla e mi ritraggo un po', in modo da poterle togliere la maglietta. Fisso il suo seno ricoperto di pizzo, grato di avere più tempo a disposizione questa volta. Dio è stato decisamente generoso con lei e le mordicchio immediatamente un capezzolo attraverso il pizzo, per poi prodigarlo di attenzioni con la mia lingua, per lenire il dolore. Rowan inarca la schiena e geme, immerge le mani nei miei capelli e afferra alcune ciocche. Faccio scivolare la lingua dal suo capezzolo fino al bordo del reggiseno, tracciando le sue forme, poi scendo nel solco tra i seni e riservo all'altro seno lo stesso trattamento.

Lei strofina i suoi fianchi contro i miei e sento le sue mani farsi strada lungo la schiena, finché non mi tira la maglietta fuori dai pantaloncini. Mi ritraggo un po' per permetterle di togliermela e, quando il mio addome tocca il suo, pelle contro pelle, emettiamo entrambi un respiro profondo. La bacio di nuovo e seguo il contorno delle sue labbra con la lingua, mentre le infilo le mani dietro la schiena e le slaccio il reggiseno. Lanciandolo per terra, sulla pila di vestiti che sta man mano aumentando, mi ritraggo e la guardo.

«Bellissima, maledizione», mormoro e circondo il capezzolo con la lingua.

«Jax», sussurra. «Non fermarti».

Col cazzo che mi fermo, penso mentre lei tira a sé la mia testa in preda al desiderio.

Baciandola, scendo sempre più in basso sul suo ventre tonico e mi chiedo dove diavolo sarebbero quei chili in più. È pazza.

Faccio scorrere la lingua sulla sua pancia e, quando raggiungo il bottone dei jeans, non perdo tempo e li slaccio rapido, facendoli scivolare lungo le gambe. È nuda davanti a me, con nulla addosso se non un pezzo di pizzo che può a malapena essere considerato uno slip. Senza esitare mi piego in avanti e la lecco attraverso il tessuto. Praticamente salta dal letto facendomi ridacchiare.

«Ti piace, vero?». La sua risposta non è comprensibile.

Sfilo gli slip dalle sue gambe e li lancio oltre la mia spalla, facendola ridere, ma poi, quando allargo le sue cosce rivelandola completamente, diventa silenziosa. Ci guardiamo negli occhi e nei suoi scorgo puro desiderio. Si morde il labbro, intuendo quello che sta per avvenire, mandandomi letteralmente fuori di testa.

«Comincerò ad assaporarti, adesso», annuncio. Poi, lentamente, senza staccare lo sguardo dai suoi occhi, sporgo la lingua e le lecco il clitoride. I suoi occhi nocciola diventano marrone scuro mentre si riempiono di desiderio, e si sistema sui gomiti in modo da potermi osservare mentre la scopo con la bocca. La mia lingua diventa magica, mentre le lecco il clitoride senza abbandonare mai il suo viso. Il suo petto si alza e abbassa con rapidità, e il mio cazzo è così schiacciato contro i pantaloni che probabilmente ha il segno della zip. Chiudendo gli occhi, assaporo il suo gusto e il suono dei suoi piccoli gemiti di piacere.

«Oh Dio, Jax, ti prego... voglio venire. Ti prego, non fermarti».

Apro di nuovo gli occhi per guardarla e tengo lo sguardo fisso su di lei mentre le infilo un dito dentro e, allo stesso tempo, prendo il clitoride in bocca e succhio forte. Piega la testa all'indietro e posso sentire la sua fica stringersi intorno alle mie dita, mentre si lascia andare. Continuo a succhiare il clitoride e a muovere le dita dentro di lei, prolungando il suo piacere.

Alla fine è esausta e ha difficoltà a tenere sotto controllo il respiro. Allora afferro un preservativo dalla tasca posteriore dei miei jeans e lo apro con i denti, poi mi tiro giù i pantaloni e gli slip e lo indosso. Montando sopra di lei, la guardo di nuovo. Mi fissa con un sorriso che trasuda soddisfazione, e vorrei battermi il petto dall'orgoglio che provo. Quando il suo sguardo cade sulle mie labbra, lucide dei suoi umori, alza la testa molto lentamente e le lecca, assaporando se stessa su di me e facendomi gemere dal desiderio.

Aprendo ulteriormente le cosce in modo che mi possa sistemare in mezzo, si allontana dalla mia bocca.

«Ho bisogno di sentirti dentro di me. Ora».

«Anch'io, piccola, anch'io!». Afferro il cazzo e lo strofino sulla sua apertura e poi, con una grande spinta, entro dentro di lei con un gemito e poggio il viso sul suo collo. Rowan ansima e geme di rimando, cominciando immediatamente a muovere i fianchi, Esco lentamente prima di scivolare di nuovo dentro di lei, una volta, poi due, andandoci piano finché mi sorprende afferrandomi il culo e facendomi capire che vuole di più.

«Oh, Gesù», gemo. «Non durerò a lungo se continui a fare così». La guardo e lei mi sorride con fare furbo, prima di piantare le unghie sul mio culo e farlo di nuovo. «Cazzo!», mi lamento. «Non riesco a trattenermi».

«Non farlo. Scopami. Voglio che tu mi scopi».

Ecco fatto. Sono spacciato.

Spingo dentro di lei ripetutamente e la sento perdere di nuovo il controllo. Le sue pareti mi stringono per bene e, con un gemito profondo vengo dentro di lei. Poi crollo, attento a non schiacciarla con il mio peso.

Le do un lieve bacio sulle labbra, prima di alzarmi per andare in bagno, dove mi tolgo il preservativo e immergo un asciugamano nell'acqua calda. Torno da lei perché possa darsi una ripulita e. quando ha fatto butto l'asciugamano nel cesto e la raggiungo di nuovo sul letto.

L'avvolgo tra le braccia e restiamo in silenzio per un minuto, recuperando il ritmo dei respiri, godendoci il momento. Lo sapevo da prima che accadesse, ma sono davvero pazzo di lei, completamente pazzo. Mi ha catturato e adesso possiede il mio corpo e la mia anima.

Si sistema sul mio petto, con le braccia piegate, e ci poggia il mento sopra, per poi guardarmi sorridente. Ricambiando, le metto i capelli dietro l'orecchio e la fisso negli occhi, cercando di dirle così le cose che non sono ancora pronto a pronunciare ad alta voce.

«Jax, è stato…».

La interrompo. «Il miglior sesso della mia fottuta vita. L'hai sentita di nuovo? La connessione? I fuochi d'artificio?».

«Li ho sentiti e li sento ancora. Solo con te».

«Anch'io», confesso.

«Ed è stato anche per me il miglior sesso della mia vita».

Sorrido alle sue parole, poi lei si sporge in avanti e mi bacia, per poi riappoggiare la testa sul mio petto. L'ultimo pensiero, prima di addormentarmi, è quanto sembri giusto averla tra le mie braccia e quanto che restasse sempre lì.

Capitolo 17

Rowan

Mi sveglio con il sorriso sulle labbra. La notte scorsa è stata assolutamente fantastica. Non stavo mentendo quando ho detto a Jax che è stato il miglior sesso che abbia mai fatto. Non mi sono mai sentita nel modo in cui mi ha fatto sentire lui la scorsa notte, certamente non con Jason.

All'improvviso mi assale una fitta di tristezza e vorrei aver aperto gli occhi su Jason molto prima. Mi stavo perdendo la vera passione, e non ne avevo idea. Non ero mai riuscita a lasciarmi andare nel modo in cui ho fatto con Jax. Inoltre, non mi ero mai sentita come se potessi essere sul serio me stessa, incondizionatamente e senza essere giudicata, così come mi succede con lui. Però, nonostante rimpianga molte cose della mia relazione con Jason, senza di lui non avrei mai avuto Lily, e non posso più immaginare la mia vita senza di lei.

All'improvviso, sembra che un peso sia sparito dal mio cuore. Per la prima volta, da quando sono rimasta incinta, la semplicità di quel pensiero mi dà pace. Capisco che un capitolo della mia vita si è chiuso e mi sento più leggera. Adesso posso guardare al passato senza rimpiangere niente.

Con un sospiro felice mi giro per guardare Jax, emozionata per la giornata che ci aspetta, ma aggrotto le sopracciglia quando mi rendo conto che il letto è vuoto. Mettendomi seduta, noto subito la tazza di caffè sul comodino e mi chiedo se sia stato il profumo a insinuarsi nel mio sonno e a svegliarmi. Di fianco al caffè ci sono una rosa rossa e un biglietto. Leggo le parole vergate con una calligrafia disordinata: «Sono andato a prendere la colazione, o forse è meglio considerarla un brunch, a questo punto. Torno presto, sei autorizzata a sentire la mia mancanza mentre sono via ».

Sorrido, e sono felice di vedere che Jax ha avuto l'accortezza di portare la mia borsa nella stanza. Contenti e rilassati, ci siamo addormentati e non ho messo il pigiama. Prendo i miei vestiti e il beauty case e afferro la mia tazza di caffè portandomela in bagno. Trovo un asciugamano nell'armadietto dietro la porta e apro l'acqua. Mentre aspetto che raggiunga la temperatura giusta, sorseggio il caffè e mi godo la sua dolcezza. Jax ha aggiunto la quantità perfetta di zucchero e latte. Non ho idea di come abbia indovinato i miei gusti.

Sospiro e con nostalgia ripenso alla notte precedente. Le sue mani sul mio corpo, le sue labbra sulle mie… un sogno. Questa mattina mi sento bene e, quando mi rendo conto che è perché sono felice, felice al cento per cento, il mio sorriso diventa così ampio che le guance mi dolgono per lo sforzo.

Entrando nella doccia realizzo di non aver portato il mio shampoo o il bagnoschiuma. Controllo i prodotti di Jax, li apro e, inspirando il profumo che è unicamente suo, non esito a versare il suo shampoo sul mio palmo aperto e a insaponarmi i capelli. Ha un profumo divino.

Dopo averli risciacquati, raccolgo il suo bagnoschiuma e lo annuso. Mi sembra quasi un piacere proibito, o qualcosa del genere. Ne verso un po' sulla mano e poi strofino le mani su tutto il corpo per produrre schiuma.

«*Mmm*, questa sì che è una diavolo di scena a cui potrei facilmente abituarmi».

La sua voce è inaspettata e grido così forte che sono sicura che i vicini chiameranno la polizia, mentre mi copro più che posso con le braccia.

Jax mi abbraccia immediatamente, ridendo. Cerca di assumere un'espressione dispiaciuta, ma fallisce miseramente e comincia a ridere, mentre io tento di guardarlo male. Lo spingo via e incrocio le braccia, aggiungendo un'occhiataccia per sicurezza, che lo fa solo ridere di più. Le mie labbra continuano a incurvarsi in un sorriso e devo sforzarmi per trattenerle.

Quando si controlla abbastanza da riuscire a parlare, dice: «Scusami tanto. Non volevo spaventarti. Pensavo mi avessi sentito». Mi abbraccia di nuovo e io distendo le braccia per circondargli il collo. Mi sorride e di nuovo le sue fossette fanno diventare molli le mie ginocchia. Il mio divertimento si trasforma velocemente in desiderio quando il suo corpo nudo e bagnato si sfrega contro il mio. Quest'uomo sexy, bagnato e bellissimo, è nudo nella doccia con me. Come non approfittare dell'occasione?

Avvicinando la mia bocca alla sua, afferro i suoi capelli.

«Uh, la prossima volta almeno fa' un po' di rumore chiudendo la porta o schiarendoti la voce, okay?».

Ride e mi lascia andare per prendere il suo bagnoschiuma dallo scaffale, versarne un po' nel suo palmo per poi riprendere da dove mi ero fermata, passandolo su tutto il mio corpo. Non ha fretta e si assicura che ogni centimetro sia pulito. Tutto il mio corpo vibra e mi mordo il labbro cercando di impedire che mi metta a gemere come un'idiota vogliosa, ma cavoli se è difficile!

Quando mi ricordo di aver portato un piccolo asciugamano nella doccia, lo raccolgo per poi versarci sopra un po' di bagnoschiuma.

«È il mio turno», gli dico sorridendo, e mi sento rabbrividire quando mi fa un sorrisetto sexy.

Comincio dalle sue spalle, insaponandole da un'estremità all'altra. Muovendomi verso il basso, lungo i suoi pettorali, non posso fare a meno di usare l'altra mano per tracciare il suo tatuaggio con la punta di un dito. Solo che non è abbastanza, per cui mi spingo in avanti e uso la lingua, sentendomi soddisfatta nell'aver mantenuto la promessa fatta a me stessa. Lui sembra approvare, gemendo piano, e quando ho finito mi ritraggo per continuare a lavarlo.

Mi muovo verso i suoi addominali ed esagero nel pulire ognuno di essi, facendolo ridere. Il suono è profondo, grave, e mi fa tremare dal desiderio. Per distrarmi, con l'asciugamano faccio finta di usare i suoi addominali come un asse per il bucato, facendolo ridere di nuovo e ridendo con lui. Seguendo la V dei suoi fianchi, mi lecco le labbra quando raggiungo la sua impressionante erezione che svetta dritta e orgogliosa, fecendomi desiderare di perdere il controllo. Guardandolo vedo che mi sta fissando con gli occhi socchiusi. Risciacqo via la schiuma e, quando ho finito, mi inginocchio, perché voglio ricambiare il favore per come mi ha fatto sentire la scorsa notte. Quando rivolgo di nuovo lo sguardo verso di lui, i suoi occhi sono spalancati e non posso fare a meno di sorridere. Senza smettere di fissarlo, mi piego in avanti e avvolgo il suo cazzo con la bocca, facendolo sibilare per il piacere.

Roteando la lingua su di lui, afferro la base del suo pene e lo spingo ancora più a fondo, centimetro dopo centimetro, finché non lo sento gemere e le sue mani si contraggono tra i miei capelli.

«Oh, Dio. Proprio così, piccola. È una sensazione fantastica».

Trovo il ritmo giusto, usando la mano per aumentare il suo piacere. Geme di nuovo e sento il sapore muschiato del liquido pre eiaculatorio nella mia bocca. I suoni che emette mi stanno facendo impazzire dall'eccitazione e, quando apro gli occhi per guardarlo, gemo a mia volta perché ha piegato indietro la testa, in un gesto di totale abbandono, e sembra completamente perso nelle sensazioni che sta provando. Sento il suo pollice sfiorarmi la guancia e poi comincia a spingere ritmicamente, seguendo con i fianchi i miei movimenti. Con l'altra gli afferro i testicoli, del tutto persa in qualcosa che non riesco ancora definire.

Quando all'improvviso mette le sue mani sotto le mie braccia e mi fa alzare, emetto un verso di sorpresa.

«Devo essere dentro di te, ora».

Senza dire altro, mi sbatte contro la parete della doccia, mi solleva afferrandomi per i glutei e mi spinge ad allacciare le gambe intorno alla sua vita. Mi prende per i capelli, costringendomi a piegare la testa all'indietro e invade la mia bocca con la lingua, del tutto fuori controllo. Infila la mano tra i nostri corpi e guida la sua erezione dentro di me con una spinta poderosa. Gemiamo nello stesso momento e posso già percepire l'orgasmo che inizia a svilupparsi nel profondo del mio ventre. Sospira il mio nome mentre si muove con forza.

Infila di nuovo la mano tra di noi e con il pollice mi stimola il clitoride.

«Vieni per me, tesoro». Sussurra, facendomi perdere la testa come se stessi solo aspettando il suo permesso.

«Oh Dio, sì!», urlo e Jax mi segue rapidamente, anche se all'ultimo secondo si sfila e sparge il suo seme sul pavimento della doccia, lasciando che l'acqua lavi via il suo piacere.

Si gira verso di me e mi bacia, poi mi guarda preoccupato.

«Mi dispiace. Mi sono lasciato trasportare dal momento e solo all'ultimo mi sono reso conto che non avevo nemmeno messo un preservativo».

«Va tutto bene, prendo la pillola. In più, quando scoprii che ero incinta di Lily il ginecologo mi fece fare dei test per qualsiasi possibile problema, perché ci sarebbero potute essere delle complicazioni, quindi so di essere a posto».

«Vengo controllato periodicamente per i test fisici che devo fare per combattere, quindi sono a posto anch'io. Non ho mai fatto sesso senza il preservativo, mai. Ho perso il controllo solo con te».

«È tutto okay. Mi va bene se non usiamo preservativi in futuro, se va bene anche a te».

Mi sorride e annuisce. Esce dalla doccia, poi si volta per aiutarmi a fare altrettanto. Afferra il mio asciugamano e me lo avvolge intorno, poi ne prende uno per sé e lo avvolge intorno alla vita. Gli sorrido in modo scherzoso.

«Avevi promesso che mi avresti preparato il brunch».

Ride. «Lo stavo per fare, ma dopo essere tornato dal negozio ti ho sentito nella doccia, e improvvisamente il bisogno di lavarmi è stato veramente irrefrenabile».

Rido di gusto, mentre lui mi trascina verso la camera.

«Aspetta, ho i vestiti in bagno».

«Mettili dopo. Abbiamo un po' di tempo prima di dover uscire, quindi mettiamoci tranquilli e comodi».

Tira fuori una delle sue magliette dal cassettone e me la porge. «Ti va bene?».

Me la infilo con un sorriso. «Assolutamente».

Si infila anche lui una maglietta e dei boxer mentre anche io prendo delle mutande e le indosso. Una volta in cucina, mi domanda: «Vanno bene uova e pancetta?»

«Sì, benissimo. In realtà adoro tutto ciò che si mangia di solito per colazione. È il mio pasto preferito».

«Sul serio?».

«Sì, certo. Voglio dire, come può non piacere? Uova, pancetta, waffles, pancakes, patate, pane tostato con la marmellata, biscotti, crêpes, e potrei continuare! In più, non farmi parlare di quanto adori i cereali per cena».

Con una risata, Jax si dirige verso un mobiletto della cucina e lo apre. Dentro ci sono cinque scatole diverse di cereali.

«Oh, bene. Ora so che incontrarti è stato destino. Voglio dire, quali sono le probabilità che tu ami i cereali quanto me?».

Prendendo la scatola che mi porge, tiro fuori i cereali glassati di grano.

«Questi sono tra i miei preferiti».

«Anche tra i miei», mi dice con un sorriso.

Fianco a fianco prepariamo la colazione insieme e il sorriso non abbandona il mio viso per tutto il tempo. Non riesco a trattenermi, è ridicolo.

«Siamo così dannatamente casalinghi! Guardaci» gli dico.

Mi guarda e i suoi occhi osservano il mio corpo coperto solo dalla maglietta, i miei piedi nudi e la spatola nella mia mano.

«Oh, sto guardando, e mi piace quello che vedo».

Lo colpisco sul sedere con la spatola. «Anche a me».

Quando abbiamo finito di preparare il nostro brunch, siedo al suo tavolo e ho così fame che mangio tutto.

Dopo mi massaggio la pancia piena. «Sono incinta di un bimbo fatto di cibo».

«Un bimbo fatto di cibo?», dice alzando un sopracciglio, e mi guarda come se fossi pazza.

«Sì, è quella piccola pancetta che ti viene dopo aver mangiato molto, che ti fa sembrare incinta. Un bimbo fatto di cibo».

«Fa un po' schifo».

Ridendo sono d'accordo con lui. «Lo so. Quindi dimmi, sei nervoso per il tuo incontro? Oh aspetta, hai detto che non sei mai nervoso, vero?».

«Ultimamente non più di tanto, no. Come ho detto, è solo un lavoro, ma è un lavoro che amo. Non è stato sempre così, prima diventavo così nervoso che prima di un incontro di solito vomitavo».

«Oh, scommetto che lo farei anch'io. Quindi il tuo atteggiamento calmo, disinvolto e rilassato ha richiesto un bel po' di fatica?».

«Puoi dirlo forte». Si strofina il mento, prima di parlare ancora. «Ricordi che ti ho detto che mio padre era arrabbiato con me perché mio nonno mi ha lasciato la palestra quando è morto?».

Annuisco per fargli capire che me ne ricordo.

«Be', arrabbiato è un eufemismo. Invece di parlarmi come un adulto dei suoi sentimenti o che diavolo, portarmi in tribunale per contestare il testamento come pensavo facesse, decise piuttosto di vendicarsi».

Oh, Dio! Lo stomaco sprofonda alle sue parole e temo che finirò per vomitare tutto il cibo che ho appena mangiato. Le storie in cui i genitori non sono amorevoli verso i propri figli mi disturbano sempre, a causa di quello che ho subito dalla mia stessa madre.

Deglutisco forte prima di domandare: «Vendicarsi come?». Non posso fare a meno di chiederlo, nonostante non sia sicura di voler conoscere la risposta.

«Be', anche se sapevo che era arrabbiato e che pensava non solo che il nonno fosse impazzito, ma anche che io non sarei stato in grado di gestire l'eredità, ero determinato a fare la persona matura. Mi sono buttato a capofitto e ho cominciato a fare migliorie in palestra, apportando dei cambiamenti che pensavo avrebbero valorizzato e rinnovato lo spazio, anche usando delle idee nate durante le mie chiacchierate con il nonno. Diceva che avevo delle belle idee, quindi ho deciso di realizzarle. Una cosa che avevo mantenuto, però, era stato lasciare che mio padre gestisse i nostri sponsor e l'organizzazione, stabilendo tutti i nostri incontri. Nonostante tutti i suoi difetti, è veramente bravo in quello che fa, lo ammetto. Lo aveva già fatto per anni per mio nonno, e i suoi contatti e la sua esperienza si sono estesi. Questo non vuol dire che una persona determinata non potesse imparare il suo lavoro e prenderne il posto, ma perché fare casini quando le cose andavano bene? Quello che non mi aspettavo da lui era che cominciasse ad avere un interesse personale nell'allenamento dei lottatori della mia palestra, e che li usasse per farmi fuori».

«Usarli? In che senso?» domandai.

«Mio padre cominciò ad avvicinarsi ai lottatori, a insaputa mia e dei loro allenatori, e cercò di farli passare dalla sua parte. Nel senso che disse loro che poteva allenarli. La maggior parte declinò gentilmente, altri come Zane non riuscirono a credere che avesse avuto il coraggio di domandarlo, e glielo dissero in faccia».

«Buon per lui. È un amico leale».

«Lo è di sicuro. Ci è voluto tempo, ma mio padre riuscì a convincerne uno. Louie "Saetta" Gates aveva appena licenziato il suo allenatore per un conflitto d'interessi di qualche tipo. Mio padre si propose al momento giusto e Louie accettò una collaborazione. Cominciò ad allenarlo e ovviamente lo faceva nella palestra. Si assicurava di farlo sempre quando c'ero anch'io ed era così chiassoso!».

Scuote la testa per i ricordi. «Continuava a ribadire quanto bravo fosse Louie, il lottatore più fottutamente in gamba che avesse mai visto! Il peggio però era quando mi allenavo nello stesso momento di Louie. Mio padre faceva dei commenti denigratori sul mio rendimento, facendo ovviamente dei confronti tra me e Louie, ed elencando tutti i modi in cui era migliore di me».

«Gil ha mai fatto niente al riguardo?».

Ride. «Una volta ha tirato un pugno a mio padre, ma prestargli attenzione ha solo peggiorato le cose. Gil mi ha incoraggiato a non dire niente, ma mio padre si esaltava e non la smetteva. Continuava a stuzzicarmi e la mia rabbia cresceva. Diceva che se fossi entrato nella gabbia con Louie avrebbe provato una volta per tutte chi fosse il migliore. Lo ignoravo e lui mi dava del codardo ridendo. Sosteneva che Louie mi avrebbe fatto il culo in un secondo e che lo sapevo».

«Che stronzo. Oh, scusa…».

Mi fa un sorriso triste e annuisce. «Decisamente. Mi ha fatto arrabbiare, ma in realtà mi ha anche intristito. Sì, mio padre allenava Louie, ma gli faceva anche dei discorsi incoraggianti, gli diceva quanto fosse bravo, gli dava delle pacche sulla schiena e gli sorrideva come non aveva mai fatto con me. Ho visto mio padre avere un rapporto, che avevo sempre sognato, con un altro lottatore».

«Oh, Jax. Mi dispiace tanto».

«Anche a me. Lo fa ancora. Louie può essersene andato, ma Cole è diventato il suo nuovo obiettivo. Il povero Cole non è stato in grado di rifiutare e si è ritrovato mio padre come allenatore. Ma è tutto okay, ormai non lascio che mi disturbi. Sono riuscito a superare i sentimenti negativi che si è divertito instillare in me. Mi sono reso conto che, se avessi risposto quando mi provocava, gli avrei dato potere su di me. Ora mi rifiuto di lasciare che succeda ancora. Non do più importanza alla sue parole».

Non posso fare a meno di confrontare la sua situazione con la mia. Penso a mia madre e alle parole che ha sempre usato contro di me. La mia mente ribolle per ciò che ha detto Jax e per le parole dure di mia madre contro cui combatto ogni giorno.

«Come? Come sei riuscito a superarlo?».

«Be', non è stato facile. Sfortunatamente, la rabbia e il risentimento continuarono a crescermi dentro, finché un giorno non esplosi in palestra e feci una cosa che è stato difficile perdonare a me stesso».

Rimango silenziosa, sapendo che, se e quando sarà pronto a farlo, continuerà a raccontare.

«Un giorno mio padre continuò a insistere, ancora e ancora. Ormai aveva imparato quali erano i miei punti deboli e si divertiva a farmi incazzare, facendomi sentire invisibile ai suoi occhi, come se non significassi assolutamente niente per lui. Qualcosa dentro di me… si spezzò. Non riuscivo più a sopportarlo. Mi rifiutai. E allora attaccai Louie».

Fa una smorfia al ricordo e si passa la mano tra i capelli.

«Ero veramente incazzato con mio padre, ma ho sfogato la mia rabbia su Louie. Mentre lo colpivo, colpo dopo colpo, era la faccia di mio padre che vedevo nella mente. Usavo i pugni per combattere contro la furia che mi faceva provare. Vedi, per me combattere non è mai stato una valvola per sfogare la rabbia. Non combatto perché ho un bisogno recondito di pestare la gente, quelli sono i tipici stereotipi attribuiti ai lottatori. Ma in quel momento disgustoso nel quale mi sono lasciato andare, stavo combattendo in quel modo».

Avvicinandomi a lui, prendo la sua mano nella mia.

«È colpa di tuo padre. Ha esagerato. Chiunque sarebbe scoppiato dopo aver subito tutto quello che mi hai raccontato».

«È quello che mi sono detto all'inizio, ma sono io responsabile delle mie azioni, non mio padre. Ho lasciato che le sue parole avessero potere su di me e mi facessero agire in quel modo e Louie di certo non se lo meritava. Ci vollero quattro persone per trascinarmi via da lui. Per un orribile momento mi sono sentito perfino esaltato da quello che avevo fatto. Lo guardai sanguinare e stare male sul tappeto e mi girai verso mio padre per rinfacciarglielo. Volevo urlargli contro e domandargli cosa ne pensasse di me, e in un istante, un fottuto istante, tutte quelle sensazioni crollarono. Mi resi conto di essere caduto nella trappola che mi aveva teso e che avevo fatto esattamente quello che sperava facessi. Me ne resi conto quando il mio sguardo incontrò il suo. Mi resi dannatamente conto che mi aveva manipolato fin dall'inizio».

«Come? Come facevi a saperlo?».

«Perché stava sorridendo».

La storia di Jax mi fa pensare ai miei problemi da un'altra prospettiva e, dopo aver pulito la cucina, siamo entrambi silenziosi e pensierosi.

«Di solito prima di un combattimento ascolto della musica o guardo un film che mi dia la carica. Dato che ci rimane del tempo prima di andare al casinò per l'incontro, ho pensato che potremmo farlo insieme. ».

«Per me va bene, che cosa avevi in mente?».

«Be', visto che per te tutta questa storia degli incontri è nuova, ho pensato che oggi fosse il momento giusto per cominciare la tua iniziazione al mondo dei combattimenti stile cinema».

«Stile cinema?».

«Sì. Oggi ti farò perdere la verginità per quanto riguarda i film di arti marziali con *Senza esclusione di colpi*».

Estrae il DVD dallo scaffale e lo mette nel lettore con un sorrisone. Appena inizia, afferra il telecomando e mi raggiunge sul divano.

«Mi sembra un ottimo piano, Jackson "Mani di pietra" Stoooooooone». Geme imbarazzato alla mia presa in giro. «Cominciamo».

Ride e si raggomitola di fianco a me sul divano. Passiamo il resto del tempo a goderci il film e a coccolarci.

Capitolo 18

Jax

Non penso di essermi mai divertito così tanto prima di un incontro. Quando questa mattina mi sono svegliato avevo una bellissima ragazza tra le braccia, e per me è un'esperienza nuova.

Prima di alzarmi l'ho guardata a lungo dormire. Come potevo non farlo? Era così perfetta e rilassata. Io e Rowan non abbiamo discusso delle nostre vecchie relazioni, e forse non lo faremo mai, ma una cosa che scoprirà di me è che non ne ho mai avuta una. Il mio stile è sempre stato una botta e via.

Alla fine mi sono obbligato a scendere dal letto, fare il caffè e trascinarmi fino al negozio per provvedere ai fabbisogni della mia ragazza.

Quello che è successo nella doccia è stato inaspettato e fantastico. In realtà sarebbe meglio non avere rapporti prima di un incontro a causa della perdita di testosterone e del consumo di energia. Sì, probabilmente non è stato furbo, ma anche se stasera prenderò qualche colpo in faccia in più, lo farò volentieri perché ne è valsa la pena, maledizione!

Cosa mi sta facendo questa ragazza? Mi scopro a dirle cose che non ho mai detto a nessuno, a desiderarla in un modo in cui non ho mai voluto nessuna, e il pensiero di poterla perdere non è un'opzione. Non voglio lasciarla andare mai più via. Sono abbastanza certo di aver perso la testa per lei fin dal momento in cui l'ho vista al pronto soccorso. Le nostre anime quel giorno si sono scontrate, e il resto è storia.

È piacevole stare seduto sul divano, con lei fra le braccia, mentre guardiamo *Senza esclusione di colpi*. Continua a porre tante domande sulle differenze tra il film e la vita reale, e mi sto proprio divertendo. Spiegarle lo sport a cui sono così legato è veramente bello. Specialmente perché sembra genuinamente interessata. Il che mi ricorda...

«Rowan, prima che mi dimentichi, vorrei parlarti seriamente di una cosa. Vorrei davvero che tu mi aiutassi con i social media come abbiamo detto ieri sera».

Si gira verso di me. «Ti aiuterò. Come ho detto, vi aiuterò tutti, sono felice di farlo. Ma è la parte in cui tu mi paghi che non mi va bene».

«Tesoro, ti ho già spiegato che se dovessi ingaggiare un professionista per aiutarmi verrebbe pagato per il suo lavoro, perciò ti pagherò come farei con chiunque altro».

Scuote la testa facendomi aggrottare le sopracciglia.

«Non mi piace. Per niente».

«Prenderai i miei soldi, Rowan. Puoi usarli per un altro corso sui social media, metterli in banca, aprire un conto per l'università di Lily, non m'importa, ma li prenderai ed è tutto quello che dirò sull'argomento».

Incrocio le braccia e cerco di apparire severo.

Le sue labbra carnose si incurvano all'insù e vedo il suo sguardo addolcirsi.

«Okay. Mi piacerebbe aiutarti». Salta immediatamente in piedi e lascia la stanza. Quando ritorna ha con sé il portatile e mi fa ridere.

«L'hai portato con te? Non so se ridere o sentirmi offeso del fatto che tu abbia pensato di aver bisogno del tuo computer per passare il tempo».

Ride, e amo il suono che emette.

«Sì, lo so che è stupido, ma ne vado un po' orgogliosa. L'ho comprato ricondizionato a basso prezzo. In questo coso c'è tutta la mia vita, e lo porto con me praticamente ogni volta che mi allontano da casa e quando passo la notte fuori».

«Passi spesso la notte fuori?» chiedo.

Il suo viso si rabbuia e sembra a disagio.

«Be'... non più». Mi rendo conto che sta parlando del suo ex e non sono interessato ad approfondire. Per niente.

«Comunque, sono contenta di averlo. Ora facciamo un po' di cose per i social, se ti va».

«Certo».

Passiamo un paio d'ore insieme a costruire un profilo Facebook per me, come figura pubblica, il che è veramente strano. Poi cominciamo a farne uno per la palestra. Mi fa domande sull'attività e su di me, per scrivere una biografia che non mi faccia sembrare stupido. Quando finiamo, ci sentiamo entrambi alla grande per quello che abbiamo creato così facilmente e in così poco tempo.

Controllo l'ora sul mio cellulare. «Piccola, dobbiamo prepararci per andare, ma puoi promettermi velocemente una cosa?

«Sì, certo».

«Quando Levi, Cole e Ryder finiranno di combattere verranno a sedersi con te. Dylan e Zane ci saranno già. Starai seduta con loro durante il mio incontro?».

«Certo, ma perché?».

«I combattimenti possono degenerare rapidamente, mi sentirò meglio se so che sei con i ragazzi, così da non dovermi preoccupare per la tua incolumità».

«Posso badare a me stessa, Jax. Lo sto facendo da tanto tempo».

«Prima di tutto, non sto dicendo che non sai badare a te stessa. Se qualcuno sa quanto autonoma e forte tu sia, quello sono io. Secondo, potrai anche sempre aver badato a te stessa, ma adesso ci sono io e considero un onore occuparmi della mia ragazza. E stasera posso dimostrare che mi fido dei miei amici lasciando che si prendano cura di te. Okay?».

Mi bacia sulle labbra e sussurra: «Okay, capisco. Sono emozionata di vedere il mio primo incontro!».

Cominciamo a prepararci e mi sorprende quanto mi piaccia osservarla mentre fa delle cose banali, come acconciarsi i capelli o truccarsi. Mi sento come se da un momento all'altro dovessi passare dall'essere ragazzo a essere un uomo, così esco dalla stanza e aspetto che lei si vesta. Quando finalmente appare, la mascella mi cade a terra. Indossa una gonna di jeans che dubito fortemente possa coprirle tutto il culo, una canottiera scollata rossa a costine e dei sandali.

«Col cazzo che vieni vestita così», mi sfugge e incrocio le braccia, facendo del mio meglio per chiudere la bocca.

Si esamina e poi mi guarda confusa. «Cosa c'è che non va?».

«Tesoro, mi devo concentrare sul combattimento, non preoccuparmi di doverti togliere dei tipi di dosso».

«Ma per favore. Sei ridicolo».

Sospirando, scuoto la testa e mi appunto di parlare seriamente con i ragazzi. Dovranno tenerla d'occhio per bene, ma non troppo. Cazzo, mi fa impazzire! In senso buono. Facendole segno di uscire prima di me, do un'occhiata alle sue gambe e al suo culo. Devo veramente sforzarmi per non saltarle di nuovo addosso. Voglio la sua pelle bianco latte sotto le mie mani, la mia bocca e i miei denti. Facendo del mio meglio per sopprimere un gemito, la aiuto a salire sul mio fuoristrada.

Quando arriviamo al casinò, devo trascinare il mio sedere dietro le quinte e nel camerino, in modo da ascoltare la mia musica, i consigli di Gil e rilassarmi finché non è il mio turno.

Voltandomi verso Rowan, le poggio una mano sulla guancia.

«Tesoro, ascolta, so che ti ho già chiesto di restare con i ragazzi durante il mio incontro ma, per favore, resta con loro anche quando sarà finito. Dopo dovrò anche incontrare il dottore addetto ai controlli perché si accerti che sia tutto okay, e poi lavarmi. O esco e ti vengo a prendere, o molto probabilmente loro ti porteranno da me dopo. In ogni caso resta con loro, okay? Andrò nel panico se non ti trovo nella folla».

«Non preoccuparti, prometto che rimarrò con loro. Ora vai, sono l'ultima cosa a cui devi pensare. Fa' quello che devi fare, ci vedremo dopo. Tu preoccupati solo di fargli il culo, okay?».

«Okay. Oh, quasi dimenticavo!». Tiro fuori il pass VIP di Rowan e glielo porgo. Lo guarda di sfuggita prima di metterselo intorno al collo. Zane arriva e gli faccio un cenno con il capo.

«Zane, un momento?».

Annuisce e ci mettiamo in disparte.

«Se stasera qualcuno tocca la mia ragazza in modo inappropriato, ti riterrò personalmente responsabile. So che i suoi vestiti sono da urlo, ma cazzo, amico, se vedo che qualcuno ci prova con lei, o la tocca, o anche solo le sta vicino, non sarò in grado di concentrarmi. Tu e i ragazzi tenetela sotto controllo, va bene?».

«Ci puoi contare».

«Grazie».

Ritornando da Rowan, sorrido. «Divertiti a guardare i combattimenti. Vorrei poter sedere con te e godermi le tue reazioni, ma ci sarà di sicuro un'altra occasione».

«Ottimo. Ora va'!». Si alza e mi dà un bacio per augurarmi buona fortuna. Mi faccio trascinare dal momento e mi perdo nel bacio. Prima di lasciarla andare, le tiro i fianchi verso i miei e mordicchio il suo labbro inferiore. Tutti intorno a noi ci fischiano, ma li ignoro. Col cazzo che m'importa se sanno che è mia!

«Ci vediamo dopo, va bene, tesoro?».

«Va bene, buona fortuna. Fai il culo a qualcuno!».

Mi dirigo verso le quinte annuendo e dando la mano alla gente lungo il tragitto. Quando arrivo nel camerino, Gil è già lì a chiacchierare con un altro allenatore e mi fa un cenno di saluto. Infilandomi gli auricolari, mando un messaggio a tutti i ragazzi tranne a Zane, minacciandoli di lesioni personali se succede qualcosa alla mia ragazza. Poi, tiro su il cappuccio della felpa e svuoto del tutto la mente, concentrandomi sulla musica a tutto volume nelle orecchie e sull'incontro.

Capitolo 19

Rowan

La folla è in delirio. I nostri posti sono in prima fila e sono seduta tra Zane e Dylan. Quando ogni combattente si dirige verso la gabbia, passa proprio davanti a noi, il che è veramente figo. Il mio ginocchio si agita per il nervosismo e, un paio di volte, devo anche togliermi le dita di bocca per impedirmi di mangiarmi le unghie.

Abbiamo già visto alcuni combattimenti, incluso quello di Levi. Era molto divertente mentre lottava, lo devo ammettere. Saltellava in tondo come se avesse i piedi in fiamme, e non penso che il suo avversario sapesse cosa diavolo stesse facendo. Non sono sicura se Levi abbia vinto per la sua incredibile strategia, o perché il suo avversario era così confuso e stralunato che alla fine ha deciso di arrendersi.

Levi non ci ha ancora raggiunti, ma Zane ha detto che dovrebbe arrivare a momenti. Adesso è il turno di Cole e i ragazzi fanno un tifo assordante quando viene annunciato. Lo guardiamo mentre cammina lungo il corridoio verso la gabbia e, quando passa davanti a noi, gli diamo tutti delle pacche sulla schiena per incoraggiarlo.

Cole ci fa un cenno con la testa e mantiene un atteggiamento serio mentre entra nella gabbia. Va all'angolo e si toglie la maglietta e i pantaloni della tuta. Di nuovo, l'uomo che ora so essere il padre di Jax, oltre che l'allenatore di Cole, è proprio di fianco a lui. La rabbia mi si risveglia nello stomaco quando ricordo la storia che Jax ha condiviso con me. Sta sussurrando all'orecchio di Cole e sembra che stia parlando molto veloce. Cole annuisce.

«Zane?».

«Sì, bambola?».

«Qual è il nome del padre di Jax?».

Prima di rispondere mi guarda con gli occhi sgranati, forse sorpreso che io sappia che quello è il padre di Jax.

«Jerry» risponde.

Annuisco e torno a guardare la gabbia. Entrambi i lottatori sono nel loro angolo fino a che l'arbitro dice loro di farsi avanti. Ricorda brevemente le regole e poi dà inizio all'incontro.

Hanno a malapena fatto un passo avanti l'uno verso l'altro, quando Jerry urla a Cole: «Fatti avanti e suonagliele!».

«Dagli una chance prima di cominciare a urlargli contro, coglione», borbotta Zane e io annuisco distrattamente. Non ne so molto, ma stavo pensando la stessa cosa.

Entrambi i lottatori sembrano danzare sulle punte cercando di capire il gioco dell'altro. Cole cerca di tirare una combinazione di pugno e calcio che non ha successo. Prima che possa persino respirare, il suo avversario, Gene Francois, tenta la stessa combo, ma non riesce nemmeno lui a piazzarla. Al mio fianco Zane e Dylan sono relativamente silenziosi. Siamo tutti in piedi, ma loro sembra che non si stiano perdendo nulla. Quando Cole si butta verso le ginocchia di Gene, la folla comincia a urlare eccitata.

«Perché lo sta facendo?», domando a Zane.

«Stava cercando di mandarlo a terra, ma l'ha mancato. In piedi non stava andando molto bene, quindi ha voluto cercare di portare la lotta per terra. In più, i lottatori che fanno più takedowns tendono a ricevere punteggi più alti dai giudici».

Dopo aver fallito nel tentativo di metterlo a terra, Cole tira un pugno feroce che manca completamente l'avversario. Nel primo round sembra che lui e Gene si stiano affrontando ad armi pari, se si considerano i pugni e i calci che sono riusciti a piazzare. Quando finisce il primo round, tutti gridiamo e facciamo il tifo per Cole, offrendo ancora il nostro incoraggiamento. Quando raggiunge il suo angolo, Jerry gli urla immediatamente nell'orecchio. Cole annuisce alle parole dell'allenatore e beve dell'acqua, cercando di calmare il suo respiro, fino a che la campana suona, annunciando il secondo round.

«Andiamo, Cole!», grida Dylan.

«Dai che ce la fai!», aggiunge Zane.

«Porta il tuo culo al centro e smettila di andarci piano!», urla Jerry, facendo bestemmiare i ragazzi sottovoce. Non posso fare a meno di guardarlo male e, anche se lui non se ne rende conto, mi sento meglio.

Il secondo round è simile, tranne per il fatto che, proprio prima della campana, Gene riesce a mettere a terra Cole. Quando inizia il terzo round, entrambi i lottatori sono stanchi, ma i loro pugni rimangono alti. Ognuno di loro lotta per la posizione, rotolando per terra. Un minuto Cole è sopra, e poi lo è Gene. Mi sembra tutto molto selvaggio, ma tutti stanno facendo il tifo e urlano intorno a me, inclusi i ragazzi stavolta. Nessuno dei due riesce a sopraffare l'altro prima che suoni la campana che segna la fine dell'incontro. Vanno entrambi nei loro angoli e si siedono.

«Signore e signori, attendiamo le pagelle dei giudici».

«Okay, ragazzi, quindi nessuno dei due è il chiaro vincitore perché nessuno si è arreso o è stato messo al tappeto». Mi sorridono entrambi e roteo gli occhi. «Smettetela. Ho letto un po' al riguardo. Comunque, mi dite che succede?».

Dylan ride e poi dice: «I giudici stanno decidendo chi pensano abbia vinto ogni round, e il lottatore che ne ha vinti di più vince».

«E che cosa fa vincere un round?», domando.

«Valutano ogni round basandosi sulle tecniche di MMA, come i colpi efficaci, le prese incisive e l'aggressività. Sono tutti seduti in posizioni diverse intorno alla gabbia e, basandosi sulle loro impressioni, decidono chi ha combattuto meglio ogni round».

«Okay, ho capito». Aspettiamo tutti sui carboni ardenti la decisione dei giudici. Nel frattempo io osservo Cole. Sembra stia bene. Ha un paio di bernoccoli in faccia, uno sotto il naso e un altro sulla fronte, ma niente di grave.

«Signore e signori, tutti e tre i giudici valutano l'incontro 28-29, 29-28, 29-28, dichiarando vincitore, per decisione unanime, Gene Francois!».

Cole e Gene si dirigono verso il centro, si stringono la mano e fanno uno di quei mezzi abbracci che fanno i ragazzi, poi Gene celebra con la sua squadra e viene intervistato, mentre Cole e il suo team escono dalla gabbia. Cole ha la testa abbassata mentre ci passa davanti, e posso sentire cosa Jerry gli dice all'orecchio.

«Quante cazzo di volte devo ripetertelo? Finirai per diventare un povero sacco di merda come mio figlio. Mi aspettavo di meglio, da te. Se non riesci a darti una cazzo di regolata, allora smettila di farmi perdere il mio fottuto tempo».

Spalanco la bocca e mi volto immediatamente verso i ragazzi, per vedere se hanno sentito le stesse cose. Dal modo in cui stanno in piedi lo hanno sentito di sicuro. I pugni di Dylan sono serrati e la mascella di Zane scatta per la rabbia. Li guardiamo scomparire senza dire una parola, ma il silenzio è di piombo.

«Zane, perché Cole lascia che sia Jerry ad allenarlo? Non capisco che cosa ci guadagni».

«Non lo so, bambola. Abbiamo tutti tentato di parlargliene e non caviamo un ragno dal buco. Ci abbiamo rinunciato perché è un adulto e prende da solo le sue decisioni».

Scuoto la testa confusa e faccio del mio meglio per mettere da parte questo pensiero, perché sono di nuovo emozionata e nervosa per l'incontro di Jax.

«È ora?».

«Ora per cosa?», mi domanda Dylan.

«Per il combattimento di Jax».

Dylan lancia un'occhiata a Zane come per comunicargli silenziosamente qualcosa, prima di tornare a guardarmi. Mi giro verso Zane, aspettando una sua risposta.

«Jax cosa ti ha detto riguardo all'incontro di questa sera?».

«Che cosa intendi? Non mi ha detto molto, tranne che vuole che stia con voi perché si preoccupa della mia incolumità, il che sembra stupido, ma ho acconsentito».

Prima che lui possa continuare, Levi ci raggiunge con un sorrisone. Gli facciamo tutti le congratulazioni per la sua vittoria e ridiamo alle sue buffonate. È veramente eccitato, ma si sente in colpa per la perdita di Cole, che ha visto prima di venire da noi. Quando vedo che il prossimo è Ryder, non posso fare a meno di sospirare, delusa.

«Quindi, immagino che questa sia la risposta», affermo.

«Risposta per cosa?», chiede Levi.

«Oh, niente, mi stavo solo chiedendo se Jax fosse il prossimo, ma è chiaro che non lo è».

«Certo che non lo è. È l'attrazione principale, quindi combatte per ultimo», afferma Levi.

Zane e Dylan lo guardano male, ma io li ignoro.

«L'attrazione principale? Che significa?».

Zane scuote la testa in direzione di Levi, ma mi risponde. «Significa che il suo incontro è l'evento principale della serata».

«L'evento principale?», domando scioccata. «Perché non me l'ha detto?».

«Jax non è un tipo che si vanta. In più, probabilmente, non voleva innervosirti quando ti saresti resa conto che tutte queste persone sono qui praticamente solo per vedere lui combattere», mi dice Dylan orgoglioso.

«Porca troia», replico. La mia mente entra in confusione dopo questa informazione. Voglio dire, la location è gremita, non posso credere che siano tutti qui per vedere Jax. Un sentimento di puro orgoglio mi riempie il petto e il cuore. Avrebbe dovuto dirmelo!

«Non lo sapevi, bella? Il tuo ragazzo è un grande!», ride Levi.

Ho un tonfo al cuore, e non so se sia dovuto alla scoperta che Jax sia decisamente migliore di quanto mi abbia fatto capire, o il fatto che Levi abbia usato le parole "il tuo ragazzo". Penso di poter attribuire una parità.

Mi guardo attorno, ma questa volta osservo *sul serio*. Ci sono delle persone che indossano delle magliette con il nome di Jax, e ce ne sono anche alcune che hanno in mano dei cartelli che lo nominano, nonostante non sia ancora apparso.

«Zane! Dove diavolo prendono quelle magliette? Ne voglio una. Perché cazzo non me ne ha data una?».

Ridendo, Zane sussurra qualcosa a Levi, il quale sorride e scompare. Prima che Zane mi possa rispondere, viene annunciato Ryder, che si avvia verso la gabbia facendo finta di tirare pugni per tutto il tragitto. Di sicuro lo sta facendo per attirare l'attenzione delle ragazze nel pubblico, sorride e fa loro l'occhiolino, finché non urlano il suo nome. Sono abbastanza sicura di aver visto una donna alzarsi la maglietta e mostrargli le tette quando è passato. Ovviamente Zane e Dylan stanno ridendo fragorosamente, e fanno ridacchiare anche me. La verità è che mi sto appassionando e comincio a fare un tifo da stadio per Ryder. Era troppo impegnato a flirtare per prestarci attenzione quando ci è passato davanti, ma ci lancia uno sguardo dalla gabbia e ci fa l'occhiolino prima che gli venga dato il segnale d'inizio.

Il combattimento di Ryder è grandioso. Ci godiamo tutti e tre i round e, proprio quando la campana sta per suonare e passare il testimone alla decisione dei giudici, Ryder riesce a bloccare il suo avversario in una stretta da cui non riesce a liberarsi. Lo costringe ad arrendersi, vincendo, mentre tutti urliamo e festeggiamo eccitati.

«Ehi, Rowan, ecco qua».

Mi volto e vedo Levi al mio fianco che mi porge una maglietta. Sorrido, la distendo e guardo il davanti. È nera e fatta in modo che cada un po' dalle spalle. C'è scritto "Mai detronizzare Stone" a larghe lettere, e dietro c'è la lista di tutti i suoi sponsor.

«Levi, grazie! È fantastica. Adesso ti do i soldi».

Mi giro per prendere la mia borsa, ma tutti mi fermano.

«Non è niente, Row», dice Levi. «Non mi hanno fatto pagare».

Sorrido e mi infilo la maglietta sopra la canottiera, per poi mostrarla ai ragazzi.

«Be'... cosa ne pensate?».

Tutti fischiano e mi fanno i complimenti, facendomi ridacchiare.

«Jax la adorerà», promette Zane.

Quando le luci lampeggiano e parte la musica, sappiamo che è ora del combattimento più atteso. Il mio stomaco rotola per l'ansia e l'eccitazione, e saltello.

Il primo a uscire è l'avversario di Jax, Lance "Il martello" Henderson. Si dirige verso l'ottagono dalla parte opposta dell'arena e ha persino due tipe in bikini che camminano a fianco a lui, una cosa che proprio non capisco. Quando entra nella gabbia e comincia a spogliarsi, lo osservo cercando di capire come reggerà il confronto con Jax, e mi sento un po' nervosa a causa di tutti quei muscoli definiti.

Faccio un respiro profondo e tento di mettere da parte la preoccupazione. Quando riparte la musica, che annuncia l'arrivo di Jax, mi vengono i brividi. *Thunderstruck* degli AC/DC comincia a echeggiare nell'aria e, siccome tutti stanno cercando di intravedere Jax che emerge dalla porta, io non riesco a scorgere nulla. Zane mi fa mettere davanti a lui in modo che riesca a vedere bene il corridoio. Non appena gli AC/DC fanno rimbombare il primo Thunder,

Jax comincia lentamente a camminare lungo il corridoio, tirando pugni in aria per tutto il tempo.

Il modo in cui ora mi fa sentire è difficile da descrivere. L'intera arena urla per lui, applaude e grida il suo nome, ma improvvisamente mi sento come se fossi in un tunnel, e divento consapevole di ogni mossa che fa Jax. Mi arriva una scarica di adrenalina e vengo trasportata dall'entusiasmo. Una raffica di orgoglio mi riempie il petto, ed normale, ma quello che non mi aspettavo è il desiderio che si risveglia nel profondo del mio ventre e tra le mie gambe. Sono eccitata da morire e imbarazzata nel sentire i miei capezzoli indurirsi sotto la maglietta.

Sussulto quando inaspettatamente Jax si ferma davanti a me e guardo i suoi occhi luminosi.

Levy, Dylan, Zane e Cole, che ci ha raggiunto, gli danno delle pacche sulle spalle e gli augurano buona fortuna. Fa loro un cenno del capo a ciò che gli dicono, ma non smuove gli occhi da me.

«Jax, che stai facendo?» gli domando ancora più imbarazzata.

Lui mi fa un sorriso scaltro, ed è come se le mie parti intime rispondessero a un segnale. Si contraggono così forte in risposta che sono sorpresa di non esplodere di piacere.

«Bella maglietta, tesoro».

Gli faccio un grande sorriso. «Ti piace?». Mi passo le mani sui fianchi e sculetto un po', felice e sfacciata per il mio uomo.

Mi fa l'occhiolino. «Ti mostro dopo quanto mi piace».

I ragazzi fischiano e fanno casino e, prima che io possa rispondere con il commento sfrontato che avevo sulla punta della lingua, Jax mi tira a sé spinge la lingua nella mia bocca, baciandomi così profondamente che mi sento quasi come se fossimo nudi davanti all'intera folla.

Quando si ritrae, mi guarda. «Come porta fortuna». Sorride e si allontana, entrando nell'ottagono.

Ferma lì, totalmente instupidita dal bacio, sento che delle donne dietro di me urlano il loro disappunto.

«Cosa diavolo ha che io non ho?».

«Oh mio Dio, le cose che farei per avere la sua bocca sulla mia!».

«Jax, guarda di qua in modo che ti possa far vedere le mie tette!».

Wow. Di classe. Senza pensarci mi giro e faccio un sorrisetto. «Mangiatevi il fegato, ragazze» urlo.

Non so nemmeno se rispondono, perché i ragazzi cominciano a ridere così fragorosamente che non sento altro. Sono tutti intorno a me e la mia attenzione ritorna su Jax, fuori dalla gabbia, che si sta togliendo la maglietta, i pantaloncini e le scarpe. Passa il tutto al suo entourage e comincia a scuotere le braccia mentre saltella da un piede all'altro. Qualcuno comincia a spalmare una crema sulla sua faccia e uno dei giudici inizia a controllarlo dappertutto.

«Volevo chiederlo quando l'ho visto fare prima, ma cosa gli stanno mettendo in faccia e cosa stanno cercando in quella specie di perquisizione?».

«Gli stanno spalmando della vaselina sul viso. Aiuta a ridurre e prevenire i tagli», risponde Levi.

«E controllano i lottatori sulle braccia e sulle gambe, e persino dietro le orecchie, per vedere se sono unti. Usare una crema idratante scivolosa, olio o qualcosa del genere sul corpo, è illegale. È più facile liberarsi dalle prese», aggiunge Cole.

«Okay, capito», replico.

Dopo che hanno finito, Gil passa il paradenti a Jax, il quale, dopo averlo infilato, entra nella gabbia e va nel suo angolo. Non è molto lontano da dove sono, e resto sbigottita quando si gira verso di me e mi fa un bel sorriso, mostrandomi il paradenti.

«Che cosa c'è scritto?». Sento Dylan chiedere al mio fianco.

Zane ride. «È grandioso. Lo vedi, Row?».

Sto già ridendo per il gesto e in risposta mando un bacio a Jax. Ha scritto ROW sul paradenti, e il gesto possessivo mi fa eccitare.

C'è qualcosa che quest'uomo faccia che non mi ecciti? Diavolo, sono in fiamme! Mi indica e fa finta di acchiappare il mio bacio prima di rivolgere l'attenzione alla folla davanti a lui. Sono così felice ed emozionata che mi sento come se potessi volare. Non posso credere che abbia praticamente segnato il suo territorio davanti a migliaia di persone: lo adoro.

«Signore e signori, è ora dell'evento principale! Nell'angolo rosso, col peso di ottantatré chili e un metro e ottanta di altezza, originario di Stockton, California, abbiamo Lance "Il martello" Henderson!».

Parte del pubblico urla e applaude, ma io non lo faccio.

«Nell'angolo blu, col peso di ottantaquattro chili e un metro e ottantotto di altezza, originario di Temple, Arizona, Jackson "Mani di pietra" Stone!».

Io e i ragazzi urliamo da impazzire, assieme alla maggior parte della folla.

«Bene», dice Zane sfregandosi le mani. «Cominciamo!».

Quando la campana suona, segnalando l'inizio del primo round, entrambi i lottatori si attaccano con aggressività. Non c'è alcun sondare il terreno o girarsi intorno. Semplicemente, iniziano a colpirsi. Jax riesce a effettuare alcune buone combinazioni, piazzando dei colpi efficaci. Lance, il suo avversario, riesce a fare lo stesso. Ogni colpo sul viso e sul corpo di Jax mi fa rabbrividire. Mi sorprende come siano capaci di ricevere un colpo e continuare a lottare. Jax riceve dei pugni sul lato della testa, sul viso, su un occhio e su una guancia. Parte di me vorrebbe coprirsi gli occhi per non vederlo farsi male, ma non riuscirei a distogliere lo sguardo nemmeno se qualcuno mi obbligasse.

Continuano a scambiarsi colpi su colpi. La guancia di Jax sta già cominciando a gonfiarsi, rendendomi difficile deglutire.

«Per favore, ditemi che questo round è quasi finito» mormoro.

«Sta andando bene, Row. Tieni duro», mi rassicura Cole.

Jax e Lance iniziano a sembrare senza fiato. Jax sta cercando di schiacciare con il suo peso Lance contro la gabbia. È quasi come se avessero concordato una pausa abbracciandosi in quel modo. A momenti rido al pensiero. Tiro un sospiro di sollievo quando la campana suona, segnalando la fine del primo round.

Ritornano entrambi al loro angolo. Gil sta parlando all'orecchio di Jax, dicendogli cosa fare, mentre un altro tizio lo pulisce, lo asciuga e gli dà dell'acqua. Siamo abbastanza vicini da poterli sentire parlare. «Lo sto colpendo più che posso, e lui continua a darmele. Penso di non avergli fatto male per niente», dice Jax.

«Oh, sì che l'hai fatto», replica Gil. «Tu resta concentrato e continua a colpirlo. Stai andando benissimo».

Jax lo guarda frustrato. «Ma che incontro stai guardando?».

Gil gli dà qualche pacca sulla schiena e gli porge di nuovo il paradenti.

Quando la campana segnala l'inizio del secondo round, sembra quasi che non si siano riposati. Io mi preparo mentalmente per quello a cui sto per assistere.

Jax e Lance si incontrano al centro del ring. Si girano intorno per qualche secondo, finché Jax non sferra una combinazione sinistro-destro, seguita da un calcio alla gamba di Lance. L'impatto fa indietreggiare un po' l'avversario, e a quel punto Jax gli si avvicina e si tuffa verso le sue ginocchia per metterlo al tappeto. Cominciamo tutti a gridare come matti quando Jax fa andare a terra Lance.

«Cazzo, sì, finiscilo Jax! Finiscilo ora!», urla Zane.

«È finita! È proprio finita! Non ha nessuna possibilità, Jax. Dacci dentro!», grida Dylan.

Entrambi rotolano sul pavimento, cercando di finire sopra. Sembra che Jax stia cercando di mettersi in una buona posizione per far arrendere l'avversario. Lance continua a sfuggirgli, ma Jax riesce a muoversi comunque dietro di lui. Continua a ricevere colpi in testa e sulle braccia mentre Lance fa del suo meglio per difendersi. Un taglio sulla guancia di Jax gli fa scorrere sangue sul viso, creando delle macchie cremisi sul pavimento bianco della gabbia. Un colpo particolarmente forte alla sua testa mi fa sussultare.

«Sta bene», mi dice Zane accarezzandomi la schiena.

Jax usa un braccio per colpire Lance dal basso verso l'alto, ma quest'ultimo li intercetta cercando di rimanere in una posizione di difesa, dove Jax non può raggiungerlo. Continua finché, improvvisamente, Jax scivola sulla schiena come se lo stesse soffocando.

«Lo sta strozzando», dico con una fitta di incertezza.

«È chiamata "presa al collo da dietro". Sta premendo, facendo sì che Lance sia scomodo e incapace di muoversi, in modo che si arrenda».

Non appena Zane me lo spiega, Jax serra la presa e la pressione diventa troppa per l'avversario. La folla va in estasi e urla più forte, sapendo che sta per arrivare una resa. Tratteniamo tutti il respiro e guardiamo Jax con occhi spalancati, mentre continua a schiacciare e non si arrende, i muscoli che tremano. Lance resiste fino a che non ci riesce più e non ha altra scelta se non cedere.

«Oh, mio Dio! Ha vinto! Ha vinto!», comincio a urlare. Non posso farne a meno. È emozionante! Sto applaudendo e gridando, e i ragazzi di fianco a me fanno lo stesso.

«Vai, vecchio! Sei il migliore!», urla Levi facendoci ridere di più.

Jax stringe la mano di Lance, poi si volta verso di noi e ci indica con un enorme sorriso sul viso. Io continuo a saltare su e giù per l'eccitazione.

L'annunciatore gli prende il braccio, lo alza e si avvicina il microfono alla bocca. «Jackson Stone vince per una sottomissione con una presa al collo da dietro al secondo round! Signore e signori, un bell'applauso per Jackson "Mani di pietra" Stooooooone!».

Tutti urliamo e applaudiamo ancora, poi ci abbracciamo per festeggiare, mentre Jax viene portato via per un'intervista. Passiamo il tempo a osservarlo finché, alla fine, non cammina lungo il corridoio verso il camerino dove controlleranno le sue condizioni. Purtroppo non riesco a raggiungerlo visto che è circondato da molte persone. Rimango con i ragazzi come mi ha chiesto di fare e stiamo insieme finché la folla non si dirada.

«Quindi, che cosa ne pensi del tuo primo combattimento, Rowan?», domanda Zane.

«Mi è piaciuto tantissimo! Voglio dire, è un po' terrificante e ho odiato dover guardare Jax che veniva colpito, ma la parte in cui ha vinto è stata fantastica».

«Sono d'accordo con te, decisamente. Perdere è una merda», borbotta Cole.

«Mi dispiace, Cole. Non intendevo...».

«No». Alza le mani fermando le mie parole. «Lo so che non ti riferivi a me. Non preoccuparti».

Gli faccio un sorriso incerto, sentendomi ancora male per aver parlato senza pensare. «Quindi, quand'è che combatterà di nuovo?».

«Già impaziente per il prossimo incontro? Prima devi lasciare che guarisca», mi punzecchia Dylan.

«Probabilmente non avrà un incontro importante come questo per circa sei mesi, ma prima avremo una serata di combattimenti in palestra», risponde Levi.

Annuisco. «Capito. Ora possiamo andare sul retro?»

«Non vedi l'ora di vedere il tuo uomo?», domanda Ryder mentre si avvicina al nostro gruppo.

«Ehi, Ryder!» dico accogliendolo.

«Congratulazioni, amico!», dice Dylan.

«Bel combattimento, Ryder», aggiunge Zane.

Gli altri ragazzi gli fanno un cenno del capo e gli danno delle pacche sulla schiena, o gli danno il cinque, mettendo in atto tutti quei rituali tipici degli uomini. Li guardo sorridendo finché Zane non si ricorda che sono impaziente di vedere Jax.

«Okay, Rowan. Andiamo sul retro a cercarlo».

Lo seguo allegramente lungo il corridoio e in una zona sul retro che è riservata alle persone con dei pass VIP. Mentre attraversiamo la folla, Zane mi prende il braccio. Si guarda intorno assicurandosi di non passare oltre Jax per sbaglio, ma poi si ferma quando raggiungiamo una porta, e bussa.

Gil spalanca la porta e sorride. «Ha appena finito con il dottore, entrate».

Non appena oltrepasso la soglia, vedo Jax alzarsi da un divano per salutarmi. Senza pensarci corro fra le sue braccia e gli getto le mie al collo.

«Congratulazioni! È stato grandioso!». Il suo grugnito mi fa indietreggiare e imprecare sottovoce. «Oh Dio, Jax. Mi dispiace tanto. Stai bene? Quanto sei dolorante? Cos'ha detto il dottore?».

Si piega e mi dà un lieve bacio sulle labbra, probabilmente per farmi tacere. Gli altri ragazzi sono intorno a noi e li sento ridacchiare, e Levi mormora qualcosa riguardo "le fidanzate pazze", ma li ignoro.

«Sto bene. Solo le botte e i soliti tagli, niente di serio. Sono un po' dolorante, ma niente che non abbia già passato prima. Sto bene».

I ragazzi cominciano a congratularsi e parlano delle varie mosse e di altre cose riguardo all'incontro che riesco a malapena ad ascoltare. Squadrando Jax per bene, non riesco a togliergli gli occhi di dosso. Come ha detto, sembra stare bene. Il gonfiore sulla guancia intorno al taglio è diminuito, ma c'è ancora un piccolo livido. Ha una serie di macchie rosse sul torso e un altro livido sul fianco, ma nessuno sembra dargli fastidio mentre stringe mani, riceve abbracci, e va in giro.

Faccio un respiro di sollievo.

«Row?».

Concentrandomi su Jax, mi rendo conto che deve aver ripetuto più volte il mio nome. «Sì?».

«Stai bene?».

«Sì, tutto bene. Ti stavo solo controllando per assicurarmi che tu sia davvero a posto».

«Te lo giuro, sto bene. Faccio un salto veloce in doccia. Torno subito».

«Okay».

Mi siedo sul divano e ascolto i ragazzi chiacchierare intorno a me. Discutono dell'incontro di Cole nei minimi dettagli, cosa pensano che abbia fatto bene e cosa pensano sia andato storto. Cole sembra averla presa bene e, lo ammetto, mi sorprende, considerando come si stava comportando il suo allenatore prima.

«È un peccato per te, Cole. Mi dispiace che ti abbia fatto mangiare la polvere. Io, comunque, sono un campione. Potete tutti inginocchiarvi e baciarmi i piedi ora».

Levi si vanta ancora per la sua vittoria. I maschi sono strani. Non considera nemmeno come le sue parole possano ferire Cole. Le ragazze, invece, si fanno paranoie per tutto e non si sognerebbero mai di dire qualcosa del genere di fronte alla persona che ha appena perso un incontro, per non urtare i suoi sentimenti. Be', almeno le ragazze che non sono delle complete stronze.

Cole non sembra se la sia presa a male e, se l'ha fatto, Dylan fa rapidamente abbassare la cresta a Levi.

«Non importa, Levi. Nell'ottagono sembravi un coglione, saltellavi di qua e di là come un canguro fatto di crack».

Rido fragorosamente e Cole sorride, ma Levi mette il broncio per un momento, prima di scrollare le spalle. «Amico. Si chiama tecnica».

Roteando gli occhi, volgo lo sguardo verso Ryder. Lui e Zane stanno chiacchierando fino a che la sua attenzione non viene catturata da due bionde in bikini.

Sul serio, cos'è questa storia dei bikini?

Cominciano a camminare verso la porta e a guardare nella loro direzione, si fermano quando vedono Ryder, e ridacchiano. Lui non si fa problemi a lasciare Zane impalato nel mezzo di una frase per flirtare con le ragazze.

Sono parecchio divertita da questi ragazzi e dal loro modo di fare.

Non passa molto tempo prima che Jax ritorni nella stanza fresco di doccia, i capelli bagnati che luccicano, vestito con dei jeans e una maglietta bianca dell'MMA. Non so che tipo di dopobarba abbia addosso, ma ha un profumo divino. Devo scoprirlo e spruzzarlo sui miei cuscini, sulle mie coperte e sul mio divano. Dappertutto insomma.

«Sei pronta per andare?» dice avvicinandosi e mettendomi un braccio intorno alle spalle.

Zane ci interrompe. «Da Fred e Barney come al solito?».

«Da Fred e Barney?», domando.

«È un bar e ristorante irlandese a cui andiamo dopo ogni incontro. Stanno aperti fino a tardi», mi informa Levi mentre saltella da un piede all'altro. Ma non smette mai?

Nel frattempo, Jax sospira irritato al mio fianco. Non penso che stasera intendesse continuare con la tradizione. Odio che, a causa mia, metta in dubbio tutta la routine che seguirebbe con i ragazzi. L'ultima cosa che vorrei è rovinare qualche amicizia.

«Sembra perfetto», rispondo sorridendogli.

«Sei sicura?», sussurra nel mio orecchio. «Possiamo dargli buca e stare per conto nostro».

«Va bene. In realtà ho fame».

Mi dà un bacio sulla fronte. «Sì, anch'io, ma quando abbiamo finito di mangiare ce la filiamo, okay?».

Annuisco. «Okay».

La cena è davvero divertente. Stare seduta e ascoltare Jax che interagisce con i suoi amici mi fa provare un'emozione che non so come chiamare, perché non ho chiaro cosa sia. So che mi sento felice, al sicuro e contenta. Amo la loro amicizia. Discutono tutti del combattimento di Jax e rivivono tutte le mosse che preferiscono, parlano di strategia e cose che vorrebbero migliorare durante l'allenamento. Non mi disturbano i loro discorsi tecnici, dato che per tutta la serata riesco a malapena a distogliere lo sguardo da Jax.

Sono ipnotizzata da ogni suo movimento, da ogni sua parola. La verità è che, per quanto mi riguarda, non c'è nessun altro. Jax continua a guardarmi e, ogni volta che incrociamo lo sguardo, mi sorride.

Ho tenuto la mano sulla sua coscia durante la maggior parte della cena, ma adesso decido di salire più su, centimetro dopo centimetro. Al momento è nel bel mezzo di un discorso con Dylan riguardo un altro lottatore, però voglio sia chiaro il fatto che sono pronta per andare. Dopotutto, io ho finito la mia cena e lui ha praticamente finito la sua, e aveva detto che non ci saremmo fermati molto.

«No, ho sentito che avrebbe avuto un combattimento a Las…», si schiarisce la gola per la sorpresa, ma in qualche modo riesce a non sussultare, quando la mia mano risale finché non accarezza il suo inguine. I suoi occhi trovano i miei ed è il mio turno di sorridergli furba, come fa sempre lui con me.

Prende un sorso d'acqua e Dylan, non avendo idea di cosa sta accadendo sotto al tavolo, continua come se Jax non avesse smesso di parlare. «Las Vegas? Sì, l'ho sentito anch'io. Penso che abbiano un specie di serata di combattimenti…».

Il resto delle sue parole diventa insignificante mentre alzo un sopracciglio verso Jax. Il messaggio è chiaro: "Andiamo!".

«Okay, ragazzi, io e Rowan ce ne stiamo andando. Ci vediamo quando ci vediamo».

Jax posa dei soldi sul tavolo, si alza, poi è subito dietro alla mia sedia, per aiutarmi ad alzarmi e anche per coprire il rigonfiamento nei suoi pantaloni.

Mi tiene davanti a lui mentre salutiamo tutti, e quando Ryder, che siamo riusciti a trascinar via dalle bellezze in bikini dopo che si sono scambiati i numeri, mi abbraccia un po' troppo a lungo, in un chiaro tentativo di irritare di nuovo Jax, lui lo spinge via.

«Va bene, dongiovanni, vatti a trovare una ragazza. Quante volte devo dirtelo? Lei è mia».

Non siamo lontani da casa sua e, quando alla fine entriamo, mi giro immediatamente verso di lui. «Quindi, in tutta onestà. Sei troppo dolorante per...».

«No», mi interrompe e faccio a malapena un respiro prima che la sua bocca sia immediatamente sulla mia. Sapendo che devo stare attenta, ma incapace di contenermi, salto nelle sue braccia, facendolo indietreggiare un po' mentre sostiene il mio peso, poi si gira rapidamente e mi preme contro la porta. Le mie gambe si avvolgono intorno a lui, facendo salire la mia gonna, ma non me ne importa nulla. Allontana di scatto la bocca dalla mia e lascia una scia di baci lungo la mandibola, il collo e la clavicola.

«Jax, ti voglio. Guardarti combattere, il mio nome sul tuo paradenti, il bacio prima che tu iniziassi... Dio, sono eccitata da ore» mormoro.

Geme e strofina i fianchi contro i miei, mentre le sue labbra tornano sulle mie, e ansimo nella sua bocca per la sensazione che mi dà percepire la sua erezione. L'unica cosa che ci separa dalla penetrazione è il tessuto fine dei miei slip. La sua mano si sporge e chiude a chiave la porta, poi cammina lungo il corridoio verso la sua camera. Quando abbiamo oltrepassato anche quella porta, mi poggia a terra, e io gli tolgo immediatamente la maglietta, in modo da poter mettere le mie labbra sul suo petto. Lo bacio ovunque, anche sul livido sul fianco, e mi alzo in punta di piedi per raggiungere meglio il tatuaggio. Comincio a tracciarlo con la lingua, facendolo sibilare dal piacere. Sorrido mentre bacio e lecco, ma il sorriso svanisce quando si ritrae e fa un passo indietro.

«Ho solo bisogno di dirti che sei incredibilmente sexy, con la maglietta dei miei sponsor» dice squadrandomi da capo a piedi e sorridendo.

«Questo mi ricorda che sono arrabbiata con te».

«Tesoro, mi hai ingannato con tutti quei baci e lo strofinarti su di me. Se sei così quando sei arrabbiata, allora mi va benissimo».

«Sono seria. Come hai potuto non dirmi che stasera eri l'attrazione principale? Sei una specie di "Dio lottatore"».

Ride e lo guardo male, cercando di fermarlo, ma non ci riesco.

«Hai delle magliette!». Indico la mia come se avesse bisogno di una prova della mia dichiarazione.

«Non è niente di che. E di certo non sono un "incredibile Dio lottatore"» afferma con una smorfia.

«Non è niente di che? Come puoi dirlo? Devo mostrarti di nuovo la mia maglietta?» replico.

Scuote le spalle. «Perché non lo è. Non volevo che tutta quella roba influenzasse quello che provi per me».

Improvvisamente mi rendo conto, dal modo in cui mi guarda, che è preoccupato.

Imbronciata, mi avvicino di nuovo a lui e lo guardo dritto in faccia, assicurandomi che mi veda bene prima di parlare.

«Tutta quella roba non mi importa. Ti sto facendo la predica perché è stato proprio uno shock, ma non ha niente a che fare con quello che c'è tra noi. È troppo tardi per quello. Penso che sia chiaro che sento qualcosa per te, da prima di stasera. Almeno, spero che lo sia».

Corrugo la fronte perché non so se per qualche motivo potrebbe pensarla diversamente, ma io voglio capisca.

«Per essere chiari, provo qualcosa per te perché mi piaci *tu*. Non quello che fai per lavoro. Sei dolce, premuroso, amorevole, divertente, sexy da morire, intelligente, protettivo e anche molto altro! Mi fai infiammare solo con un pensiero, con un tocco».

Mi accarezza la guancia con il pollice.

«Ci sono i *nostri* fuochi d'artificio, Jax. Inoltre, penso di conoscere il momento esatto in cui ho perso la testa per te».

«Lo sai?».

«Be', ero sulla buona strada quando sei stato così fantastico all'ospedale, solo non lo sapevo ancora. Ma la prima volta che mi hai baciato sulla fronte, ero già tua».

Sorride mostrando quelle fossette così carine. «Ti piace quando lo faccio?».

«No. Lo adoro. È un gesto così semplice che dimostra tutto quello che sei. Potrei innamorarmi di te solo per quello», dichiaro semplicemente.

Mi risponde baciandomi di nuovo, rivendicando le mie labbra. Si ritrae per un secondo e mi strappa la maglietta oltre la testa, poi la canottiera sotto. Non perde tempo a liberarsi anche del reggiseno e, mentre mi fa distendere sul letto, le sue labbra si chiudono intorno a un capezzolo. Lo succhia, provocandomi, poi lascia una scia di succhiotti mentre si dirige verso l'altro, riservandogli la stessa attenzione.

«Jax, adesso. Ti voglio adesso».

Si alza per togliersi i vestiti e, mentre lo fa, io lo imito con entusiasmo, per poi distendermi completamente nuda davanti a lui. Si avvicina e la mia pelle è percorsa da deliziosi brividi in attesa del suo tocco. Quando si sdraia su di me, sospiro per il piacere. Rispondendo alla mia richiesta, Jax agisce e mi penetra con un colpo deciso.

«Cazzo», mormora sottovoce, sopraffatto dal momento perfetto.

I nostri fianchi iniziano a muoversi all'unisono, spinti dallo stesso desiderio. Faccio scorrere le unghie lungo la sua schiena e getto la testa all'indietro, in preda a un piacere estatico.

«Così bene. Mi fai sentire così bene», sospiro.

Dopo qualche altra spinta, mi sorprende. Esce da me e, afferrandomi per i fianchi, mi fa capire quello che vuole. Mi giro a pancia in giù e inarco il culetto, agitandolo in modo seducente.

Mi sculaccia in modo scherzoso. «Provocatrice», mi ammonisce. Struscia la punta della sua erezione sulla mia apertura, prima di entrare molto lentamente. Quando capisce che mi sono adattata al quella dolce invasione, con una mano mi afferra un fianco e usa l'altra per stimolarmi il clitoride. Pompa dentro di me, seguendo lo stesso ritmo con le dita. Mi ci vuole solo un minuto prima di venire, ed è così inteso che urlo il suo nome, mentre tante piccole stelle vorticano dietro le mie palpebre.

«Mi sa che è meglio che ti tieni, adesso», mi informa Jax.

Ridacchio e mi appoggio con le mani alla testata del letto. Con una mano ancora sul mio fianco, allunga il braccio per afferrarmi i capelli. Spinge dentro di me così forte, che i suoi fianchi sbattono contro il mio culo producendo un suono secco. Immediatamente, un altro orgasmo comincia a svilupparsi nel mio ventre, scioccandomi.

«Oh, cazzo, Jax. Sto venendo! Sto venendo di nuovo», annuncio mentre mi contraggo intorno a lui.

Con un grosso gemito lui grida «Rowan!», e viene dentro di me, tremando.

Dopo essere uscito, mi attira subito tra le sue braccia e mi bacia sulla fronte sussurrando: «Anch'io potrei innamorarmi di te».

Il mio cuore si alza in volo.

Capitolo 20

Jax

I giorni dopo il mio combattimento sono stati bellissimi. L'indolenzimento dei muscoli è decisamente diminuito, e i lividi stanno già cambiando colore, da viola e blu a giallo e verde. Quest'ultimo fine settimana è stato uno dei migliori che abbia trascorso da tanto tempo. Lo sto rivivendo nella mente ancora e ancora. Stranamente, la vittoria non è stata al centro dei miei pensieri, come succede di solito. Piuttosto, non riesco a smettere di pensare a quanto Rowan mi renda felice, ed è sorprendente quanto sia diventata la cosa più importante, rimpiazzando con facilità tutto il resto.

Quando mi sono svegliato la mattina dopo la vittoria, lei se n'era già andata. Aveva probabilmente chiamato un taxi per tornare a casa, scegliendo di non svegliarmi. So che aveva bisogno di tornare da Lily, ma sentivo la sua mancanza e odiavo da impazzire stare senza di lei.

Quindi, ho dovuto cercare rapidamente una soluzione. Mi sono fatto una doccia veloce e, dopo avere mangiato qualcosa, ero già fuori di casa e davanti alla sua porta d'ingresso.

Di sicuro era sorpresa di vedermi, ma mi ha fatto entrare subito in casa. Mi piace credere di esserle mancato quanto lei è mancata a me. Perché odio davvero quando non sono con lei e ho bisogno della sua compagnia come un drogato ha bisogno della sua dose.

La buona notizia è che aveva appena concluso una telefonata con Ty, in cui lui le aveva comunicato la data del suo rilascio e si erano messi d'accordo affinché andasse a prenderlo. Era entusiasta e mi ha chiesto timidamente se potevo andare con lei e Lily. Lusingato che avesse pensato di chiedermelo, ho acconsentito immediatamente.

Ora, un paio di giorni dopo, siamo seduti nel mio fuoristrada, aspettando che Tyson esca dall'ingresso della prigione. Il ginocchio di Rowan va su e giù e riesce a malapena a stare seduta, agitandosi e con lo sguardo fisso fuori dal finestrino.

Posando la mano sulla sua gamba saltellante, la stringo facendola sobbalzare e ridere. Poi le faccio una domanda retorica. «Sei nervosa?».

Guarda la mia mano, poi me, e sorride un pochino imbarazzata.

«Sì. Non lo vedo da un po'. Le nostre conversazioni sono state veloci e quasi identiche, negli ultimi mesi. Mi chiede come sto e se ho abbastanza soldi. Non c'è mai tempo per dire altro».

«Sono sicuro che sembrerà come se non vi foste mai lasciati. Non ti preoccupare» dico rassicurante.

«Hai ragione. So che farà delle domande che mi renderanno nervosa». Sospira e sbircia di nuovo fuori dal finestrino, prima di tornare a guardarmi, sorridendo. «Ma sono veramente emozionata che lui finalmente incontri Lily».

Guardo dallo specchietto retrovisore e sul seggiolino vedo dei piedini con dei calzini che calciano in aria, come se la piccolina fosse emozionata di incontrare suo zio quanto sua mamma impaziente di presentarglielo.

«È tuo fratello e ti vuole bene, ti farà delle domande solo perché ci tiene a te. Dopotutto, sono sicuro che non c'è niente che tu non possa dirgli».

Mi lancia un'occhiata seducente, leccandosi le labbra, mentre i suoi occhi mi squadrano.

«Vuoi scommettere, bello?».

Rido fragorosamente, perché la sua risposta impertinente mi coglie di sorpresa.

«Okay, allora. Lo ridico. Sono sicuro che tu possa dirgli *la maggior parte* delle cose».

Sorride. «Hai ragione. È sempre stato il mio migliore amico e so che in ogni caso non mi giudicherebbe. Voglio solo che il suo ritorno a casa sia felice e senza stress, e che non debba arrabbiarsi subito».

«Starà bene, tesoro, non devi preoccuparti. E, se non starà bene, devo dirtelo, non è un tuo problema. Non sei responsabile delle azioni e dei sentimenti di tuo fratello».

«Lo so, ma non voglio nemmeno essere la miccia che fa scoppiare tutto» dice con un sospiro.

«Lo capisco, ma non puoi lasciare che la possibilità delle sue reazioni influenzino il modo in cui lo tratti o gli parli. Dovresti essere sempre te stessa, al cento per cento. Se non lo sarai, e ti tratterrai tutto il tempo, il tuo rapporto con lui diventerà teso e falso. Lui non vuole questo, e nemmeno tu. Se non puoi essere te stessa con lui, allora è un bel problema. È la sola persona con cui dovresti essere in grado di essere te stessa. Fidati di lui e dell'amore che provate l'uno per l'altra».

Si piega in avanti e mi bacia sulle labbra. È un bacio dolce e tenero.

«Come sei diventato così intelligente?» mi chiede piano.

Voglio provarle quanto sono intelligente intensificando il bacio, ma quando una sagoma attira la mia attenzione, decido che non è il momento. Indico con la testa un punto fuori e Rowan coglie il gesto e si volta veloce. Non appena vede Ty camminare fuori dall'edificio, sussulta per l'eccitazione, esce dal fuoristrada e corre verso di lui. Ty molla per terra il borsone e corre anche lui verso di lei. Si incontrano a metà strada e lui la fa volteggiare tra le sue braccia. Rowan ride con la testa all'indietro e ne sento il suono squillante fin qui. Quando lui la posa a terra, sorride da un orecchio all'altro e la bacia sul capo. Torna velocemente indietro a recuperare il suo borsone, poi la raggiunge e le mette un braccio intorno alle spalle. È palese l'affetto che li lega.

Mentre si dirigono verso il fuoristrada, esco e vado ad accoglierlo. Guardarli uno di fianco all'altra evidenzia somiglianze e differenze. Hanno gli stessi capelli scuri, gli stessi occhi color nocciola e lo stesso sorriso. Ma il naso di Tyson è un po' storto, forse perché è stato rotto, e non ha le stesse lentiggini sul naso che ha Rowan. Ci sono altre piccole disuguaglianze più discrete, ma quelle sono le più evidenti.

Facendo un passo in avanti, gli porgo la mano. «È un piacere vederti di nuovo, Ty».

«Anche per me, Jax. Grazie per essere venuto a prendermi con Rowan. È bello vedervi insieme».

«Rowan era impaziente di vederti» gli dico con un sorriso.

«Fammi indovinare… il suo ginocchio stava sobbalzando da matti, vero?» afferma ironico.

Rido. «Esatto».

«Uhm, ragazzi. Sono qui, sapete!» precisa Rowan.

Io e Ty ridiamo e mi dice che ha sempre avuto questo tic nervoso, ma la sua risata si interrompe quando si gira verso Rowan e vede che ha preso in braccio Lily dal seggiolino. La vede per la prima volta, e non è niente di meno che commovente. Molla di nuovo a terra il borsone, dimenticandolo, mentre la piccolina davanti a lui cattura completamente la sua attenzione. Lily si sporge e tira i capelli di Rowan, gorgogliando. Il viso di Ty è raggiante di amore e adorazione.

«È meravigliosa, Row, semplicemente meravigliosa. Voglio dire, sapevo che lo sarebbe stata, ma vederla di persona è… be', è meglio di come l'ho immaginata. Posso prenderla in braccio?».

Rowan ha le lacrime agli occhi e deglutisce prima di annuire. I suoi occhi non hanno lasciato Ty mentre lui si gode la vista di sua nipote.

Gli porge Lily e lo guardiamo entrambi mentre lui la accoglie tra le braccia e le bacia il capo.

Quando la piccola si sporge e gli afferra il naso, lui ridendo dice : «Ciao, bellissima. Sono tuo zio Ty, o zio Tyson. Visto che tua mamma mi chiama sempre così, probabilmente lo farai anche tu. Sono talmente felice di conoscerti! Mi dispiace non esserci stato per qualche mese, ma prometto che mi farò perdonare».

Come se Lily capisse il significato delle sue parole, gli fa un grande sorriso sdentato. Tyson è completamente rapito da lei, i suoi occhi si riempiono di lacrime. «Row, è fantastica».

«Lo so» gli risponde la sorella altrettanto commossa.

«E ti somiglia».

«Somiglia a tutti e due» preciso.

Mi guardano entrambi e ridono. «Sì, penso di sì», dice Ty.

«Dai», dice Rowan. «Andiamo a casa. Non so cosa tu voglia mangiare, ma ho fatto scorta dei tuoi cibi preferiti».

«Oh, hai comprato le mie barrette al cioccolato?» domanda lui speranzoso.

Lei sorride indulgente. «Sì, ti ho preso due pacchi famiglia».

«Fantastico! Adoro le barrette al cioccolato».

«Lo so». Rowan ride e mi guarda. «Tyson è dipendente dalla cioccolata e dal burro d'arachidi».

Lui scuote le spalle. «Non esistono due cose migliori insieme. Be', forse eccetto noi due, Row. Cavoli, mi sei mancata!».

«Anche a me. Dai, andiamo a casa» gli risponde con dolcezza.

Saliamo tutti nel fuoristrada, e Ty si sistema dietro di fianco a Lily.

Domanda a Rowan come stia andando il lavoro alla tavola calda, e lei gli chiede i dettagli sul come, e perché, sia stato in grado di uscire di prigione un po' prima di quanto stabilito dalla sentenza.

Ty le domanda se ha tutto quello che le serve per Lily e se ce la fa ad arrivare a fine mese.

Rowan sembra un po' imbarazzata che lo stia chiedendo davanti a me, ma ci passa velocemente sopra e gli risponde: «Va tutto bene. La nostra vicina mi ha aiutato molto quando all'inizio ho avuto delle difficoltà. È stata fantastica e ora sto molto meglio».

Sapere che Audrey ha aiutato Rowan con cose che ho comprato io mi rende felice. Mi sento come se avessi contribuito a farla stare meglio, anche se lei non lo sa. E non glielo dirò mai. Non è importante. Sono solo contento di poterci essere stato per lei in qualche modo.

Quando arriviamo a casa, Ty porta dentro il seggiolino di Lily e Rowan va diretta in cucina. Mentre Ty solleva Lily dal seggiolino, io la seguo.

«Ehi», le dico dolcemente attirando la sua attenzione. «Vuoi che vada via in modo che tu e Ty possiate passare del tempo da soli?».

Aggrotta le sopracciglia. «No. Vorrei che rimanessi. Voglio dire, a meno che tu non voglia andare. Non so se devi tornare in palestra».

«No», rispondo rapidamente. «Non volevo essere maleducato».

«Voglio che tu rimanga» dice sicura.

Annuisco. «Bene».

«Tyson, per adesso ho gli ingredienti per dei panini con la carne, ma ho delle bistecche e delle patate da preparare per cena. Ti va bene?».

Ty arriva in cucina con Lily poggiata sul fianco. Non pare avere difficoltà nel tenerla in braccio e Lily sembra perfettamente a suo agio. «Per me va bene».

«Posso aiutarti?», chiedo a Rowan, ma lei scuote la testa.

Ty scrolla le spalle e insieme ci dirigiamo verso il soggiorno e accendiamo la TV sul canale sportivo, per aggiornarci sulle ultime partite e sulle notizie. Stiamo discutendo il recente licenziamento di un allenatore, quando Rowan ci chiama a tavola.

Prende Lily da Ty e la mette sul seggiolone, poi la sposta vicino a sé a tavola, in modo da poterle dare da mangiare mentre mangia lei stessa. Durante il pranzo parliamo del più e del meno, ma perlopiù guardiamo Lily e ridiamo quando sputa le carote che Rowan le sta dando.

All'improvviso Ty pone una domanda che fa impietrire Rowan.

«Okay, non posso più aspettare. Voglio sapere. Che diavolo è successo a Jason?».

«Tyson... non penso proprio che sia il momento...».

«No!». Io e Rowan trasaliamo quando Ty sbatte il pugno sul tavolo. Anche Lily lo guarda con occhi sbarrati. «Voglio saperlo adesso, Rowan. Basta posticipare. Dimmi cosa diavolo è successo».

«Amico, calmati. Non urlarle contro», dico serio.

Ty sembra imbarazzato. «Scusa», mormora.

«Non vorrei farti stare male appena tornato a casa», risponde Rowan triste.

Ty la fissa e lei alla fine sospira. Sono sicuro che adesso vorrebbe avermi spedito a casa.

Incrociando le braccia sul petto, mi poggio allo schienale e aspetto che spieghi cos'è successo. Voglio conoscere anch'io la risposta.

I suoi occhi incontrano i miei e io sostengo con fermezza il suo sguardo, sperando le trasmetta non solo che quello che ha da dire mi interessa, ma anche che può tranquillamente parlare di fronte a me.

Vedo il momento esatto in cui sceglie di lasciarsi andare e raccontare quello che è accaduto. La sua postura cambia ed è come se la vergogna coprisse il suo viso, e questo mi fa raddrizzare la schiena all'istante e serrare i pugni. Chiunque la faccia sentire così si merita che gli venga fatto il culo, secondo me.

Io e Ty ci scambiamo uno sgurado veloce, ed è evidente che stiamo pensando la stessa identica cosa, ma rimaniamo in silenzio, aspettando che Rowan inizi.

«Le mie acque si sono rotte durante la notte. Ero da Jason, quindi l'ho svegliato. Sulle prime non mi ha creduto...».

Ty fa un verso di chiaro disgusto. Io non dico niente e non mi muovo di un millimetro, i miei occhi fissi sul viso di Rowan.

Lei continua a dare da mangiare a Lily e non guarda nessuno di noi due. «Quando finalmente sono riuscita a farlo uscire di casa...».

«Che cosa intendi con "riuscire finalmente a farlo uscire di casa"? Perché ci è voluto così tanto?», chiede Ty.

Prima di rispondere, Rowan si mette nervosamente i capelli dietro l'orecchio. «Prima si è fatto una doccia e si è vestito con comodo».

Dopo aver risposto lancia un'occhiata a Tyson, ma lui non replica, la mascella serrata come unica indicazione di quello che sta provando.

«Abbiamo accostato fuori dall'ospedale e mi ha fatto scendere all'entrata del pronto soccorso. Ho pensato che fosse strano e gli ho detto dov'era l'entrata per il reparto maternità e che dovevamo andarci. Infatti, un mese prima gli avevo spiegato che avevo una borsa pronta e i moduli per l'ammissione firmati. Tutto quello che dovevamo fare era andare alla reception a registrarci e saremmo stati a posto. Ma non mi ha ascoltato».

«Che cosa intendi?», domando.

«Be', mi ha fatto scendere al pronto soccorso per parcheggiare nel parcheggio coperto. Ero irritata, ma ho pensato volesse solo mettere la macchina in un posto che non fosse al sole, poiché dovevamo passare un paio di giorni in ospedale».

«Quindi ti ha detto che sarebbe andato a parcheggiare la macchina, e poi cosa?», chiede Ty.

«Perché?», domanda lei sulla difensiva.

«No, Rowan. Non ci provare, non faccio il gioco del perché con te. È un insulto. Non azzardarti a insinuare che abbia una motivazione egoistica per farti queste domande».

Lei sospira e guarda Ty. Quello che vedo nei suoi occhi mi procura una stretta allo stomaco. È tristezza mista a rassegnazione, e mi spezza il cuore. Una parte di lei non è sorpresa che Jason si sia comportato così, come se pensasse di esserselo meritato. Questo mi fa venir voglia di scuoterla e instillare un po' di buon senso in quella testolina. Quando saremo di nuovo soli le farò capire che mi prenderò sempre cura di lei perché è una donna meravigliosa.

«Va bene. Vuoi sapere che cosa ha fatto, Tyson? Non è tornato. Non è proprio tornato», dice con gli occhi bassi.

«Che cosa intendi con "non è tornato"?», domanda Tyson incredulo.

«Intendo che mi aveva detto che avrebbe parcheggiato la macchina, ma tre ore più tardi ero ancora seduta al pronto soccorso da sola, a rendermi conto che ci aveva abbandonate. Sia me che Lily».

Ty si alza all'improvviso, facendo cadere la sedia. «Tre fottute ore, Rowan? Sei rimasta seduta ad aspettarlo per tre ore?».

Sul viso di Rowan c'è ancora quell'espressione che mi spezza il cuore, e guardo Ty arrabbiato.

«Siediti e abbassa la voce. Stai spaventando Lily e Rowan non ha bisogno della tua rabbia», gli dico pacato.

«Non ha bisogno della mia rabbia? E chi si dovreebbe arrabbiare per conto suo? Tu? Rowan? Jason ha bisogno che gli venga data una lezione. Chi pensa di essere per lasciare in quel modo mia sorella durante il travaglio? Abbandonare la sua stessa figlia! Lo scoverò e lo obbligherò a prendersi le sue responsabilità».

«Non farai niente del genere, Tyson James Martin!».

Anche Rowan si è alzata in piedi e l'espressione furiosa sul suo viso non dovrebbe farmi eccitare, ma lo fa. È semplicemente gloriosa. Le mani sui fianchi, la testa e le spalle piegate all'indietro, la postura che trasuda rabbia e uno sguardo pieno di fuoco. È fantastica.

«Non è un problema tuo. Non è qualcosa di cui ho bisogno o che voglio che tu metta a posto o risolva. Se Jason non vuole Lily, allora ci perde lui. Non lo costringerò ad avere delle responsabilità e pensare di poter intromettersi in qualcosa che chiaramente non vuole. Lei sta meglio senza di lui. *Io* sto meglio senza di lui. Per quanto desideri una famiglia normale, non era il nostro destino. Quindi che si fotta. Ne ho abbastanza».

Ciò che ha detto mi colpisce profondamente. Nonostante le sue parole coraggiose, una parte di lei sente ancora di aver meritato tutto questo. So che lo pensa a causa di quello che sua madre le ha rifilato come se fosse verità, lo so, ma c'è una parte di lei che ancora cerca disperatamente la "normalità". Non penso che volesse proprio Jason, ma piuttosto l'idea che lui rappresentava, la promessa di una normalità che lei anela, la favola della madre e del padre che concepiscono una bambina, la crescono insieme e vivono per sempre felici e contenti. Come le faccio capire che una famiglia può essere quello che si vuole? Che la normalità dipende dal punto di vista? In questo momento, invidio Jason. Invidio il suo passato con Rowan e il fatto che sia il padre di Lily, che abbia concepito una splendida bambina con questa donna fantastica e che sia arrivato prima di me. Odio l'idea che tra di loro ci sarà sempre una connessione a causa di Lily, ovunque lui si trovi, ma tutto quello che posso fare è marcare il territorio e far sì che lui esca dai suoi pensieri.

Ty si risiede e si passa una mano tra i capelli.

«Avevi avuto degli indizi sul fatto che una cosa del genere poteva succedere?», chiede.

Rowan guarda in basso e non risponde.

«Non lo sto scusando, non fraintendermi, mi sto solo chiedendo se quello che è accaduto ti abbia preso completamente di sorpresa, oppure se c'è qualcos'altro che non ci hai ancora detto».

Rowan rimane in silenzio così a lungo che non posso fare a meno di sporgermi e prenderle la mano. Alza lo sguardo su di me e le sorrido incoraggiante.

«Lo sai che non è mai stato entusiasta della gravidanza», inizia. Quando Ty annuisce, lei sputa fuori la verità: «Penso mi stesse tradendo».

«Cosa?», esclamo sorpreso, nello stesso momento in cui Ty dice la stessa identica cosa.

«Sono successe delle cose strane che mi hanno fatto sospettare. Telefonate interrotte all'improvviso, momenti in cui non era disponibile per incontrarci o anche solo a parlare. Non ho nessuna prova, ma solo una sensazione. In tutta onestà l'ho ignorato, avevo abbastanza di cui preoccuparmi con la gravidanza».

«Mi dispiace, Row. Non volevo perdere la pazienza e comportarmi da idiota. Odio solo pensare che hai passato tutto questo e che ti abbia lasciato da sola» dice Ty triste.

«Sai cosa, Tyson? Non ero da sola. Ho conosciuto Jax». Mi guarda e sorride facendomi battere il cuore all'impazzata per il modo in cui mi sta fissando. «Per quanto odi assolutamente quello che ha fatto Jason, non posso fare a meno di essergli grata, il che è strano e, onestamente, è un sentimento che sto ancora cercando di elaborare, ma mi ha portato Jax. Come posso essere arrabbiata quando alla fine ho chiaramente vinto?».

Non me ne frega niente che ci sia suo fratello. Mi alzo dalla sedia e faccio alzare lei dalla sua. Prendendola tra le braccia, la bacio intensamente sulle labbra. In quel momento, mi rendo conto che sono già a metà strada nel vincere la sfida.

«Sono lieto che tu possa vedere il buono in qualcosa che ti ha fatto così male. Odio anch'io che ti sia successo tutto ciò, ma nel contempo sono grato che mi abbia portato te!».

La bacio di nuovo e comincio a lasciarmi andare, finché non sento Ty ridere.

«Quindi è così, allora?», domanda.

Mi volto verso di lui con Rowan ancora tra le mie braccia. «Sì, è così. Ho pensato che la mia presenza oggi lo rendesse ovvio».

Ty annuisce e sorride. «Lo speravo, ma volevo avere delle prove prima di esserne certo. Approvo».

«Be', è bello da parte tua dirlo Ty, ma la verità è che se anche non approvassi, non mi interesserebbe. Non me ne vado da nessuna parte», affermo.

Rowan sorride così raggiante che mi piego in avanti e le do un bacio sulla guancia, come se questo fosse il punto alla fine della mia frase.

Ty semplicemente ride. «Sì, allora approvo definitivamente».

Capitolo 21

Rowan

Abbiamo trascorso il resto della serata ad aggiornare Tyson. Ha fatto a Jax delle domande sulla palestra, sul suo ultimo incontro e sulle prossime serate di combattimenti. Non mi sorprende che Ty sia impaziente di tornare ad allenarsi. Quando gli ho chiesto perché non me ne avesse mai parlato, mi ha detto che era nervoso per la mia reazione riguardo i combattimenti come competizione sportiva. Si è esaltato quando ha scoperto che non solo ero andata all'incontro di Jax, ma che mi era anche piaciuto.

Inoltre, è rimasto sorpreso che pensassi che per lui i combattimenti potessero essere terapeutici. Gli ho promesso che, durante il suo turno nella gabbia, ci sarei stata e avrei fatto il tifo per lui da fan numero uno.

È stata una bella serata ed è così bello riaverlo a casa! Mi è veramente mancato. La sua presenza scaccia il vuoto che avevo dentro da quando ci siamo dovuti separare. Neanche Jax avrebbe potuto riempirlo, solo mio fratello.

Ty vuole prendersi del tempo per sistemarsi e per cercare un nuovo lavoro. La sua precedente occupazione come meccanico non è più disponibile, ma lui lo sapeva già. Gli avevano detto che se fosse finito in galera non avrebbero potuto garantirglielo. Spera di trovare un altro garage che assuma personale perchè ama davvero riparare le macchine e sogna ancora che un giorno non lontano si comprerà una Mustang del '67 e la rimetterà a nuovo.

Jax ha chiesto se poteva accompagnare me e Lily al parco per dare un po' di spazio a Tyson, e ho subito acconsentito. Vestita con dei pantaloncini, una canottiera e delle infradito, mi assicuro di applicare sulla pelle di Lily una dose generosa di crema solare. È una necessità, qui in Arizona ci sono molti più giorni di sole che nuvolosi, e non ci si può fidare nemmeno di questi ultimi.

«Prima di andare al parco dovrei passare in palestra. Devo assicurarmi che il nuovo ordine di integratori sia arrivato senza problemi. L'ultimo lo hanno sbagliato. Potrei chiedere a uno dei ragazzi, ma sarebbe più veloce se lo facessi io».

«Non è un problema. Comunque, mi sento in colpa perché mi sembra di averti tenuto troppo tempo lontano dalla palestra, ultimamente».

«Se fosse un problema, sarei lì. Uno dei ragazzi c'è quasi sempre, quindi non è difficile per loro controllare la situazione. Oltre a quello, lo staff della reception è ben addestrato e la palestra praticamente va da sola. La maggior parte di quello che deve essere fatto è pagare le fatture, organizzare gli ordini, gestire le adesioni e, quando serve, riparare gli attrezzi. E buona parte del lavoro può essere fatto al computer, quindi basta preoccuparsi».

Annuisco e gli credo sulla parola. Quando arriviamo, mi sistemo Lily sul fianco e entro, seguendo Jax.

«Puoi venire con me in ufficio, se vuoi».

Sto quasi per farlo quando scorgo Cole e cambio idea.

«In realtà, hai un blocco e una penna da prestarmi? C'è Cole e voglio ricordargli di mandarmi la biografia per la sua pagina social. È l'unico che non ha risposto all'email che ho mandato l'altro giorno. Forse così posso ottenere le informazioni di cui ho bisogno».

«Sì, certo». Mi passa un foglio e una penna dalla sua scrivania, e poi mi sorprende quando prende in braccio Lily. «Ehi, dolcezza, vuoi giocare sul tuo seggiolino mentre sistemo l' ordine? Vuoi?». La sua parlata infantile è adorabile.

«Sei sicuro che vuoi tenerla qui? Posso prendere il seggiolino e portarla con me».

«Lei è tranquilla». Mi bacia sulla guancia e si dirige verso il suo gioco per allacciarla. Lui continua a sorridere, e a parlarle tutto il tempo, e il mio cuore sobbalza.

Lo amo. Sono innamorata di quest'uomo.

L'emozione mi colpisce come una locomotiva, lasciandomi senza fiato, ma da un senso a tutto. Ha conquistato il mio cuore e anche quello di mia figlia, visto il modo in cui sembra rapita da lui. Quando passa a trovarci, lo saluta scalciando e facendogli le moine, e si sporge per farsi prendere in braccio. Resto imbambolata a fissarlo, incapace di distogliere lo sguardo.

Jax si gira e, quando mi vede ferma lì, sul viso gli passa un'espressione confusa. «È tutto okay?».

Sbatto gli occhi più volte.

«Cosa? Oh. Sì». Alzo il foglio e la penna. «Grazie… per questi. In modo che possa scrivere. E parlare a Cole. Sì».

Me ne vado, sentendomi le guance in fiamme per quanto devo essergli sembrata stupida. L'amore mi ha reso un idiota. Grandioso!

Mentre raggiungo Cole, cerco di riprendermi, in modo da concentrarmi sulle informazioni che devo raccogliere.

«Ehi, Cole».

Sta dando dei pugni al sacco appeso davanti a lui e il sudore gli sta colando lungo la faccia. Abbassa le mani e si volta con un sorriso. «Ciao, Rowan. Come stai? Sei venuta con Jax, vero?».

«Sì, doveva controllare una consegna. Ti ho visto qui e, mi dispiace interrompere il tuo allenamento, ma vorrei chiederti una cosa. Non ho ancora ricevuto le informazioni di base che ti avevo chiesto, come la tua città natale, compleanno, gruppi preferiti, film che ti piacciono e cose così. E non ho la tua biografia. Mi sto chiedendo se vuoi ancora il mio aiuto. E se sì, pensavo che forse potresti darmi le informazioni adesso». Metto la penna sopra al foglio, mostrandogli che sono pronta a ricevere i dati che vuole condividere.

«Oh, sì, uhm, riguardo a questo…».

«Non ha bisogno del tuo aiuto», sbraita una voce secca dietro di me, facendomi girare. Jerry Stone, il papà di Jax, è lì impalato con le braccia conserte sul petto che mi guarda male.

«Mi scusi?».

«Non sei scusata. Non hai mai sentito parlare di professionalità? Supplicare Cole di ingaggiarti, quando ha già un allenatore e un manager, è patetico. È questo il metodo che usi di solito per trovare dei clienti?».

La mia bocca si spalanca, incredula. Mi ci vuole un momento affinché la nebbia si diradi dalla mente, per riuscire a comprendere cosa mi ha appena detto.

«Non ho supplicato Cole di lasciare che lo aiuti. Mi sono offerta di aiutarlo, dato che ho familiarità con i social media e lui non ha ancora alcun account».

«Non preoccuparti di quello che ha o non ha. Non è affare tuo. Lo so cosa stai facendo!».

«Uhm». Lo fisso senza sapere cosa dire, perché non ho idea di dove voglia arrivare. «Sto cercando di aiutare i ragazzi a costruire la loro presenza sui social media. Questo è tutto. Se è quello che sta tentando di insinuare, allora ha ragione».

«Non provarci neanche, ragazzina. Stai sperando di avvicinarti a Cole per ottenere delle informazioni da portare a Jax. Non funzionerà».

Mi metto a ridere. Sta scherzando, vero? «Quello che dice non ha senso. Che tipo di informazioni potrei dare a Jax?. La data del compleanno di Cole? Una biografia che Jax probabilmente conosce già? Lei sta delirando».

«Sai, è solo questione di tempo prima che Jax si trovi nella merda fino al collo, come si merita di essere. Con un po' di fortuna comincerà con Cole che gli fa il culo, e quel coglione moralista verrà rimesso al suo posto. Seguito dal fallimento della sua palestra. Magari è meglio che tu ti faccia da parte adesso, quando puoi ancora farlo. Sei una ragazza carina, sono sicuro che troverai facilmente un altro uomo».

Non ci vedo più dalla rabbia. Niente di quello che sta dicendo è minimamente sensato, e il fatto che stia insultando Jax mi fa incazzare ancora di più.

«Chi cazzo pensa di essere? Questa è la palestra di Jax e, per quanto ne so, le sta facendo una cortesia a lasciarla lavorare qui. Non si permetta di mancargli di rispetto davanti a me. Lei è un padre di merda. Sa, compativo Jax perché lei non faceva parte della sua vita. Ma ora? Ora sono solo felice che si sia liberato di una piaga simile. Jax è un uomo meraviglioso e lei non lo merita È solo questione di tempo prima che anche Cole rinsavisca».

Lancio un'occhiata veloce a Cole e lui mi guarda per un momento. Vedo un lampo di rimpianto passargli sul viso, prima che abbassi lo sguardo.

Sfortunatamente, avere spostato l'attenzione su Cole, fa sì che non mi accorga di Jerry finché non mi afferra saldamente il braccio.

«Mi lasci andare!», dico indignata.

«Chiudi quella bocca, puttanella! Chi ti credi di essere per parlarmi in quel modo? Non ti fare illusioni, sei solo un'altra scopata per mio figlio».

«Togli le tue fottute mani dalla mia ragazza, ora!».

La voce di Jax è bassa, chiara e glaciale. Ogni singola parola trasuda ferocia.

Guardo oltre le spalle di Jerry e ciò che vedo mi da i brividi. È lì in piedi, con Lily tra le braccia, assolutamente livido. La sua mascella è serrata e gli occhi stanno incenerendo Jerry. Si sta trattenendo dal prendere a pugni il suo stesso padre. Poggio il foglio e la penna ai miei piedi e vado da lui per prendere Lily dalle sue braccia.

Lui mi circonda immediatamente la vita con un braccio e mi tira a sé.

«Prendi le tue cose e vattene dalla mia palestra», ordina a Jerry.

Jerry fa un passo verso di lui. «Non puoi buttarmi fuori di qui. Questo posto è tanto mio quanto è tuo. Apparteneva a MIO padre, figlio di puttana, e non puoi costringermi ad andarmene».

«Certo che posso. Il nonno l'ha lasciato a *me*, non a entrambi. Ne ho avuto abbastanza del tuo odio e delle tue manipolazioni, e col cavolo che ti lascio parlare in quel modo a Rowan. È la goccia che fa traboccare il vaso. Vattene. Ora».

«Te ne pentirai. Chi ti aiuterà a organizzare gli incontri e trovare gli sponsor per tutti, adesso?». Jerry freme di rabbia.

«Non è affare tuo. Ce la faremo tranquillamente da soli».

«Se me ne vado, significa che Cole viene via con me».

Jax guarda Cole e lui ricambia lo sguardo, con un'espressione di scuse. Non apre bocca nemmeno una volta per difendere Jax, ma non difende neanche Jerry.

«Questo lo deve decidere Cole. Qui è sempre il benvenuto. Tu non lo sei».

Cole annuisce, va da Jerry e gli prende il braccio. «Andiamo».

Con un'ultima occhiata a Jax, Jerry se ne va.

«Non è finita qui», gli dice oltre la spalla mentre esce. Cole mima "scusa" con le labbra prima di girarsi e seguirlo.

Mi volto verso Jax con uno sguardo di scuse, e stringo di più Lily contro il mio fianco. Lei sembra percepire la tensione nell'aria e rimane tranquilla.

«Jax, mi dispiace. Stavo solo cercando di ottenere delle informazioni da Cole, e Jerry non era d'accordo».

«Non ti azzardare ad assumerti la colpa. La situazione si stava deteriorando da tempo. In realtà è un sollievo buttarlo fuori a calci. Ogni volta che mi sta intorno mi sento teso, arrabbiato e frustrato. Sono teso nell'attesa del suo prossimo commento maleducato. Sono arrabbiato perché non riesce ad andare oltre il suo risentimento ed essere grato di avere un figlio che il suo stesso padre amava abbastanza da aiutarlo a prendersene cura. È frustrato perché niente di quello che faccio è abbastanza per lui. Non riesco a fare breccia. E ho cercato di farlo per troppo tempo. Pensavo che averlo ancora intorno fosse meglio che non vederlo mai. Mi sbagliavo. È meglio che lui non sia più qui».

«Mi dispiace comunque tanto. Non deve essere facile e mi si spezza il cuore per te», sussurro.

«Non è facile, hai ragione. Ma mi rifiuto di lasciare che il suo odio mi influenzi ancora. Quello è un problema suo. Nella mia vita ho già passato troppo tempo cercando di aggiustare le cose, e non lo farò mai più. Non so perché mio nonno ha fatto quello che ha fatto, e non è importante. In futuro non mi farò più carico dei problemi di mio padre. È ora di andare avanti. Non mi abbasserò al suo livello».

«Sono orgogliosa di come sei, e rispetto sul serio la tua capacità di fare la cosa giusta per te stesso», gli dico sorridendo.

«Be', se non stai attento al tuo stesso cuore, non lo farà nessun altro, vero? Anche se prometto di aiutarti sempre a proteggere il tuo».

Mi sorride e mi accarezza la guancia con il pollice. Adoro quando lo fa. Mi scalda il cuore, con tutti questi gesti amorevoli.

«E io a proteggere il tuo», prometto.

«Dai, andiamo. Ho controllato quell'ordine ed è tutto a posto».

Jax insiste per pranzare al parco. Non vuole che suo padre ci rovini i piani. Lily è seduta sul suo grembo e cerca di prendere il suo cibo. Lui le porge dei cereali e lei se li porta allegramente in bocca. È adorabile, con il suo piccolo cappellino di paglia, ma l'accessorio migliore è l'uomo che la sta tenendo in braccio.

«È stata proprio una bella idea», gli sorrido felice.

«Lo penso anch'io. È proprio una bella giornata, non è ancora troppo caldo, anche se non durerà ancora per molto, temo».

«Sì, infatti. Qua saltiamo sempre la primavera e ci buttiamo a capofitto in estate», confermo.

«Ti manca la California?», mi chiede curioso.

«No, direi di no. Siamo qui da abbastanza tempo da sentirci a casa nostra. Quando ci siamo trasferiti, all'inizio ero triste di aver dovuto lasciare un paio di amici, ma andarcene era molto più importante. Non sono mai stata molto brava a fare nuove amicizie. Tyson c'è sempre per me, quindi penso di non avere mai sentito la mancanza di altre persone».

«Ha senso. È il tuo migliore amico, perciò non hai mai avuto bisogno di altro».

Scuoto le spalle. «Direi di sì. Non ci ho mai pensato seriamente. E comunque, non tutti possono avere degli amici grandiosi come i tuoi».

«Ora sono anche i tuoi. Sono abbastanza sicuro che tu piaccia a loro più di me», ridacchia.

Ridendo, bevo un sorso della mia limonata. «Non posso farne a meno. Sono affascinante».

Ride anche lui, ma poi diventa subito serio.

«Comunque, mi dispiace di aver avuto Lily in braccio quando sono uscito e ho gridato contro mio padre. Sono passato davanti alla porta del mio ufficio e l'ho visto, e ho capito dallo sguardo sul tuo viso quello che stava succedendo. Ho preso la bambina e mi sono avvicinato. Per un momento ho pensato di chiedere a Cindy se poteva tenerla alla reception con sé, ma che diavolo, non so se ha qualche esperienza con i bambini».

Quasi mi strozzo con la limonata.

«Quindi ti stai scusando per non aver dato Lily in braccio a una persona di cui non ti fidi? Non devi mai scusarti per questo, Jax. Hai la minima idea di cosa significhi per me che una cosa del genere ti passi per la mente?».

Scuote le spalle e distoglie lo sguardo, imbarazzato.
«Voglio bene anche a lei».
«Lo so».
Mi protendo, sorridendo con tenerezza, e gli afferro la mano per ringraziarlo silenziosamente.
Decido di cambiare argomento e gli faccio una domanda che mi vortica in testa da una settimna.
«Oh, comunque, avrei bisogno del tuo aiuto per una cosa».
«Dimmi», risponde pronto.
«Si sta avvicinando il compleanno di Tyson e mi stavo chiedendo se puoi aiutarmi a scegliere per lui qualcosa di inerente alle arti marziali miste. Non so se possa aver bisogno di nuovi guantoni o di vestiti per allenarsi. Ma io non so niente di questo, speravo mi dessi tu una mano».
Ride. «Nessun problema, penso di poterti aiutare».
Poi la sua faccia si oscura all'improvviso.
«Aspetta. Se si sta avvicinando il compleanno di Ty, vuol dire che si sta avvicinando anche il tuo. Perché non me l'hai detto?», dice con un'espressione offesa.
«Non è una cosa importante», mi affretto a rispondere.
«Sì, lo è. Quand'è?», insiste.
«Sabato».
«Sabato? Dopodomani?», ribatte incredulo.
«Sì», dico sorridendogli timidamente, sperando che non si arrabbi.
Scuote la testa.
«È un bene per te che io possa suggerirti un po' di cose che abbiamo al negozio della palestra, e posso anche mostrarti qualche prodotto al negozio sportivo al centro commerciale. Hanno degli oggetti per le arti marziali miste: delle belle magliette, felpe, quelle cose lì».
«Okay, sarebbe favoloso. Hai tempo adesso?».
«Certo, andiamo».
Un po' di tempo dopo, Lily gorgoglia felice nel suo passeggino, mentre noi cerchiamo tra gli espositori di vestiti.

Jax mi suggerisce alcune cose, dandomi delle idee anche per dei regali futuri. Finisco per prendere un paio di magliette e dei pantaloncini che Jax sostiene essere ottimi per allenarsi, oltre a una maglietta carina con il logo dell'MMA.

Uscendo dal negozio, mi alzo in punta di piedi e lo bacio sulla guancia. «Grazie del tuo aiuto».

«Mi puoi ringraziare meglio dopo», dice malizioso.

Rido. «Mi sembra un buon piano».

«Vado al bar a prendermi un caffè. Ne vuoi uno?».

«Sì, sarebbe grandioso. Grazie».

«Va bene, torno subito. Non allontanarti troppo», si raccomanda, come sempre protettivo.

«Non lo farò. Vado a dare un'occhiata a quel negozio di abbigliamento», gli dico indicandoglielo.

«Okay».

Avvicinandomi osservo le vetrine ma, prima di entrare in negozio, una donna esce con una bambina in braccio. Mi fermo all'improvviso e quasi la urto con il passeggino. Sul serio, devo imparare a manovrare questo dannato aggeggio; è come se guidassi una macchina con il cambio manuale: impossibile.

«Oh, mi scusi», dico subito.

«Non è niente. Oh, la sua bambina è così carina! Quanto ha?». Si piega in avanti per parlare con Lily. «Sei così carina. Certo che lo sei!».

«Ha cinque mesi. Quanto ha la sua piccola?».

Anche lei è parecchio carina. Sta guardando Lily e le sorride. Adoro quanto i bambini siano affascinati dagli altri bimbi.

«Ha diciotto mesi. Non sono così divertenti? Delle piccole benedizioni».

Mi sorride e noto quanto è bella. Capelli biondi, occhi blu, che sembrano quasi grigi, e una voce dolce.

Proprio in quel momento, Lily comincia a fare i capricci e mi piego per prendere qualcosa dalla borsa dei pannolini, giusto mentre vedo con la coda dell'occhio qualcuno avvicinarsi alla ragazza.

«Oh, eccoti», dice lei. «Guarda questa bambina, non è carina? Katie sta facendo amicizia».

«Ehi, tesoro. Ecco il tuo caffè», dice Jax.

Mi giro e gli sorrido, prendendo il bicchiere di carta dalla sua mano.

«Grazie», rispondo.

È in quel preciso istante che sento dire, dall'uomo che ha raggiunto la bionda: «Sì, è carina».

Mi volto e lo fisso incredula. Jason è lì, di fianco alla bionda, con un braccio intorno alla sua vita, che guarda nostra figlia.

Tre cose accadono contemporaneamente, come al rallentatore. Il suo sguardo incontra il mio, Lily smette di fare i capricci, e il mio caffè finisce a terra rovinosamente, schizzando ovunque.

«Rowan?».

Due uomini dicono simultaneamente il mio nome per due ragioni completamente diverse.

Capitolo 22

Jax

«Rowan?», domando di nuovo.

Il suo viso è impallidito e la bocca è spalancata. Mi rendo finalmente conto che sta fissando il tipo davanti al passeggino della piccola. Istintivamente mi avvicino e controllo Lily. Sta bene, ignara di tutto intorno a lei, tranne di un uomo dall'altro lato che ha dozzine di palloncini in mano.

«Tesoro? Cosa c'è che non va?», le domando di nuovo, preoccupato. Finalmente, mi guarda e vedo rabbia e panico nei suoi occhi.

«Jill, perché non vai al bar e prendi il nostro solito ordine? Ti raggiungo lì», dice il tizio che ha sconvolto Rowan.

Jill guarda prima Rowan, poi il tizio, per poi tornare a Rowan, e annuisce.

«Okay». Prende la mano della bimba e fa un movimento di saluto. «Katie, di' ciao al papà, "ciao papà"», dice in tono cantilenante. Poi sorride e se ne va, lasciandosi dietro il suono del suo parlottare alla bambina che diventa sempre più flebile mentre si allontana.

Rowan fa un suono strozzato e mi preoccupo. Sta guardando di nuovo il tizio, e lui la guarda a sua volta.

«Papà?», sussurra. «È tua figlia?».

Il tizio la fissa, poi il suo sguardo si muove verso Lily. Si tende come per toccarla, e Rowan reagisce immediatamente. «Non ti azzardare a sfiorarla!». Tira indietro il passeggino, fuori dalla sua portata.

«Che cosa sta succedendo? Chi diavolo sei?», domando con sguardo torvo allo sconosciuto che sta chiaramente sconvolgendo la mia ragazza. Ma chi è? Un pervertito fissato con i bambini? Che cosa mi sono perso? Lo sguardo sbigottito di Rowan mi sta facendo preoccupare.

«Rispondimi», sibila Rowan. «È la tua bambina?».

L'uomo la fissa prima di rispondere. «Sì».

«Oh, mio Dio. Oh, mio Dio! E la donna?» chiede ancora più sconvolta.

Lui la guarda e non risponde. Rowan aspetta un momento prima di parlare di nuovo.

«Certo che ti ci è voluto un bel po' di tempo per parcheggiare la tua maledetta macchina, stronzo. Ma ora è tutto chiaro».

Ma. Che. Cazzo.

Faccio due passi avanti, e mentre realizzo i miei pugni si serrano automaticamente.

«Sei il coglione che ha abbandonato Rowan in travaglio all'ospedale. L'hai mollata lì ad aspettarti. È rimasta seduta tre ore aspettando che ritornassi, bastardo. L'hai lasciata, e hai lasciato tua figlia, e osi perfino stare qui e provare a toccarla? Osi persino guardarle? Levati dal cazzo».

Il coglione alza le mani in segno di resa, ma invece di andarsene fa un passo avanti. «Aspetta. Posso spiegare».

«Ci vuole tutta la mia volontà per non spaccarti la faccia. Non è possibile che tu abbia una spiegazione valida. Se fossi in te me ne andrei subito, okay?», lo minaccio.

Non lo fa. Mi fissa per un momento, prima di tornare a guardare Rowan. La prendo come una sfida e faccio un passo avanti, deciso a mettere in pratica la minaccia.

Sto per farlo, ma Rowan mi mette una mano sul petto, fermandomi in silenzio. Noto lo sguardo sul suo viso: è incazzata, ma ha tutto sotto controllo. Mi rilasso un po', il suo tocco per il momento calma il mio desiderio innato di proteggere e difendere.

«Rowan, io…»

«Tu cosa, Jason? Ti sei perso? Hai sofferto di amnesia? Sei diventato pazzo? Eri in coma fino a ieri? O forse hai un'altra figlia con un'altra donna di cui non mi hai mai parlato? All'improvviso è tutto chiaro. Non c'è niente che tu possa dirmi e che io voglia sentire, né adesso né mai. Sono passati cinque fottuti mesi. Cinque mesi». Scuote la testa, incredula. «Vai. Fa' finta di non averci mai visto perché, per quanto mi riguarda, non è mai accaduto».

Afferra il passeggino e comincia ad andarsene, ma non prima di porgermi la mano. Non si gira, ma io sì. Lui è ancora lì impalato a guardarla mentre se ne va, come se ne avesse il diritto.

Ci sono così tante cose che vorrei dirgli, ma lei ora è più importante. Trema da morire, quindi afferro il passeggino e mi sposto su un lato, fermandomi per un momento. Senza dire nulla, allaccio il braccio al suo, le bacio la fronte, poi la scorto verso l'uscita.

Non parliamo finché non siamo dentro al fuoristrada. «Che giornata! Sto pensando che dovremmo tornare da me e restare là per almeno i prossimi tre giorni», suggerisco.

Si gira verso di me e mi guarda con un piccolo sorriso. «Mi sembra una buona idea. Mi dispiace, Jax. Solo che… non me lo aspettavo. Per niente».

«Non capisco perché ti stai scusando», le dico con dolcezza.

«Mi sto scusando perché ho lasciato che mi scioccasse così tanto da andarmene nel bel mezzo delle nostre compere. E perché non ti ho lasciato dargli un pugno in faccia».

Ridendo dolcemente, mi sporgo e le prendo la mano. «È tutto okay, Rowan. Sei scioccata, arrabbiata, e mi aspetto che tu sia anche triste. Vuoi parlarne?».

Sospira. «Sono solo… arrabbiata. Jax, quando è scomparso ero seduta nella sala d'attesa e continuavo a chiamarlo, ancora e ancora. Gli ho lasciato dei messaggi. All'inizio ho pensato sul serio che gli fosse successo qualcosa». Ride sardonica. «Poi, quando ero emotivamente a terra, sono andata a casa sua e ho bussato alla porta. Ho pianto davanti alla sua porta d'ingresso, con nostra figlia tra le braccia, e l'ho implorato di aprirmi. Ho implorato finché i suoi vicini mi hanno detto che avrebbero chiamato la polizia se non me ne fossi andata».

Rimanendo in silenzio, le accarezzo il dorso della mano con il pollice, mentre lascio che affronti le sue emozioni. Lancio un'occhiata a Lily e sono contento di vedere che sta dormendo. Le sue manine riposano sul petto e succhia il ciuccio. Il mio cuore si contrae pensando all'uomo che l'ha abbandonata. Non riesco a capacitarmi di come si possa fare a non volerla, e sua madre con lei.

«So che quando mi sono comportata così ero nel pieno della depressione post-parto, ma penso che l'avrei fatto in qualsiasi caso. Mi sentivo così persa e confusa! E sai cosa? Sì, sono arrabbiata che ci abbia abbandonato, ma in realtà sono più arrabbiata per Lily. Non si merita questo».

«No, non se lo merita. Ma neanche tu», affermo.

Continua come se non avessi parlato. «Hai visto il modo in cui la stava guardando? Come se fosse commosso da quanto è carina, come se volesse toccarla e prenderla in braccio. E quella bambina… oh Dio, Jax! Quella bambina è sua. E quella donna… mi sento male».

Comincia a respirare affannosamente e la aiuto a mettere la testa fra le ginocchia, facendo dei respiri profondi insieme a lei, finché non riesce a rilassarsi.

«Meglio?», domando.

Annuisce. «Non voglio vederlo mai più».

«Con un po' di fortuna non dovrai farlo. Datti del tempo per elaborare la cosa e non biasimarti perché ti senti arrabbiata, nauseata e scioccata».

«Sì, hai ragione, sono scioccata. Incontrarlo non è qualcosa che mi sia passato per la mente. Forse all'inizio ci avevo pensato, ma non di recente. Non ora che sono felice e io Lily stiamo bene, sai?».

Non riesco più a trattenermi, mi piego verso di lei e la bacio velocemente, lasciando che le mie labbra si soffermino per un momento, mentre le stringo il mento.

Mettendole i capelli dietro l'orecchio, le sorrido per rassicurarla. «Tu e Lily state benissimo, non solo bene. Sei una mamma meravigliosa. Sii orgogliosa di tutto quello che hai fatto. Non lasciare che lui rovini tutto questo. Non farti paranoie sulle tue decisioni».

«No, non lo faccio. Sul serio, non lo faccio. Come ho detto, sono solo arrabbiata. Non capirò mai come abbia potuto abbandonare sua figlia, che ne abbia un'altra o meno».

«Spero che tu non debba mai capirlo, tesoro», ribatto sicero.

All'improvviso ride, costringendomi a guardarla con curiosità. «Non voleva Lily perché aveva già una figlia. Ecco perché mi disse di interrompere la gravidanza».

«Ha fatto cosa?». Sbatto con rabbia la mano sul volante. Quello stronzo!

Sorride con tristezza. «Dai, ne sei sorpreso?».

«Mi dispiace tanto che tu abbia dovuto affrontare tutto questo, ma sono molto felice che tu non creda più alle sue cazzate».

«Anch'io». Sorride e poi mi bacia. «Grazie per esserci».

«Sempre. Sto proteggendo il tuo cuore, ricordi?».

«Lo ricordo. E io il tuo».

Condividiamo un sorriso e senza un'altra parola torniamo a casa mia.

*

Quel sabato sera, sono seduto nella tavola calda aspettando che Rowan termini il suo turno. Quando ha finito, devo riportarla a casa sua, per passare la serata con lei. È il suo compleanno, e ho una sorpresa. Odio che debba lavorare anche oggi, ma lei ha insistito. Ora sono ansioso di portarla fuori di qui.

Quando Zane entra casualmente e si siede al mio tavolo, sorrido alla sua disinvoltura, anche se l'incontro è programmato. Solo, non vogliamo che Rowan lo sappia.

«Ehi», lo saluto.

«Yo. Come va?».

«Va. È tutto pronto?».

«Sì. Stacca fra una mezz'ora, vero?», chiede con aria da cospiratore.

«Sì», confermo

«Pensi che lei lo sappia?».

«No. Pensa che torneremo a casa sua per cenare con Ty».

«Ottimo», dice sorridendo.

«Grazie per tutto il vostro aiuto», dico a voce bassa.

«Non è necessario che ci ringrazi. È tua, quindi è anche nostra».

«Sì, lo so. Ve ne sono grato. *Shh*, ecco che arriva».

Un istante dopo, Rowan è al nostro tavolo. «Ehi, Zane. Come stai?».

«Sto bene, bellezza, grazie».

«Posso portarti qualcosa da bere o da mangiare?».

«Prendo solo dell'acqua, grazie. Ho scritto a Jax e mi ha detto che era qui, perciò sono passato per parlare con lui».

«Oh, riguarda tutto il casino con Jerry?», chiede preoccupata.

«Uh?» dice Zane.

Gli do un calcio sotto il tavolo. «Oh, sì. Proprio quello. Stiamo cercando di capire come andare avanti».

«Qualche idea?», domanda, continuando ad alternare lo sguardo da me a lui.

«No», rispondo e Zane scuote la testa.

Aggrotta le sopracciglia. «Che cosa comporta il trovare gli sponsor e organizzare gli incontri? È difficile?».

«No, non è difficile», replico. «Fondamentalmente è come una vendita, per quanto riguarda gli sponsor. Devi dar loro una ragione per voler collaborare, e per organizzare gli incontri bisogna solo essere persistenti e avere dei contatti nel settore. Per fortuna, tutti noi abbiamo quei contatti. Quelli di mio padre sono più estesi perché è nel settore da più tempo, ma tecnicamente potremmo chiamarli noi e lavorare con loro».

Rowan si siede di fianco a me e mi sposto più in là facendole posto. «Be', posso aiutare in qualche modo?».

La fisso per un minuto, poi guardo Zane che sta sorridendo da un orecchio all'altro. «Lo faresti?», domando.

«Be', certo. Se è qualcosa che posso imparare, sono felice di aiutarvi».

«Penso sia un'ottima idea», aggiunge Zane. «Rowan, saresti perfetta per rappresentarci».

«Mi piace quest'idea, tesoro. Fammici pensare un po' su e poi ne parliamo».

La sua faccia si rabbuia. «Oh, okay. Cioè, certo. Hai bisogno di pensarci. Ho solo pensato che avrei potuto offrirmi perché sono felice di aiutarvi. Sai... se vuoi che lo faccia».

«No, mi hai frainteso. Penso che saresti brava, non lo dubito per niente. Voglio solo stilare un'offerta formale per stabilire cosa esattamente potrebbe comportare una posizione del genere, assieme a delle informazioni sul compenso. Devo elaborare i dettagli».

«Non voglio essere pagata per aiutarti, Jax. Non mi sembra giusto», dice infastidita.

«Non aiuteresti solo me. Ne parliamo dopo, okay?», le dico con dolcezza.

«Sì, okay. Ne parleremo».

Poi si alza per controllare un altro tavolo.

«Sul serio, Jax. Lei sarebbe grandiosa», dichiara Zane

Sorrido e annuisco. «Sì, lo penso anch'io».

«Sei preoccupato di coinvolgerla di più nella tua vita?», chiede malizioso.

«Per niente», e di questo sono certo.

«Lei ti piace davvero», dice.

«Il sentimento è più serio, Zane», dico guardandolo negli occhi.

«Cavoli». Si massaggia la mandibola con la mano. «Glielo hai già detto?».

«No. Non voglio spaventarla. Non è il momento».

«Wow. Sono felice per te, amico», dice sincero.

«Sembro una ragazza se dico che spero lei provi lo stesso?».

«Sì, un po', ma non penso che ti debba preoccupare», ridacchia. «Rowan sta bene dopo tutto quello che tuo padre le ha detto? Non riesco ancora a credere che lo abbia fatto».

«Ha decisamente esagerato. Non potevo fargliela passare liscia», dico serio.

«Decisamente no. Sai, era da un po' che stavamo sperando che facessi qualcosa al riguardo. Tutto quello che fa è causare problemi e parlare a vanvera. Lo so che è tuo padre, ma quando è troppo è troppo».

«Be', gli ho detto di non tornare. Cole è sempre il benvenuto. Ancora non capisco che diavolo stia facendo, ma è una sua scelta. Può venire quando vuole, ma non con lui». E lo penso davvero.

«L'ho detto anche agli altri ragazzi, quindi sanno com'è la situazione. Se entra, gli verrà chiesto di andarsene» ribatte con soddisfazione.

«Bene».

«Che altro è successo?» domanda.

«Che cosa intendi?» rispondo diffidente.

«Vecchio, ti conosco da quando eravamo bambini. Sei stressato. Cos'altro ti sta rompendo?».

Sospiro. Non sono proprio a mio agio a parlare degli affari di Rowan con altra gente, ma sarebbe bello parlarne con qualcuno. «Io e Rowan abbiamo incontrato il suo ex al centro commerciale».

«Il suo ex? Cioè lo stronzo che ha lasciato lei e Lily?» fischia incredulo.

«Esatto».

«Oh, merda. Prossimamente si presenterà la polizia per arrestarti con l'accusa di violenza e percosse?».

«No». Sorrido per l'affermazione di Zane. «Non gli ho tirato un pugno, non l'ho nemmeno toccato. Non che non fossi tentato, ma Rowan era più importante e volevo solo potarla via da lui».

«Non so come tu abbia fatto a trattenerti» dice mettendomi una mano sulla spalla.

«Non è stato facile, ma avrebbe spaventato Lily ed era l'ultima cosa di cui Rowan aveva bisogno. Però mi avrebbe fatto stare bene».

«Senza dubbio. Hai bisogno di qualcosa? Lei ha bisogno di qualcosa? Sei preoccupato che lui si faccia vedere ora?».

Gli sono grato delle sue parole, perché questo fanno gli amici, ti spalleggiano, sempre.

«Non so proprio che cosa farà. Prima che potesse dire o fare qualcosa ce ne siamo andati. Lei mi ha chiesto di non dire nulla a Ty, perché ha paura che si presenti a casa di Jason e lo pesti a sangue, tornando così in prigione. Non la biasimo che si preoccupi».

«Decisamente no. Tyson è una testa calda. È già stato in palestra da quando è uscito di galera e, te lo dico, ha dei seri problemi di rabbia repressa».

«Lo so. Mi auguro che riesca ad incanalarli nella direzione giusta e a vincere degli incontri per la promozione della palestra». Lo spero davvero.

«Speriamo. Okay, ora devo andare. Ci vediamo fra poco, per quello che tu sai ma che è segreto» dice ridacchiando.

Non molto dopo, Rowan finisce di lavorare. È stanca, grazie al cielo non troppo, visto che ha fatto un turno breve.

«Spero che tu abbia in programma di sfamare questa festeggiata, perché ha fame» mi dice nel parcheggio.

Sorridendo, la faccio indietreggiare contro il fuoristrada. «Di che tipo di fame stiamo parlando?».

Ride, spinge i fianchi contro di me e sospira dolcemente. «Entrambe, decisamente entrambe».

«Ci si può organizzare» confermo con entusiasmo.

Mi piego e poggio la mia bocca sulla sua. Infilo la mano nei suoi capelli, le piego la testa di lato e intensifico il bacio. Gemo quando risponde allo stesso modo, perché ogni singola volta che bacio questa donna sento i fuochi d'artificio e spero che non scompaiano mai.

Quando mi ritraggo, sistemo con un sorriso il cavallo dei pantaloni perché non è il momento di pensare a questo. «Dai, andiamo».

Saliamo nel fuoristrada e andiamo verso casa sua. «Ho già una cena pronta per te. È una sorpresa» le comunico restando sul vago.

«Sì? Sembra favoloso. Cena, bacini dalla mia bambina, e te. Compleanno perfetto, se posso esprimere un'opinione».

Sorridendo, entro nel suo vialetto e sto per scendere dal fuoristrada quando mi ferma.

«Aspetta!».

Si slaccia la cintura e mi sorprende, montandomi a cavalcioni sul sedile. Prima che possa dire qualcosa, mi bacia con ardore. Quando strofina il suo inguine sul mio, ci vuole tutta la mia volontà per non metterle la mano sotto la gonna che indossa, tirare di lato le mutande e toccarla finché non viene.

Ricordandomi dove siamo, mi ritraggo senza fiato. «Wow», mormoro.

«Giusto un'anteprima per dopo», mi fa l'occhiolino sfacciata, facendomi ridere. Smonta da sopra di me ed esce dalla macchina. Apro la portiera e lei ride ancora quando gira intorno al fuoristrada e mi sorprende ad aggiustarmi i pantaloni.

«Non ridere. Dubito che Ty apprezzerebbe se entrassi con un'erezione, non importa quanto approvi la nostra relazione».

«Andiamo, rubacuori».

Ci dirigiamo alla porta e mi assicuro di stare dietro di lei quando la apre. Entrando in casa accende la luce, poi urla quando svariate persone saltano fuori e gridano "SORPRESA!".

Capitolo 23

Rowan

Spaventata da morire, mi copro la bocca con le mani e mi guardo intorno, completamente sorpresa. Tyson, Zane, Dylan, Cole, Levi, Ryder e Audrey sono tutti qui. C'è qualcuno che non conosco, e mi scopro impaziente di farlo.

«Buon Compleanno!», mi grida Tyson mentre fa saltellare Lily sul fianco, seguito dagli auguri di tutti.

«Grazie infinite!». Mi giro verso Jax, sorrido e gli metto le mani sulle spalle. «È opera tua?».

«Mi hanno aiutato» dice con il suo solito sorrisino.

«Ma è stata una tua idea, non è vero?». Lui scrolla le spalle e basta. «Ti ringrazio tanto. Non so neanche cosa dire. Prima d'ora non ho mai avuto una festa a sorpresa. Mia madre non ha mai…». Mi fermo, sapendo che non c'è bisogno che mi spieghi.

«Be', allora era dovuto. Dai, andiamo a prendere da mangiare. Ho preso del cibo d'asporto dal ristorante italiano, e Zane mi ha aiutato comprando degli alcolici all'ultimo minuto, intanto che Tyson decorava e si occupava dela consegna del cibo. È stato un lavoro di gruppo».

Quando arriviamo alla tavola, Tyson cattura la mia attenzione e gli mimo un "grazie" con la bocca. Sorride, prende la mano di Lily e mi saluta, facendomi ridere. Prendo dei piatti dal tavolo, cominciando a riempirli, mentre il resto degli invitati fa altrettanto.

Mentre sto andando a sedermi, Ryder mi ferma. «Buon compleanno, Rowan. Questa è una mia amica, Abby».

«Ciao Abby, piacere di conoscerti». Abby è proprio il tipo di Ryder: onde bionde che cadono sulla schiena, labbra rosso fuoco e tette enormi. Ha anche dei tatuaggi all'interno dei polsi e uno sul tricipite. «Grazie per essere venuta».

Mi sorride brevemente, poi abbraccia Ryder, mettendo la faccia nell'incavo del suo collo. Lo colgo come un segnale per farmi da parte. Non vado lontano prima che Levi, e la ragazza di fianco a lui, mi fermino. «Rowan, vorrei presentarti mia sorella Sami. Sami, lei è la ragazza di Jax, Rowan».

«Ciao, Sami. È bello conoscerti». È così carina. Ha gli stessi capelli biondi, con colpi di sole chiari, e gli stessi occhi verdi di Levi, e la pelle abbronzata che le danno il suo stesso look da surfer. È evidente la loro somiglianza.

«Anche per me, Rowan. Levi parla benissimo di te», dice lei sorridendo.

«Sami è tornata dall'università per un fine settimana lungo. Va alla California State University», dice lui con orgoglio.

«Ah, devo confessare che sono invidiosa della tua abbronzatura. Passi molto tempo in spiaggia?».

Sorride. «Più che posso. Quando Levi verrà a trovarmi per un weekend, dovete venire con lui in gita. Sarebbe bello stare tutti insieme».

«Sì, mi sembra un'ottima idea. Ne parlerò con Jax».

La loro attenzione viene catturata da Dylan che li chiama, quindi si dirigono verso di lui.

«Buon compleanno, Rowan». Fissando gli occhi gentili di Audrey, sorrido e poso il piatto su un tavolino per abbraccairla.

«Grazie per essere venuta, Audrey».

«Non mancherei per nessun motivo, tesoro. Ero emozionata quando Jax mi ha chiesto di venire».

Vedendo Jax dall'altra parte della stanza, intento a parlare con Zane, gli sorrido.

«Lui è meraviglioso, non è vero? Non posso credere alla mia fortuna. È stato come una benedizione per me e Lily, fin dall'inizio».

«Oh, bene», dice Audrey battendo le mani. «Sono felice che te l'abbia finalmente detto».

Sorride e quasi saltella per la felicità, e io resto confusa perché non capisco a cosa si stia riferendo.

«Non mi piaceva che mi avesse chiesto di non dirtelo, ma me lo ha fatto promettere e disse che te lo avrebbe detto lui eventualmente. Quando passava per darmi tutti i pacchi per te, si sedeva e stava con Lily. Sapevo già allora quanto adorasse la tua piccolina. Potevo leggerglielo negli occhi. Quindi, mi sono fidata del fatto che te l'avrebbe confessato quando sarebbe stato il momento giusto».

Faccio del mio meglio per seguire il suo discorso e mi rendo conto che la cosa peggiore che posso fare è lasciarle capire che non ho idea di cosa stia parlando. Non se voglio scoprire di più.

«Sì, ero così sorpresa. Non so ancora come ringraziarlo». La guardo con attenzione, sperando che si beva la mia risposta.

«Ero sempre sbalordita dalla quantità di cose che comprava. Sai, una volta gli chiesi come sapesse di che cosa avessi bisogno per Lily, considerando che non ha figli suoi. Perché ero stupita che comprasse sempre le cose giuste. Certo, tutti sanno dei pannolini, ma i bavaglini per il ruttino, i ciucci, i biberon, le tettarelle, le copertine, gli anelli per la dentizione, puoi dire quello che vuoi, lui l'aveva comprato. Mi disse che aveva persino acquistato delle riviste per genitori, e aveva fatto delle domande ai commessi del negozio di articoli per l'infanzia. Ci credi?».

«No, no, non posso crederci» mormoro.

«Comunque odiavo dover mentire, ma spero che tu capisca. Stava solo cercando di aiutarti nell'unico modo che pensava fosse possibile. È stato davvero ammirevole quello che ha fatto per te».

«Non sono arrabbiata, Audrey. Sul serio. Potresti scusarmi un momento?» le dico a bassa voce.

«Certo, tesoro».

Camminando immediatamente in direzione di Jax, faccio del mio meglio per trattenere le lacrime. Mentre mi avvicino lui mi guarda, e il suo sorriso scompare quando nota la mia espressione. Prima che possa dire qualcosa, mi rivolgo a Zane. «Ho bisogno di rubartelo per qualche minuto, scusa».

«Nessun problema». Zane mi guarda incuriosito, ma poi afferra la birra che Cole gli sta porgendo e si gira.

Prendo Jax per mano, lo conduco in camera mia e chiudo la porta dietro di noi, a chiave. Nella stanza è buio, l'unica luce proviene da una lucetta che ho installato per controllare se Lily si sveglia durante la notte.

«Cosa c'è che non va, tesoro?».

Lo faccio girare, in modo che la sua schiena colpisca la porta, e lo guardo dritto negli occhi. Sono coperti dall'ombra, ma posso ancora scorgere che mi stanno fissando preoccupati.

«Audrey mi ha detto qualcosa di molto interessante».

Aggrotta le sopracciglia. «Sì?».

«Certo». Aspetto un attimo per vedere se dice qualcosa, ma continua a fissarmi, in attesa di sentire quello che so. «Me lo avresti mai detto?».

Mi guarda con aria assente e sono sicura che stia per dire che non sa di cosa io parli, ma mi sorprende. Abbandona ogni pretesa di non sapere nulla al riguardo, fa un bel respiro e si passa una mano tra i capelli. «Forse. Probabilmente. Non so. Non è importante».

«Non è importante? Come puoi dirlo? Quello che hai fatto...». Distolgo lo sguardo e sbatto le ciglia ripetutamente, trattenendo le lacrime.

«Per favore, non essere arrabbiata con me», mi implora.

Riporto lo sguardo su di lui, incredula. «Arrabbiata con te? Come potrei mai essere arrabbiata con te? Dio, sono già così innamorata di te e tutto questo mi fa innamorare ancora di più, e non pensavo fosse possibile. Quello che hai fatto per me e Lily? È tutto, Jax. Significa *tutto* per me».

Senza un'altra parola mi lancio contro di lui. Non posso aspettare più a lungo; devo mettere le mie labbra sulle sue, devo far toccare i nostri corpi, e devo sentire le sue mani su di me. Mentre lo bacio, spero che ogni movimento delle mie labbra, e ogni tocco della mia lingua, gli dimostrino con le azioni quello che ho detto con le parole. In quel bacio metto tutto quello che ho, tutto quello che provo. Per un momento resta fermo, poi si accende come una miccia che ha preso fuoco. Si gira e mi preme contro la porta, le mie gambe si allacciano intorno alla sua vita e tuffo le mani nei suoi capelli. Si ritrae da me con una domanda nello sguardo. I suoi respiri sono affannati e rapidi come i miei, ed esprimono tutto il suo desiderio.

«Ti voglio», gli dico e infilo le mani sotto la sua cintura.

«Sei sicura? Ci sono delle persone…».

«Saremo veloci», prometto.

Non dice altro. Dopo che gli slaccio la cintura e glielo tiro fuori, mi sposta le mutande da parte ed entra dentro di me con una spinta profonda. Getto la testa all'indietro con un gemito, e vado a sbattere contro la porta. Se qualcuno ha sentito, non me ne importa nulla. Tutti i miei pensieri e la mia concentrazione sono sull'uomo che si sta muovendo tra le mie cosce. Lo bacio ancora, mordicchio il suo labbro inferiore e poi mi ritraggo, passando le mani sui miei seni in modo seducente. Vorrei che fossero nudi per la sua bocca, ma non c'è tempo. Con la mano scendo a strofinarmi il clitoride, mentre lo guardo negli occhi.

La sua reazione è istantanea. «Oh, cazzo. Sei così sexy».

Sorridendogli, continuo a muovere le dita e mi sento decisamente sensuale. Mi afferra il bacino mentre mantiene il ritmo e il movimento dei suoi fianchi.

«Sì. Dio. Jax. Continua così».

Mentre sto per perdere il controllo, completamente persa nelle sensazioni che sto provano, si irrigidisce e viene quasi immediatamente mentre sussurra. «Ti amo così tanto».

Guardandolo negli occhi, lui legge la domanda nei miei e sorride.

«Ti amo da un po', stavo solo aspettando di capire quali fossero i tuoi sentimenti. Avevo paura di dirtelo troppo presto e spaventarti, dopo tutto quello che hai passato».

Ridendo, lo stringo e gli riempio il viso di baci.

«Non vado da nessuna parte», prometto.

Mi conduce in bagno, tenendomi per mano. Ci diamo una sistemata e quando abbiamo finito lo guardo dritto negli occhi.

«Non posso credere a tutto quello che hai fatto per me. Mi sento come se stessi sempre ringraziando. Non sono sicura di come potrò mai ripagarti, ma prometto di fare del mio meglio per darti tutto quello che mi hai dato tu».

«Lo fai già. Non lo vedi? Prima di te, praticamente non avevo una vita. Era tutta incentrata sui combattimenti, la palestra, e nello sforzo di reggere il casino che avevo con mio padre. Tu… tu hai cambiato tutto. La palestra e gli incontri vengono per secondi; tu e Lily siete tutto per me. Metterti al primo posto non è mai stato nemmeno un punto di discussione, ma una necessità. Con te ho sentito una connessione dal primo minuto in cui ti ho vista, e da allora è solo cresciuta. Mi aiuti a sentirmi degno, indispensabile, voluto e amato per la prima volta da tanto tempo. Almeno da quando mio nonno è mancato, e lui aveva difficoltà ad esprimere le proprie emozioni».

«Ti amo tanto. Per quanto sia una cosa folle, sono felice per le circostanze che ti hanno condotto da me in ospedale» mormoro commossa.

«So cosa intendi. Sono grato che sia successo, anche se odio il fatto che tu abbia sofferto. E ti amo così tanto. Ora torniamo alla tua festa, altrimenti rischiamo di beccarci una marea di prese per il culo da parte dei ragazzi».

«Okay», affermo sentendomi leggera e felice.

«Oh, aspetta», esclama.

Mi giro e lo guardo. Estrae una scatolina piatta dalla tasca. «Dato che siamo da soli, vorrei darti questo».

Guardandolo timidamente, prendo la scatolina dalle sue mani e la apro. All'interno c'è una bellissima collanina d'argento con la forma di una madre che abbraccia un bambino. «Oh. È così bella!», sussurro.

«Voglio che tu abbia un ricordo costante di che madre meravigliosa sei. So che, con tutto quello che hai passato con tua madre, è facile temere che tu possa essere come lei, ma non lo sei nel modo più assoluto. Ami tua figlia e il tuo amore cresce ogni giorno. È un onore esserne testimone. Quando dubiti di te stessa, prendi in mano la collanina e ricorda. Ricorda che sei amata. Ricorda che ne sei degna. E ricorda che, per quanto sei fortunata ad avere Lily, lei è altrettanto fortunata ad avere te».

Le lacrime scendono lungo le mie guance. Non avrebbe potuto dire niente di più perfetto. «La adoro, grazie».

«Ti amo».

«Non penso che mi stancherò mai di sentirtelo dire».

«Ottimo. Abituati, tesoro».

Mi aiuta a indossare la collana, poi usciamo dalla camera mano nella mano. Tutti i ragazzi si voltano e ci fissano sorridendo maliziosi. Più che imbarazzata sono orgogliosa. Afferro la collanina tra le dita, amando la sensazione che mi trasmette, la prova tangibile dell'amore di Jax. Poi prendo con sicurezza la sua mano e ci teniamo stretti l'un l'altra. Nel frattempo, Jax guarda tutti male e fa loro il dito medio, sfidandoli a dire qualcosa, gesto che mi fa ridere fragorosamente.

Afferro il mio piatto e lo porto in cucina per riscaldare il cibo; all'improvviso sono affamata, cosa che attribuisco alla ginnastica appena fatta contro la porta.

Dopo che ho finito di mangiare, mentre chiacchiero con Levi del più e del meno, prendo il mio bicchiere e mi dirigo dove è seduto Jax con l'intento di accomodarmi sulle sue ginocchia, ma cambio rotta quando sento qualcuno bussare alla porta.

«Vado io», dico.

Quando vedo chi è mi blocco, scioccata. Una miriade di pensieri assalgono la mia mente. Che cosa fa qui? Perché ora? Che cosa vuole da me, da Lily? Ma dalla mia bocca esce solo una sorta di debole squittio.

«Ciao». Sorride timido, lasciandomi completamente indifferente. «Mi dispiace presentarmi così, ma mi sono ricordato che oggi è il tuo compleanno e ti ho portato questi». Mi porge un mazzo di gigli. «E speravo potessimo parlare».

Tra tutti i fiori del mondo, mi porta dei gigli.

Penso siano quelli a risvegliarmi. Esco e accosto un po' la porta dietro di me, cercando di evitare la bomba che esploderebbe se Jax e Tyson lo vedessero. «Non ho niente da dirti. Vattene, prima che Tyson e Jax ti vedano. Non reagirebbero bene, te lo posso assicurare».

Prima che possa dire qualcosa, è già troppo tardi. La porta si apre e Jax è di fianco a me.

«Che cazzo fai qui?», chiede aggressivo.

Jason guarda Jax e lo ignora, rivolgendo di nuovo lo sguardo verso di me. «Rowan, per favore. Voglio solo parlarti».

Fa un passo avanti e io ne faccio uno indietro. Sono sorpresa quando sento della mani sulla vita che mi sorreggono. Guardando dietro di me, vedo che Levi, Cole, Zane, Ryder e Dylan sono tutti lì, con le braccia conserte, e l'espressione arrabbiata.

Il loro sostegno è tangibile e mi da il coraggio di dire a Jason: «Vattene, non ho niente da dirti, e non c'è niente che tu possa dire in grado di giustificare le tue azioni».

Il suo viso si tinge di rabbia. «Non puoi mandarmi via e basta. È anche mia figlia e ho dei diritti!».

«Ci vuole più di un po' di sperma per fare il padre, stronzo», dice Jax, trovandomi perfettamente d'accordo.

Jason apre la bocca per rispondere, ma delle parole furenti lo bloccano.

«Che cazzo ci fa lui qui?», dice con rabbia Tyson.

Si fa largo tra i ragazzi e resta lì, con le mani chiuse a pugno, guardando male Jason.

Mi piazzo immediatamente davanti a lui, e questo a Jax non piace. «No, tesoro. Stai indietro».

«Levati di mezzo», mi ordina Tyson. «Voglio mostrare a questo coglione cosa penso di quello che ha fatto a te e Lily».

«Lily? È così che si chiama?», domanda Jason.

Ty fa un passo avanti, ma Dylan e Cole sono al suo fianco, e ognuno gli afferra un braccio per trattenerlo. «Non ne vale la pena, amico», dice Dylan.

«Non qui, non ora», aggiunge Cole.

«Vattene, Jason. Tutto quello che stai facendo è far incazzare la gente», sospiro, preoccupata che mio fratello si faccia rispedire in galera.

«Non me ne vado finché non parli con me», minaccia Jason.

«Va' a casa dall'altra tua figlia».

«Altra figlia? Che cazzo significa, Row?».

«Vuoi spiegarlo tu o lo faccio io?», domando guardando Jason. Lui rimane zitto. «Io e Jax abbiamo incontrato Jason, la sua ragazza e la loro figlia al centro commerciale».

Con un ruggito, Tyson si butta verso Jason, ma i ragazzi lo trattengono. È stato stupido da parte mia farlo, sapevo che mio fratello avrebbe reagito in quel modo, ma sono così arrabbiata. Levi e Dylan lo trascinano via mentre urla e calcia. Guardo gli altri uomini che fanno parte della mia vita. «Ragazzi, dateci un minuto».

«Col cazzo», tuona Jax.

Prendendogli la mano, mi giro verso Zane, Ryder e Cole. «Jax è con me. Dateci un minuto».

Tornano tutti in casa, Zane per ultimo.

Mi giro verso Jason e dico urlando: «Come ti permetti di venire a casa mia e iniziare a fare richieste? Vuoi parlarmi dei tuoi diritti? Mi stai prendendo per il culo? Dopo tutto quello che hai fatto? Non ti meriti neanche di guardarla, figurarsi suggerire di essere coinvolto nella sua vita».

«È anche mia. Non puoi non farmela vedere», insiste come un disco rotto.

«Lei appartiene all'uomo di fianco a me, più di quanto ti sia mai appartenuta. Per lei è stato un padre in ogni modo, prendendosi cura di noi quando mi conosceva a malapena. Amandoci e interessandosi a noi più di quanto tu abbia mai fatto, prima e dopo che l'ho avuta. Non ti azzardare a dirmi che lei è tua».

Jax intercetta il mio sguardo e nei suoi occhi vedo amore, devozione e protezione. La sua mano stringe la mia e lui domanda a Jason. «Perché ti importa? Perché ora?».

«Ho fatto un errore perché avevo paura».

Guardandolo con occhi spalancati, comincio a ridere. «Sei serio? *Tu* avevi paura? Tu? Sono io che l'ho avuta dentro di me per nove mesi. Sono io che sono andata alle visite mediche e ai corsi preparto e all'ospedale da sola. Cazzo! Sono io che sono stata abbandonata all'ospedale. Sono io che ho rischiato di partorire da sola, se il destino non avesse messo sulla mia strada Jax. Sono io che sono tornata a casa e non avevo di idea di cosa stessi facendo. Sono io che avevo una depressione post-parto così grave da pensare di farmi del male. Sono io che sono rimasta da sola ad affrontare tutte queste cose. Non tu. E hai il coraggio di stare qui e dirmi che *tu* avevi paura? Fottiti, Jason».

«Quante volte dovrò ancora chiederti scusa? Continuerò a presentarmi qui e disturbarti finché non mi parlerai e me la lascerai vedere».

«Stai minacciando la mia ragazza? Perché penso che tu debba ripensarci bene», dice Jax socchiudendo gli occhi.

«La tua ragazza? Questa è bella! Da quanto la conosci? Da quanto state insieme? Un mese? Per favore, non solo quella è *mia* figlia, ma sua madre è stata la *mia* ragazza per oltre un anno».

Jax fa un passo avanti, ma gli stringo la mano. «Vuoi portarmi in tribunale? Benissimo, fallo pure. Ti costringerò a passarmi sostanziosi assegni di mantenimento più tutti gli arretrati che mi devi. Ovviamente, dopo aver pagato per un test di paternità, dicono che siano cari».

«Perché avrei bisogno di un test? È mia», ribatte perplesso.

«Il certificato di nascita non lo dice» gli comunico con soddisfazione.

«Cosa? Di cosa stai parlando?».

«Il certificato di nascita non ti cita come padre», gli spiego perché l'idiota non ha ancora capito.

«Perché avresti fatto una cosa del genere?», domanda incredulo.

«Mi stai seriamente facendo questa domanda? Forse perché ero arrabbiata e perché mi hai abbandonata!».

Sospira e un lampo di irritazione gli passa sul viso e, per un momento, vedo il vero Jason, quello che mi sono rifiutata di vedere per troppo tempo.

«Senti. Ho commesso uno sbaglio. Uno sbaglio che rimpiango, okay?».

«Perché?».

«Perché cosa?».

«Perché lo rimpiangi?».

«Perché sì, che cosa vuoi che ti dica? Non hai mai fatto niente che rimpiangi?».

«Prima di tutto, se devo dirti io che cosa dire, hai un serio problema. Secondo, per rispondere alla tua altra domanda, se non fosse per Lily, con il senno di poi non avrei mai voluto avere a che fare con te. Questa conversazione è finita. Jax, entriamo».

«Tornerò, Rowan. Non mi arrendo», ha la faccia tosta di aggiungere.

Ignorandolo, entro di nuovo in casa, confortata dal fatto che Jax mi sta abbracciando.

Capitolo 24

Jax

Il giorno dopo, sono ancora furioso che Jason abbia rovinato la festa di Rowan. Dopo che se ne è andato, la serata è proseguita e tutti i ragazzi hanno fatto del loro meglio per far ridere e divertire la festeggiata, ma l'atmosfera non è più stata quella di prima.

Per un po', Ty ha addirittura camminato avanti e indietro come una tigre, cercando di smaltire la rabbia. Dopo che tutti se ne sono andati, lui e Rowan hanno litigato. Ty era arrabbiato perché lei non gli aveva lasciato dire la sua, e impedito di dare a Jason la lezione che secondo lui si meritava.

Per fortuna, Lily è rimasta lontana da tutto il casino. Audrey l'ha tenuta in braccio mentre gestivamo Jason. Quando Rowan è rientrata in casa, è andata dritta dalla sua bambina e l'ha stretta a sé fino a quando non si è addormentata contro il suo seno. Noi tre ci siamo seduti insieme sul divano, mentre tutti gli altri intorno a noi continuavano a parlare. Quando le ho guardate, ho capito quanto entrambe facciano oramai parte della mia vita e questa consapevolezza mi rende l'uomo più felice della terra.

Penso al modo in cui Rowan mi ha svegliato stamattina e non posso fare a meno di sorridere, mentre mi lavo i capelli sotto la doccia. Ha detto che era un regalo e un ringraziamento per la festa. Cavoli, se quella donna è sexy! Ho cercato di portarla in doccia con me, ma Lily ha cominciato a piangere per la fame, perciò lei è andata a occuparsene, mentre io mi sono rassegnato a prepararmi per uscire. Oggi è necessario che vada in palestra per gestire alcune cose.

Dopo essermi vestito, esco dalla camera e mi dirigo in cucina. La porta della stanza di Ty è aperta e lui non c'è, quindi o è uscito o è con la sorella.

Quando sento Rowan che parla presumo sia con lui, o con Lily, ma quando dice: «Jason, non penso sia una buona idea», mi rendo conto che il suo interlocutore è un altro.

Odo solo la sua voce, quindi deduco che sia al telefono, e quando guardo oltre l'angolo la mia ipotesi viene confermata. Faccio un passo indietro perché non mi veda e, senza scrupolo alcuno, mi metto ad ascoltare..

«Sul serio, incontrarci per pranzo non servirebbe a niente. Ti ho già detto come la penso».

Poi sospira e sento un sedia grattare contro il pavimento, poi scricchiolare quando lei si siede.

«Sì, abbiamo dei bei ricordi», dice e io automaticamente serro i denti.

Quando ride, stringo anche i pugni.

«No, proprio no. Quella è stata totalmente colpa tua. Io ero solo una testimone innocente».

Oh, non è dolce, un tuffo nel passato?

«No, smetti di distrarmi dall'argomento. Ho sentito quello che avevi da dire, ma non è il momento giusto per superare quello che hai fatto».

Okay, bene, va già meglio.

«Sì, è una buona idea e cercherò di farlo. Ho bisogno di tempo. No, non lo so. Ti chiamo quando decido. Sì, certo che abbiamo fatto una bellissima bambina».

Il mio stomaco ora si contrae.

«Non dirmi una cosa del genere, Jason, perché la ragazza e la bambina con cui eri al centro commerciale non me le sono sognate. In più, se fosse vero, non avresti preso le decisioni che hai preso».

Fa un'altra pausa e poi conclude con: «Okay, ciao».

Rimango lì impalato per un momento, poi mi decido ed entro in cucina. Lei è seduta con la testa fra le mani. Il pensiero di loro due insieme, il fatto che hanno avuto una bimba, tutto mi schiaccia e non posso fare a meno di arrabbiarmi. Lo so che lei non può cambiare niente di tutto questo, ma quell'uomo sarà per sempre tra di noi.

«Be', da questa posizione, almeno, è sembrata una conversazione interessante», dico ad alta voce e con tutto il sarcasmo che posso esprimere.

Rowan salta sulla sedia e si alza, facendola cadere sul pavimento. Si gira e mi guarda a bocca aperta.

«Stavi ascoltando?», chiede.

«Sì», rispondo senza sentirmi in colpa.

«Jax, ti posso spiegare».

Alzo una mano per fermarla. «Non penso di volerlo sentire. Non capisco perché continui a dargli corda».

«Sto cercando di accantonare i miei sentimenti e considerare quelli di mia figlia», afferma con un sospiro.

«È una bambina. Non ha ancora pensieri al riguardo», dico con rabbia.

«È esattamente il motivo per cui devo assicurarmi di stare facendo la cosa giusta per lei, senza lasciare che quello che provo si intrometta».

«Che cosa ti ha detto alla fine della conversazione che ti ha costretto ad affermare di non dire una cosa del genere?», domando infastidito.

Si immobilizza, mordendosi il labbro. Non vorrebbe rispondere, ma io aspetto, gli occhi fissi nei suoi.

«Mi ha detto che prova ancora qualcosa per me», sussurra e io sento il gelo fin dentro e ossa.

«Anche tu provi ancora qualcosa per lui?», domando, non volendo davvero sentire la sua risposta.

«No», afferma senza esitare.

Non penso che provi ancora qualcosa per lui, come non credo che lui provi qualcosa per lei, non seriamente. Inoltre, penso che Rowan stia davvero cercando di capire cosa fare, e razionalmente giustifico i suoi sforzi per il bene di Lily. Ma, quello di cui mi rendo conto in quel momento, è che il loro passato sarà sempre tra noi. Non importa cosa potremmo fare io e lei nel futuro, Jason sarà sempre il padre di sua figlia, non io.

«Devo andarmene», annuncio prima di girarmi e dirigermi in camera sua per prendere il portafoglio e le chiavi.

«Cosa? Cosa intendi? Non puoi andartene», dice con un inizio di panico nella voce.

Quando mi volto, lei è già dietro di me.

«Adesso non posso occuparmi di questo. Ho delle cose da fare in palestra e non posso affrontare quello che provo per questa…». Mi passo la mano fra i capelli, incapace di finire la frase. La oltrepasso e vado alla porta.

«Per favore, non lasciarmi così. Parliamone».

Guardandola, con la mano sulla maniglia, le sorrido tristemente. «Non ti sto lasciando, ma non sono nemmeno pronto per parlarne».

Poi esco dalla porta.

Più tardi, seduto nel mio ufficio, mi rendo conto che sto fissando la stessa fattura da un bel po', senza vederla davvero. Non riesco ad arginare il pensiero di loro due insieme. Tyson mi ha fatto capire com'era in realtà la relazione tra Rowan e Jason, ma, nonostante questo, non riesco a liberarmi la mente. Lei che lo bacia, lui che accarezza il suo pancione, le sue gambe avvolte intorno a lui, lei che gli sorride in modo sfacciato e sexy. Mi picchio la testa con il palmo della mano, nell'inutile tentativo di far scomparire quelle visioni.

«Ehi, vecchio, cosa c'è che non va?».

Alzo lo sguardo e vedo Ryder. «Ehi, niente. Solo mal di testa», mento. «Sei già qui per allenarti?».

«Sì, comincio presto. Ti ho visto qui dentro e ho pensato di domandarti come se la passa Rowan».

«Sta bene. Sono solo preoccupato perché Jason continua a insistere. Secondo me non ci vorrà molto prima di essere costretti a portarlo in tribunale».

«Comprensibile. Devo ammettere che sono sorpreso di vederti qui. Su cosa stai lavorando?», chiede avvicinandosi.

«Devo portare al tipografo le informazioni sulla serata degli incontri, per far fare dei cartelli. Sto ordinando dei trofei e cercando di ingaggiare dei fornitori. Rowan ha pensato di coinvolgere come sponsor alcune attività locali, quindi sto concretizzando anche qualche sua idea».

«La assumerai o no?».

«Sì, si spera. Testarda com'è, tenterà di farlo gratis, ma è un'altra cosa su cui sto lavorando. Devo stilare un contratto e metterla di fronte al fatto compiuto».

«Sarà bravissima. E scommetto che ti piacerebbe vederla alla scrivania proprio accanto alla tua», dice ammiccante.

«Che diavolo, perché no? Penso sia un'idea grandiosa. Grazie, Ryder» ridacchio.

Ride anche lui, e poi mi lascia di nuovo solo.

Qualche ora dopo, decido di tornare a casa di Rowan. Sono stato abbastanza sulle mie e ora devo parlarle.

Il fatto è che vorrei chiederle di venire a vivere con me perché desidero che la nostra relazione continui ad andare avanti, e l'intromissione di Jason mi sta facendo arrabbiare. Lei potrebbe comunque avere dei dubbi al riguardo per non lasciare Ty da solo, ma mi piacerebbe da morire avere lei e Lily con me.

Tenerle strette sul divano e godermi la loro compagnia ogni sera, questo voglio davvero.

Entro nel vialetto e, quando vedo Jason di nuovo sulla porta d'ingresso, mi arrabbio immediatamente. Che cazzo ci fa di nuovo qui? Rowan è di fronte a lui con Lily fra le braccia, e sembra furiosa, mentre tenta di liberarsi della mano che le stringe un braccio. Si girano entrambi a guardarmi quando fermo il fuoristrada e mi fiondo fuori, sbattendo la portiera e andando dritto verso di loro.

«Jax...», comincia a dire Rowan, ma non la guardo nemmeno. Jason ha ancora quel sorrisetto sul viso e io non ce la faccio più. Tiro indietro il mio pugno destro e lo colpisco in pieno sulla mascella, facendolo cadere a terra. In piedi sopra di lui, il respiro affannoso, gli punto il dito contro. «Vattene, ora».

Si rialza massaggiandosi il mento e sento la soddisfazione che mi scorre nelle vene. Sposta lo sguardo continuamente da me e Rowan. «Dovevo andarmene comunque».

Il modo in cui guarda Rowan e Lily prima di andarsene, mi fa venire voglia di smembrarlo arto per arto, lentamente, per farlo soffrire in modo atroce.

Rimaniamo silenziosi mentre saluta Rowan con la mano. Voltandomi verso di lei, dopo che se n'è andato, sono sorpreso di vederla arrabbiata. «Che cazzo hai fatto, Jax?».

«Sul serio? È questo quello che hai da dirmi al momento?», dico furioso.

«Che cosa vuoi dire?».

«Che cosa voglio dire?». Scuoto la testa incredulo e poi alzo la voce, ripetendomi. «Che cosa voglio dire? Mi stai prendendo per il culo? Che cazzo stava facendo qui? Perché stava toccando Lily?».

«Jax, calmati».

«Non dirmi di calmarmi. Mi assento per qualche ora, poi torno e voi siete improvvisamente diventati una famigliola carina?».

«Famigliola carina? No, non è vero. È passato di nuovo, e ho aperto la porta con Lily in braccio. Che diavolo dovevo fare?».

«Come ti suona "non aprirgli" oppure "sbattergli la porta in faccia"? Non voglio che tu gli parli, o stia in sua presenza se io non ci sono».

«Posso badare a me stessa», ribatte offesa.

«Non è questo il punto!».

«E allora qual è? Che cosa devo fare? Lui è il padre biologico di Lily, che mi piaccia o no. E sono stanca di affrontare tutto questo e preoccuparmi di cosa farà in futuro. Volevo solo sentire cosa avesse da dire e togliermi il pensiero».

«Oh, questa la devo sentire. Per favore, illuminami!».

«La solita cosa. Mi ha chiesto scusa, vuole vedere Lily ed essere coinvolto nella sua vita. Ha detto che ha solo dato di matto quando ha scoperto che avrebbe avuto un'altra figlia. Gli ho ricordato che adesso sta con qualcun altro e che è parte del problema. Lui sostiene che all'epoca non stava con lei, ma non gli credo, e non me ne frega niente. Mi ha addirittura detto che è in parte colpa mia», dice con amarezza.

«Ma stai scherzando?», domando incredulo.

«No. Mi ha detto che, quando ero incinta, tutto quello di cui mi importava era la bambina. Ho smesso di preoccuparmi di quello che lui voleva, e il nostro rapporto è cambiato perché ho messo la bimba al primo posto».

«Oh, mio Dio. Ti sta dando la colpa per aver pensato al futuro della bambina?».

«Sì, e non sono d'accordo con quello che ha detto, per niente. Giusto prima che arrivassi l'ho minacciato di portarlo in tribunale per ottenere quello che mi deve, per gli assegni di mantenimento e per risolvere legalmente la questione, perché non ce la faccio più. Ho deciso di sentire quello che aveva da dire per il mio desiderio di dare a Lily una famiglia normale, con sua madre e suo padre. Questo è tutto».

«Mi stai prendendo per il culo», sibilo.

«Per favore, non arrabbiarti. Sto solo cercando di fare la cosa giusta per Lily».

«Ed esattamente, questo cosa significa per noi?».

«Non capisco la domanda».

«Be', mentre tu, Jason e Lily siete occupati a essere, tra virgolette, una famiglia normale, cosa significa per noi due?».

«Significa che noi rimaniamo come siamo. Adoro la nostra relazione e ti amo. Voglio che rimaniamo insieme».

«Ma vuoi anche Jason?».

Aggrotta le sopracciglia. «Non nel modo che pensi tu», puntualizza.

Sono così arrabbiato che non mi fermo a pensare, non mi importa quello che sta provando o in che posizione si trovi al momento. «E se ti dicessi che non voglio che quello stronzo abbia niente a che fare con Lily, o con noi?».

«Non so se ho veramente scelta. Che ci piaccia o no, è suo padre».

«Voglio essere io il suo dannato padre!», sbraito, sorpreso dalla mia stessa furia, e mi rendo improvvisamente conto della verità che si nasconde dietro le mie parole. «Le voglio bene. E ti amo. E non voglio che né lui né nessun altro si intrometta tra di noi».

«Lo capisco, sul serio». Si avvicina e alza una mano, ma io indietreggio e odio vedere il lampo di dolore guizzare nei suoi occhi. «Sto solo cercando di fare la cosa più intelligente, la cosa migliore per tutti».

«E se non fossi d'accordo con la tua scelta?».

«Non so. Mi piacerebbe che ne parlassimo e prendessimo una decisione insieme. Come ho detto, però, non so che scelta mi rimanga se Jason mi obbliga a portarlo in tribunale perché non ha nessuna intenzione di darsi per vinto».

Guardo lei e Lily, e il primo pensiero è prenderle e scappare via con loro. Scappare lontano, dove nessuno può minacciare quello che abbiamo. Dove posso adottare Lily e renderla mia. Dove posso sposare Rowan e rendere mia anche lei. Non mi piace sentirmi minacciato, neanche un po'. Come se Lily potesse leggermi nel pensiero, alza le braccia verso di me. Qualcosa dentro si spezza, ma non posso affrontare questo adesso.

«Devo andare», annuncio.

«Di nuovo? Sei appena tornato. Dobbiamo parlarne».

«Non ce la faccio in questo momento».

«Jax, ti prego», mi supplica.

La guardo negli occhi. «Ritengo tu debba pensare alla tua definizione di famiglia normale. I tuoi pensieri al riguardo sono completamente sbagliati. Puoi anche portare Jason in tribunale e potrebbe finire che lui ottenga i diritti di visita, ma che mi dici del futuro? Che succede se Jason si spaventa e scappa di nuovo? Che influenza potrebbe avere questo su Lily? So che non è qualcosa che puoi controllare o prevedere, ma se pensi che Lily possa avere una famiglia "normale" solo con sua madre e suo padre biologici, allora credo che ci sia un problema di fondo. Devi rivalutare la tua definizione di normalità».

«Che cosa intendi?», chiede spalancando gli occhi.

Sospiro e mi massaggio le tempie. «È questo il punto. Se devo spiegartelo, allora è un problema».

Detto questo, mi dirigo verso il mio fuoristrada e me ne vado. Non posso restare. Ho bisogno di pensare ed elaborare quello che sto provando. Decido di tornare in palestra, dove mi ammazzerò di fatica per sfogare la rabbia. Il piano funziona nella mia mente solo per un secondo, fino a quando non guardo nello specchietto retrovisore e vedo Rowan e Lily ancora lì, dove le ho lasciate.

Capitolo 25

Rowan

Sono passate ore da quando Jax se ne è andato, e sono distesa sul letto che cerco di dormire. Tyson è tornato a casa per un po' e ha cercato di risollevarmi l'umore, ma non appena è diventato evidente che i suoi tentativi erano inutili, mi ha domandato se sarei stata bene da sola e, alla mia risposta affermativa, se n'è andato anche lui. Non ho idea di dove sia andato a quest'ora della notte, ma è adulto e sono troppo esausta per preoccuparmene.

Ho gli occhi gonfi, la testa dolorante e il naso che cola a causa delle troppe lacrime versate. Ho pensato un milione di volte di chiamare Jax, ma alla fine mi sono trattenuta. Ha detto che non era pronto per parlare e sto cercando di rispettare questa sua esigenza, anche se è così dannatamente difficile.

Jason mi ha chiamato questa mattina e ha insistito affinché gli lasciassi vedere Lily e parlassi con lui della situazione. Quando si è presentato sapevo che, se avessi continuato a sbattergli la porta in faccia, lui avrebbe continuato a presentarsi a casa mia non invitato. Evidentemente, pensavo che cercare di risolvere la questione fosse la strategia migliore per tutti. D'altronde, sono o non sono la regina del perché?

Per tutta la mia vita le persone mi hanno usato cercando solo il loro tornaconto e lo ha fatto anche Jason. Solo due persone sono state l'eccezione a questa regola, due persone che mi amano sul serio, e le loro azioni sono sempre state motivate dall'amore, non dall'egoismo.

Tyson e Jax.

Mi rendo conto che è passato molto tempo da quando ho sentito il bisogno di chiedere il perché a loro due. È un progresso, perché di solito presumo automaticamente il peggio, ma ne ho fatta di strada e so che Jax è il principale fautore di questo cambiamento.

Dando un pugno al cuscino, cambio posizione cercando di trovare una posizione più comoda, ma non funziona. Sono sorpresa quando il mio telefono suona. Guardando lo schermo, sono delusa quando vedo lampeggiare il nome di Jason.

Con un sospiro, rispondo. «Pronto?».

«Ciao, sono Jason».

«Ora non è un buon momento», rispondo.

«Perché? Il tuo ragazzo è lì?», chiede sospettoso.

«Che cosa vuoi, Jason?».

«Voglio sapere se hai pensato di farmi vedere Lily. Voglio proprio risolvere la situazione».

«A essere sincera, da quando ti ho visto non ci ho pensato per niente. È stata veramente una giornata difficile».

«Quando riuscirai a pensarci?».

«Non lo so. Ti ho già detto che ho bisogno di tempo. Mi stai chiedendo di mettere tutto da parte e prendere una decisione giusta per te, per me, per Lily, e per le altre persone presenti nella mia vita. Non è semplice, spero tu te ne renda conto, e ancora non so se ci riuscirò. Non so sul serio se posso accantonare le mie emozioni e trovare una soluzione da sola. Forse dovremmo andare in tribunale, Jason. Lasciamo che sia un giudice a decidere di quanto debba essere il tuo assegno di mantenimento, che cosa tu mi debba per questi ultimi mesi e quando tu possa vedere

Lily. Non so quale sia l'ammontare giusto, non so quale sia la cosa giusta da fare e, francamente, non mi dispiacerebbe che qualcuno prendesse la decisione al posto mio, in questo momento».

«Mi stai prendendo per il culo? Senti, sono stato paziente, ma il fatto è che non posso permettermi di andare in tribunale. Se tenti di farlo, scomparirò. Non posso permettermi di pagarti gli alimenti che ti devo o che ti dovrò in futuro. Ho un'altra bambina e una moglie da mantenere».

«Una moglie? Sei sposato?» chiedo incredula.

«Sì. Sorpresa! La ragione per cui ho lasciato te e la marmocchia è perché sono sposato e non volevo che mia moglie lo scoprisse».

«Ma il tuo appartamento, il tempo che passavamo insieme...».

«Sì, non è l'unico posto che possiedo. Non che siano affari tuoi. Tra il mio appartamento e mantenere Jill e Katie, non posso aggiungerci anche tua figlia. Lascia solo che provveda a lei senza andare in tribunale e saremo a posto, okay? Ti darò dei soldi ogni volta che ne ho un po' in più. Sono sicuro che possiamo raggiungere un accordo».

Non riesco a rispondergli per un minuto buono. Sono così stupida! Avrei dovuto capirlo. Non mi importa niente di sua moglie e sua figlia, l'unica cosa a cui penso è il mio amore per Jax e Lily che fa passare in secondo piano qualsiasi cosa questo stronzo mi possa fare. Ne ho abbastanza di lui e di questa situazione.

«Quindi è di questo che si è trattato per tutto il tempo? Per questo ti sei interessato alla bambina, non volevi che ti portassi in tribunale» dico con disprezzo.

«Senti, quando mi hai visto al centro commerciale, sapevo di essere stato beccato e che ti saresti incazzata abbastanza da agire. Ho pensato che avremmo potuto risolvere questa faccenda tra noi due. Non c'è bisogno che Jill scopra qualcosa».

«Incredibile. Sei davvero una testa di cazzo». Non so nemmeno che altro dire.

«Ti rode scoprire che sei sempre stata solo l'amante, vero?» sibila con cattiveria.

Gli attacco il telefono in faccia. Continuare questa conversazione è inutile, gli darebbe solo l'occasione di insultarmi ancora. Le parole di Jax mi girano in testa, e battono come i colpi di un tamburo.

Ora capisco. Capisco davvero. Credevo si assecondare Jason per il bene di Lily, che risolvere la situazione con il suo padre biologico fosse la cosa migliore per lei, ma non è vero. Lo stavo facendo per me. Perché penso sempre di dover provare qualcosa a me stessa. Improvvisamente torna il ricordo del mio sedicesimo compleanno. Ora so che lesse davvero quel desiderio sul mio viso, ed è quello che la fece arrabbiare. Mi disse che non avrei mai avuto quello che aveva la famiglia davanti a noi e, da allora, senza rendermene davvero conto, sono sempre stata determinata a provarle il contrario.

Ma il punto è che l'ho già fatto, penso con stupore.

Di famiglie ce ne sono di tutti i tipi. Può essere una madre single che rinuncia felicemente alle cose che vuole, o di cui ha bisogno, per dare qualcosa di speciale a sua figlia. È il padre single che cerca di sopperire all'assenza della madre, facendo in modo di esserci per i suoi figli. Sono i genitori che non sono mai stati in grado di avere figli e decidono di adottare un bambino. La famiglia non ha pregiudizi sull'etnia, sull'età o sul genere. La famiglia non è necessariamente definita dalla parentela; è definita dall'amore.

Qualcosa che io e Lily abbiamo in abbondanza.

La famiglia è quello che noi costruiamo, quello che vogliamo. Ne ho abbastanza di vivere con l'invidia di mia madre per quello che non aveva, perché la verità è che non lo voleva. Se lo avesse voluto, si sarebbe resa conto che eravamo già una famiglia. Non avrebbe permesso alla definizione di nessuno di intromettersi.

Ho bisogno di chiamare Jax per dirgli che capisco, che mi dispiace, che lo amo: prendo il cellulare e digito la mia password. Mentre sto per chiamarlo, dal baby monitor sento Lily che comincia a piangere. Aspettando un minuto, vedo se si stanca abbastanza da tornare a dormire, ma il suo pianto cambia. Non sembra assonnata, affamata o con il pannolino sporco. È il suo pianto da "c'è qualcosa che non va". Affrettandomi verso la sua camera, mi chino sulla culla e accendo la luce. «Cosa c'è, dolcezza?».

Le tocco la fronte e mi sembra che sia calda. In effetti le sue guance sono arrossate e bagnate di lacrime. Prendendola in braccio, sento che scotta. La faccio distendere per controllarle il pannolino. Sta ancora piangendo, e metterle in bocca il ciuccio non aiuta. Lo succhia per un minuto e poi comincia di nuovo a piangere. Mentre le tolgo il pigiama, mi accorgo che una delle sue gambe è rigida, e lei piange ancora di più quando le piego il ginocchio per svestirla. Allarmata, esamino la gambina e resto scioccata quando vedo un grosso ponfo rosso. Lo tocco con delicatezza e sento che è caldo. Qualcosa non va, decisamente. Ha la febbre e sta male, e niente di quello che ho letto parlava di una cosa del genere.

«Va tutto bene, Lily, la mamma ti farà stare meglio», le dico, tentando di mantenere un tono tranquillo.

Prendendola in braccio, la avvolgo in una coperta e comincio a ficcare le sue cose dentro la borsa dei pannolini. Afferro un paio di biberon dal frigo, la poso sul letto per vestirmi e infilarmi un paio di scarpe, poi la riprendo in braccio, afferro il mio telefono ed esco di casa.

Dopo averla allacciata nel suo seggiolino, mi metto alla guida per portarla al pronto soccorso. Le lacrime mi scendono sul viso mentre il suo pianto aumenta di volume. Inizia a salirmi il panico e il mio cuore si stringe a ogni vagito, come se il suo dolore fosse anche il mio.

Prendendo il cellulare, chiamo Jax. So che è arrabbiato con me, ma spero che risponda al telefono. Suona una volta… due volte… tre volte, e quasi piango dal sollievo quando risponde.

«Ehi», mi dice dolcemente e posso avvertire con chiarezza il desiderio nella sua voce.

«Jax?», la mia voce si incrina sul suo nome e sono sicura che sente Lily piangere in sottofondo.

«Cosa c'è che non va?», chiede immediatamente.

«Lily ha qualcosa che non va. Ho paura. Stiamo andando in ospedale».

«Vengo anch'io. Che sta succedendo?».

«Non sono sicura. Si è svegliata piangendo, ha la febbre e un ponfo gonfio e rosso sulla gamba. Non so cosa sia. Non ho mai visto niente del genere prima d'ora».

«Okay. Si sistemerà tutto. Calmati, così puoi guidare in sicurezza», replica con voce tranquilla.

«So che sei arrabbiato con me, ma grazie di esserci», dico sull'orlo delle lacrime.

«Non sono arrabbiato con te tesoro e non devi ringraziarmi. Le persone innamorate ci sono sempre».

«Grazie lo stesso», rispondo tirando su con il naso.

«Ne parliamo dopo, ma prima dobbiamo scoprire cosa c'è che non va con la nostra bambina».

Sentendo le sue parole, le lacrime mi scendono a fiotti lungo le guance, e le asciugo velocemente quando mi fermo a un semaforo.

«Sì. Prendiamoci cura della nostra bambina», sussurro.

Capitolo 26

Jax

Sono in palestra a picchiare a morte un sacco da boxe, facendo finta che sia la faccia di Jason. Tutti i ragazzi sono lì e ci stiamo allenando insieme. Qualcuno ha anche ordinato la pizza, cosa che di solito non si dovrebbe fare, ma al diavolo! È bello stare insieme a loro, è proprio quello che mi ci voleva. Non sono arrabbiato con Rowan, non seriamente, sono solo spaventato. Tutto questo per me è nuovo. Non ho mai provato per nessuno quello che provo per lei e Lily. Si prova una certa vulnerabilità di fronte a sentimenti del genere, è complicato e snervante. Non sono più il solo responsabile dell'incolumità del mio cuore, Rowan e Lily lo tengono entrambe nel palmo della mano. Gliel'ho donato e, diavolo, la sensazione è davvero terrificante.

Durante i momenti in cui mio padre aveva troppo da fare per me, in cui mi insultava, mi ridicolizzava e mi trattava come qualcosa di irritante, mi promettevo che non avrei mai più dato a nessuno il potere di farmi male. Questa decisione si è consolidata dopo che mio nonno è morto, perché ha sempre fatto del suo meglio per proteggermi e, senza più quello scudo, le cose sono peggiorate. Quindi, immaginate la mia sorpresa quando lo sguardo di una donna incinta ha cambiato tutto.

Mi sento minacciato da Jason e dal suo ruolo nella vita di Rowan e Lily. Sono abbastanza egoista da volerle solo per me, e la sua presenza mi spaventa, una cosa che odio. Tuttavia, non averle nella mia vita è molto peggio.

Quando il mio telefono squilla e vedo la faccia di Rowan sullo schermo, il cuore mi batte forte. Sono così felice che abbia chiamato e mi pento di non averlo fatto prima io.

«Ehi», dico dolcemente, desiderando essere lì con lei, ad abbracciarla e baciarla.

«Jax?». Il suono della sua voce mi mette subito in allerta. Mentre mi dice cosa sta succedendo, faccio del mio meglio per rimanere calmo e per tenere calma anche lei. Quando salto in piedi e mi precipito nel mio ufficio per prendere le chiavi, i ragazzi mi corrono dietro, capendo immediatamente che qualcosa non va.

Coprendo il telefono con la mano, sussurro a bassa voce in modo che Rowan non possa sentire.

«È Lily».

È tutto quello che devo dire ed entrano immediatamente in azione. Levi comincia a spegnere tutte le luci, Cole verifica che le macchine siano spente, Zane estrae le sue chiavi e comincia a correre per la palestra assicurandosi che tutte le porte siano chiuse. Vedo Ryder andare verso lo spogliatoio e so che sta controllando che sia tutto chiuso anche lì. Siamo fuori dalla palestra a tempo di record. Non batto ciglio quando Zane e Ryder salgono nel mio fuoristrada, e Dylan e Levi si ficcano dentro il fuoristrada di Cole.

Tenendo Rowan al telefono durante l'intero tragitto verso l'ospedale, sento quando parla a un'infermiera spiegando perché è lì e quando viene chiamata in una stanza.

«Non sono lontano, tesoro. Vai a parlare con loro e non appena arrivo ti trovo io».

«Okay», dice debolmente prima di mettere giù.

Quando entro nel parcheggio, vedo la sua macchina e mi fermo di fianco, mentre Cole parcheggia subito dopo e corriamo tutti verso il pronto soccorso.

«Vai», dice Zane. «Noi rimaniamo qui».

Annuisco e passo attraverso le porte scorrevoli che portano all'interno. Dietro un bancone c'è un'infermiera e sono contento quando mi presta attenzione.

«Salve, mi può dire per favore dove sono Rowan e Lily Martin?».

«Sì, sono in triage numero quattro. Lungo questo corridoio. I numeri sono di fianco alle porte».

«Grazie».

Passo davanti alle stanze fino a quando non trovo la numero quattro ed entro. Lily è distesa su un tavolo, un'infermiera le controlla la temperatura e i parametri vitali. Rowan è di fianco a lei, con le lacrime sul viso e uno sguardo preoccupato. Si gira verso di me e fa un debole sorriso.

Le vado incontro e le bacio la fronte, mentre lei mi circonda la vita. Quando Lily mi vede mi sorride cosa che fa contrarre il mio cuore in una combinazione di preoccupazione e amore. Anche quando sta male cerca di sorridere. I suoi occhi sono rossi per il pianto e pesanti per la stanchezza. Mi piego e bacio anche lei in testa. La sua manina mi tocca il viso. «Ciao, piccolina. Non ti senti bene, eh? I dottori ti faranno stare meglio».

Quando do un'occhiata alla sua gamba, serro i denti. È rossa, infiammata e ha un brutto livido che è chiaramente la causa del dolore.

«Ha qualche linea di febbre. Le ha già dato della Tachipirina?», chiede l'infermiera.

Rowan scuote la testa in segno diniego.

«Okay, allora procediamo e gliene diamo un po' per aiutarla con la febbre. Torno subito, il dottore arriverà a momenti, okay?».

«Okay», diciamo io e Rowan.

Gli occhi di Lily sono pesanti e comincia ad addormentarsi mentre aspettiamo. In alcuni momenti fa un piccolo broncio e sporge il labbro inferiore, ma la stanchezza sta chiaramente vincendo su qualsiasi dolore stia provando.

Odio doverglielo chiedere, ma so che devo comportarmi da persona matura e fare la cosa giusta.

«Tesoro, hai chiamato Jason?».

«Cosa?», Mi guarda con uno sguardo vacuo.

«Hai chiamato Jason per farglielo sapere? Voglio dire, vuole essere coinvolto e penso che dovresti dirglielo».

«No, non chiamo Jason».

«Okay... posso chiedere il perché? Sono confuso. Pensavo tu stessi considerando di farlo entrare nella vita di Lily».

Sospira e si strofina gli occhi.

«Prima mi ha chiamata per sapere se avevo già preso una decisione riguardo al suo coinvolgimento. Gli ho detto che non lo avevo ancora fatto e che francamente non ero sicura di riuscire a mettere da parte le mie emozioni e prendere una decisione giusta da sola. Voglio dire, con quello che provo, quello che provi tu e quello che penso sia giusto per Lily, non voglio questa responsabilità. Ha senso?».

«Sì».

«Quindi gli ho detto che dovremmo andare in tribunale e lasciare decidere ai giudici per quanto riguarda gli alimenti, passati e futuri. Non l'ho specificato, ma vorrei la custodia esclusiva e loro potrebbero aiutarci a stabilire delle regole per le visite. Comunque, si è arrabbiato. Mi ha detto che l'unica ragione per cui mi ha contattato era perché, dopo che l'avevo visto al centro commerciale, sapeva di essere stato beccato e non voleva che procedessi per vie legali. Sperava potessimo metterci d'accordo tra di noi. Mi ha detto che ha una moglie e una figlia di cui prendersi cura».

Spalanco la bocca. «Moglie? Mi stai prendendo in giro. Quello stronzo», sibilo.

Voglio trovarlo e mettere la sua testa su una picca, come facevano nell'antichità. Si merita di peggio, ma questo mi soddisferebbe di sicuro.

«Tu stai bene? Dev'essere stato uno shock».

«Penso di sì».

«Perché sembri confusa?».

«Perché in realtà non mi ha turbato così tanto. Non come mi avrebbe turbato quattro mesi fa. Ho superato la cosa. Mi è passata, per lui. Sono andata avanti». Mi sorride. «Sono innamorata. Sono felice. Lui non mi interessa più e nemmeno la sua vita. Ho finito per chiudergli il telefono in faccia. Dubito che lo sentirò ancora, e mi va bene così».

«Sul serio?».

«Indubbiamente».

La sua affermazione mi emoziona, mi confonde e mi fa anche venire voglia di baciarla, ma prima che possa chiederle altro entra il medico.

Un'ora dopo Lily dorme tra le braccia di Rowan e siamo pronti per andarcene. Siamo entrambi sollevati, sembra che la piccola abbia avuto solo una reazione allergica a qualche tipo di puntura d'insetto che poi si è infettata e infiammata. Sappiamo bene che avrebbe potuto essere qualcosa di peggio. Non siamo sicuri di cosa l'abbia punta, ma il dottore pensa che sia successo quando siamo andati al parco un paio di giorni fa. Le hanno fatto una iniezione per combattere l'infezione e, a parte spalmare una crema antibiotica, ci hanno detto di applicare degli impacchi freddi. Dobbiamo continuare a darle della Tachipirina per tenere bassa la febbre, e ci hanno dato una ricetta per delle medicine che le somministreremo nei prossimi giorni. Il dottore ci ha consigliato alcune marche di repellenti per gli insetti, adatte ai bambini, da usare per le future visite al parco.

Quando usciamo nella sala d'attesa, Rowan si ferma e capisco il perché quando seguo il suo sguardo. Tutti i ragazzi sono lì seduti. Levi ha la testa poggiata sulla spalla di Cole, Ryder flirta con un'infermiera al bancone dell'accettazione, Zane va avanti e indietro e Dylan guarda il telefono.

«Sono venuti tutti?», chiede Rowan incredula.

«Certo». Scuoto le spalle. «Eravamo tutti in palestra, quando hai chiamato».

Zane ci nota per primo.

«Ragazzi», dice e tutti saltano in piedi e si dirigono verso di noi, compreso Ryder.

Ci circondano, sbirciano Lily e le danno dei bacini sulla guancia, mentre domandano a Rowan cosa è successo. Gli raccontiamo i fatti e sembrano sollevati quanto noi.

Quando cominciamo a camminare verso la porta, Rowan mi tira la mano e mi trattiene per un secondo. «Ora lo capisco».

La guardo confuso. «Che cosa intendi?».

«Famiglia». Guarda me, Lily e tutti i ragazzi davanti a lei. «Lo capisco».

Annuisco, troppo emozionato per rispondere. Dandole un lieve bacio sulle labbra, le poso la mano sulla schiena e la conduco verso l'auto. I ragazzi insistono per entrare tutti nel fuoristrada di Cole, in modo che io e Rowan possiamo tornare a casa sua. Dopo che lei bacia tutti sulla guancia, cosa che permetto controvoglia, anche se Ryder mi guarda e mi fa l'occhiolino solo per farmi incazzare, entriamo nelle nostre macchine e la seguo a casa.

Quando arriviamo da lei, mettiamo Lily nella culla e poi andiamo in camera di Rowan, chiudendo la porta dietro di noi.

Ci giriamo l'uno verso l'altra nello stesso momento. «Mi dispiace», dice proprio mentre io le dico: «Devo scusarmi».

Ridiamo entrambi.

«Mi dispiace di essermene andato, prima. Sarei dovuto rimanere a parlare di più con te».

Scuote la testa. «Lo capisco. Vorrei anch'io che tu fossi rimasto, ma forse avevamo entrambi bisogno di una pausa. In realtà mi ha fatto bene. Mi ha dato più tempo per rendermi conto di alcune cose».

«Anche a me», rispondo. «Senti, il modo in cui mi sono comportato riguardo Jason è sbagliato. Senza badare a come le cose sono finite con lui stasera, mi sono solo sentito minacciato e questo mi ha fatto reagire in quel modo».

«Cosa? Perché?», esclama.

«Perché odio il passato che voi due condividete. Odio il fatto che è il padre di tua figlia. Odio che sarai sempre connessa a lui per questo motivo. Avevo paura che, se lui avesse usato il vostro passato per arrivare a te, tu avresti voluto la tua famiglia normale con lui e, tesoro, non voglio perderti».

«Oh, Jax. Mi dispiace così tanto».

Va verso il letto, si siede e io faccio lo stesso.

«Non voglio perderti nemmeno io, e sono triste perché te l'ho fatto pensare e hai sofferto per questo. Non mi sono mai resa conto che, nonostante le parole di mia madre siano sempre rimaste con me, quello che ho sempre combattuto erano l'invidia e la rabbia che *lei* provava. Era arrabbiata con mio padre per essersene andato, arrabbiata con me e Tyson per essere nati, arrabbiata per il tipo di vita che conduceva. Era gelosa di tutti coloro che pensava stessero meglio di lei, e lo ha usato come scusa per tutta la sua vita, per spiegare perché le cose non le andassero bene. Mi disse che non ero degna di essere amata. Mi disse che sarei stata per sempre da sola e le ho creduto, Jax. Alcune di queste cose te le ho già dette, ma non so se ho mai confessato questo. Ho detto che a volte avevo paura che lei avesse ragione, ma *le credevo* sul serio. Mi sono detta che non era vero, ma le credevo. Ero aggrappata a quest'idea di "famiglia normale" perché nella mia mente era il modo per provare a mia madre quanto aveva torto. Ma vedi, non mi sono resa conto che l'avevo già. Sto già vivendo una favola, e con una famiglia anticonvenzionale. Tyson, tu, io, Lily, i ragazzi, siamo una famiglia. Tu, io e Lily, siamo una famiglia. Sono circondata dall'amore. Tu sei circondato dall'amore, e mio Dio, è così bello. La nostra famiglia è così bella. Mia madre aveva torto. Io sono degna, non sono da sola e tutto quello che provo per lei adesso è tristezza, perché non è riuscita a guardare oltre la gelosia che provava per gli altri e realizzare che avrebbe potuto avere le stesse cose. Non so cosa succederà con Jason e, sul serio, non m'importa. Non so se e quanto sarà coinvolto in futuro, sarà una sua decisione o del tribunale, in caso. Se decide di essere presente, tu e io stabiliremo dei limiti e decideremo cosa funziona per noi, perché quello viene prima. La nostra famiglia viene prima. Ti amo, Jax, tanto. Non hai niente da temere, nessuna ragione per sentirti minacciato. Tu e Lily siete il mio tutto».

«Anche per me siete tutto, e non hai niente di cui scusarti».

«Sì, ce l'ho».

«No, non ce l'hai. Una relazione è piena d'amore, fede, fiducia, passione, sogni e comprensione. Tu e io? Ne abbiamo a bizzeffe. Ma talvolta ci saranno dei disaccordi, delle incomprensioni e delle incertezze, e va bene. Tutte le altre cose ci aiuteranno a superarli. Hai ragione. Siamo bellissimi ed è perfetto».

La tiro a me e la bacio. In questo bacio riverso tutto il mio amore, il mio desiderio e la mia passione. La bacio come se non volessi farlo finire mai. Tutto quello che ha detto, tutto quello che prova, è tutto ciò che speravo. Tutto quello che ho sempre voluto. Ritraendomi, la tiro in piedi, mi alzo e la svesto lentamente. Lei si sporge e mi spoglia a sua volta. Stiamo lì a guardarci per un momento, prima che la prenda e la faccia sdraiare sul letto. La bacio di nuovo, per poi ritrarmi e proseguire lungo la mascella, il mento, il collo e il petto, facendomi strada verso i suoi seni. Dedico loro particolare attenzione, faccio inturgidire entrambi i capezzoli e gemo alla loro vista.

«Sei fottutamente bella, tesoro».I suoni che emette mi fanno galoppare il cuore.

Baciando, mordendo e leccando per tutto il tragitto lungo il suo ventre, comincio a scendere verso il basso, ma lei mi sorprende.

«No». Mi spinge indietro e mi fa stendere sulla schiena. La fisso sbalordito per la sua bellezza, mentre si alza su di me, si mette a cavalcioni e si posiziona sopra il mio cazzo. Guardandomi negli occhi, si lascia andare su di me, prendendolo in un unico movimento, e emetto un grugnito sorpreso.

Alza un sopracciglio nella mia direzione come se mi stesse sfidando a dirle di fermarsi, e dice: «Ti voglio adesso».

Tutto quello che posso fare è annuire e fissarla negli occhi, mentre mi perdo nell'amore, nel bisogno e nella passione che mostrano. L'afferro per i fianchi e la aiuto a trovare il giusto ritmo mentre si alza e si abbassa su di me. Gettando la testa all'indietro, il seno orgogliosamente spinto in avanti, mi cavalca con completo abbandono, in preda al desiderio. Quando si lascia andare, sento le contrazioni della sua fica intorno al mio cazzo, e non riesco a trattenermi ancora. Ribaltandola sulla schiena mi siedo sui talloni. La sollevo afferrandola di nuovo per i fianchi e mi spingo ancora in lei, entrando in profondità e gemendo.

«Dio, Rowan, mi fai stare benissimo. Sei così stretta».

«Scopami, Jax. Per favore. Scopami», mi supplica.

Le stimolo il clitoride sperando di farle avere un altro orgasmo. I suoi occhi sono socchiusi per la passione, e i suoni che produce mi confermano che sta per venire di nuovo. Premo più forte su quel punto così sensibile e mi sento soddisfatto quando si stringe intorno a me in un nuovo orgasmo. Spingo un altro paio di volte e poi vengo dentro di lei.

Mi sporgo in avanti e la bacio su tutto il viso. «Vieni a vivere con me», chiedo all'improvviso.

«Cosa?».

I suoi occhi si spalancano e mi fa ridacchiare.

«Voglio che tu e Lily stiate con me tutto il tempo. So che puoi avere dei dubbi a causa di Tyson…».

«Sì».

Sorrido, sapendo che le sto mostrando le fossette che lei adora, e la bacio sonoramente sulle labbra. «Sì?».

«Sì. Vorrei tanto venire a vivere con te. Tyson starà bene. Questo riguarda noi e io voglio venire a vivere con te. Ti amo tanto».

Sospirando di felicità, la bacio sul collo. «Ti amo anch'io».

Più tardi, entriamo nella stanza di Lily e sbirciamo nella culla. Sta dormendo serena, e tiriamo entrambi un sospiro di sollievo, contenti che stia bene. Tenendo Rowan tra le braccia e guardando Lily, sono grato di non essermi dato per vinto quando mesi fa mi ha sbattuto la porta in faccia.

La vita a volte piazza degli ostacoli sul nostro cammino per vedere se vale davvero la pena combattere per quello che vogliamo. Quello che so, quello che ho imparato, è che l'amore è l'unica cosa che vale sempre la pena inseguire.

THE END

Prossimamente

Ira

Quando Tyson incontra la ragazza che calma la sua costante e incontrollabile furia che gli ribolle dentro, farà di tutto per farla sua.

Ringraziamenti

Grazie mille a tutti per aver letto il primo libro della mia nuova serie. Sono stata super eccitata perché voi tutti lo leggiate, e spero che vi sia piaciuto. Ho molte persone da ringraziare per avermi sostenuta durante questo percorso.

A mio marito e alle mie figlie, grazie per aver sopportato il fatto che io viva nella mia mente la maggior parte del tempo. Posso diventare un incubo quando devo consegnare, e mi amate tutti comunque: basta buttarmi della cioccolata come se steste dando da mangiare a una tigre. Grazie perché mi capite.

Mamma, mi ritrovo a ringraziarti per ogni libro che scrivo, quindi ho bisogno di dirti grazie per essere il mio sostegno costante ogni singola volta. Non riesco a esprimere quanto sia importante per me, ma continuerò a provarci. Io e te facciamo una grande squadra.

Gypsy Rae Choszer, Cora Brent, Angela Corbett, Jennifer Domenico: i vostri consigli, il vostro sostegno e le vostre sessioni di brain storming son impagabili. Grazie a tutte per essere mie amiche. Le InDivas: grazie per rispondere sempre alle mie domande, per condividere i miei post e per sostenermi, senza questioni. Sono fortunata ad avere un grandioso gruppo di supporto come voi.

Tara Brown, sei una maga con le parole!

Grazie per aiutarmi sempre con i mie trafiletti. Li odio così tanto! Sai sempre cosa sto tentando di dire. Sei fantastica.

Robin Harper, grazie per aver creato questa copertina meravigliosa. Non vedo l'ora di continuare la serie con te. Elaine, grazie per far sembrare i mie libri così belli all'interno. Fai un lavoro fantastico e il tuo tempo di risposta spacca i culi! Jess Peterson, grazie per tutto il tuo aiuto nella promozione.

Miller's Killer's: grazie per il vostro sostegno incrollabile e tutte le battute sui dinosauri. Vi adoro, ragazze!

Blogger, grazie per promuovermi sempre e condividere i miei post continuamente. Mi dà un brivido ogni volta!

A tutti i miei lettori, grazie per aver preso i miei libri e per darmi ripetutamente un'opportunità. Il mio obiettivo è sempre stato quello di offrire ai lettori una fuga dalla realtà per qualche ora. Spero che siate riusciti a perdervi nel mio libro e vi sia piaciuta l'esperienza.

L'autrice

Jennifer Miller è nata e cresciuta a Chicago, Illinois, ma ora risiede in Arizona. Il suo amore per la lettura cominciò quando era piccola, e continuò a crescere mentre diventava adulta. Sin da quando vinse una gara di scrittura alla tenera età di nove anni, quando scrisse un libro su una ragazzina con un unicorno come animale domestico, ha sognato di scrivere un libro tutto suo.

La lezione importante che ha imparato sui sogni è che non ti cadono in grembo, devi inseguirli per conto tuo. Soprattutto, è una moglie e una madre, ed è molto fortunata ad avere una famiglia che la ama e la sostiene in tutto. Ha inoltre una dipendenza malsana per le borse e le fragole coperte di cioccolata, nessuna delle quali vuole superare.

Per altre informazioni su Jennifer Miller, si prega di visitare:

www.jennifemillerwrites.com

Facebook: www.facebook.com/JenMillerWrites?ref=hl
Twitter: twitter.com/JenMillerWrites
Pinterest: www.pinterest.com/jenmillerwrites

Iscriviti alla mia newsletter: http://goo.gl/JNRarR

Instagram: instagram.com/jenmillerwites
Tsu: www.tsu.co/AuthorJenniferMiller
Goodreads: www.goodreads.com/author/show/7019978.Jennifer_Miller

Hope Edizioni

Grazie di aver acquistato e letto il nostro libro! Speriamo ti sia piaciuto. Sarebbe per noi un onore conoscere la tua opinione.

Ci farebbe piacere se postassi un tuo pensiero, qualsiasi esso sia, sullo store che preferisci e magari anche sui social. Il passaparola è importantissimo per ampliare la diffusione dei libri e ci dà l'opportunità di crescere.

Indice